U0521899

甘肃红色旅游资源开发与利用

王 力 张颜辉
陈照敏 王秋生 编著

中国社会科学出版社

图书在版编目（CIP）数据

甘肃红色旅游资源开发与利用 / 王力等编著. —北京：中国社会科学出版社，2022.3

ISBN 978-7-5203-9891-6

Ⅰ.①甘… Ⅱ.①王… Ⅲ.①革命纪念地—旅游资源开发—研究—甘肃 Ⅳ.①F592.742

中国版本图书馆 CIP 数据核字（2022）第 041182 号

出 版 人	赵剑英
责任编辑	孙　萍
责任校对	季　静
责任印制	王　超

出　　版	中国社会科学出版社
社　　址	北京鼓楼西大街甲 158 号
邮　　编	100720
网　　址	http://www.csspw.cn
发 行 部	010-84083685
门 市 部	010-84029450
经　　销	新华书店及其他书店
印　　刷	北京明恒达印务有限公司
装　　订	廊坊市广阳区广增装订厂
版　　次	2022 年 3 月第 1 版
印　　次	2022 年 3 月第 1 次印刷
开　　本	710×1000　1/16
印　　张	19
插　　页	2
字　　数	302 千字
定　　价	108.00 元

凡购买中国社会科学出版社图书，如有质量问题请与本社营销中心联系调换
电话：010-84083683
版权所有　侵权必究

前　言

习近平总书记在党的十九大报告中指出："文化是一个国家、一个民族的灵魂""中国特色社会主义文化，源自于中华民族五千多年文明历史所孕育的中华优秀传统文化"。① 而红色文化是中国革命史上惊天动地的革命壮举，是无数中国共产党人和革命烈士用鲜血和生命谱写的壮丽诗篇，筑成了中华民族伟大复兴历史进程中的一座座巍峨丰碑。伟大的红色精神，是中国共产党人及其领导的人民军队革命风范的生动反映，是以爱国主义为核心的中华民族精神的最高体现，集中展示了中华民族之魂。②

为了坚决贯彻执行习近平新时代中国特色社会主义思想以及党的十九大及十九届四中、五中全会精神；紧紧围绕统筹推进"五位一体"总体布局和协调推进"四个全面"战略布局，切实做到"两个维护"，深入理解并贯彻落实新发展理念，牢牢把握我国目前社会主要矛盾，以高质量发展为标准，坚定文化自信，让文化作为引领，把人民放在中心位置，以习近平总书记关于红军长征以及在甘肃视察时的一系列重要讲话为指引，保护传承优秀红色革命文化，系统建构甘肃省境内红色文化的标识体系、保护传承体系、宣传展示体系和文旅融合体系，构建中华民族文化自信，以一系列主题明确、内涵清晰、影响突出的文物和文化资源为主干，以红色资源为主体，以弘扬长征精神为目的，将红色文化资源建设成陇原大地上弘扬红色文化、革命文化纵横交错的保护带、展示带、富民带，成为21世纪展示中国形象、传播中华文明、彰显文化

---

① 习近平：《决胜全面建成小康社会　夺取新时代中国特色社会主义伟大胜利——在中国共产党第十九次全国代表大会上的报告》，人民出版社2017年版，第40—41、47页。

② 习近平：《在纪念红军长征胜利80周年大会上的讲话》，人民出版社2016年版。

自信的新名片。①

本书旨在解读红色旅游内涵，分析红色旅游的研究对象、内容、任务和方向；全面展示了甘肃省红色文化的发展历史及红色旅游的发展历程；梳理了甘肃红色旅游资源概况及特征；探究了甘肃红色旅游资源的开发现状及存在的问题；提供了甘肃红色旅游资源开发的模式、路径与策略，如资源整合、产品定位、产品体系（研学旅行产品体系、红色教育产品体系、节庆文化产品体系等）、线路设计、商品开发等，并探讨了红色文化旅游资源深度开发的前景。本书可作为各企事业党团干部、青少年学生、思想教育、文化和旅游业工作人员开展红色教育、红色旅游、研学旅行的重要参考。

编　者

2020 年 12 月

---

① 《民政部党组专题传达学习贯彻十九届中央纪委三次全会精神》，《中国民政》2019 年第 2 期。

目 录

历 史 篇

第一章 红色旅游的基本问题 …………………………… (3)
  第一节 红色、红色旅游及其他 …………………………… (3)
    一 红色的含义 …………………………… (3)
    二 红色旅游的含义 …………………………… (4)
    三 红色旅游的内涵 …………………………… (12)
    四 红色旅游的定位 …………………………… (13)
    五 红色旅游的特点 …………………………… (16)
    六 发展红色旅游的重要意义 …………………………… (17)
    七 青少年加强红色文化教育的途径 …………………………… (33)
  第二节 红色旅游研究的对象、内容、任务与方向 …………………………… (36)
    一 红色旅游研究的对象 …………………………… (36)
    二 红色旅游研究的内容 …………………………… (37)
    三 红色旅游研究的主要任务 …………………………… (39)
    四 红色旅游研究的方向 …………………………… (40)

第二章 甘肃红色旅游发展历史概述 …………………………… (43)
  第一节 甘肃红色历史发展脉络 …………………………… (43)
    一 红一方面军长征在甘肃 …………………………… (44)
    二 红二方面军长征在甘肃 …………………………… (46)
    三 红四方面军长征在甘肃 …………………………… (48)

  四 红二十五军长征在甘肃 ……………………………………… (49)
  五 红西路军西征在甘肃 ……………………………………… (51)
 第二节 甘肃红色旅游发展历程 ……………………………………… (57)
  一 初步萌芽阶段（20世纪50年代初至70年代末） ………… (58)
  二 探索发展阶段（20世纪80年代初至90年代末） ………… (59)
  三 全面发展阶段（21世纪初至今） ………………………… (63)

资 源 篇

第三章 甘肃红色旅游资源特征 …………………………………… (69)
 第一节 空间分布 ……………………………………………………… (69)
  一 三条红色文化主题线 ……………………………………… (69)
  二 三大红色文化片区 ………………………………………… (71)
  三 十大建设保护节点 ………………………………………… (74)
 第二节 资源特征 ……………………………………………………… (77)
  一 红色地标独具特色、影响深远 …………………………… (77)
  二 红色文化独树一帜、特色鲜明 …………………………… (78)
  三 红色精神凝心聚力、代代相传 …………………………… (78)
 第三节 精神价值和重大意义 ………………………………………… (79)

开 发 篇

第四章 甘肃红色旅游资源开发现状 …………………………………… (85)
 第一节 会宁县红色旅游资源开发现状 ……………………………… (86)
  一 交通状况 …………………………………………………… (86)
  二 红色旅游资源 ……………………………………………… (87)
  三 红色旅游服务设施 ………………………………………… (87)
  四 红色旅游节庆活动 ………………………………………… (88)
  五 红色旅游商品 ……………………………………………… (89)
  六 经济效益 …………………………………………………… (90)
 第二节 南梁镇红色旅游资源开发现状 ……………………………… (90)

一　交通状况 …………………………………………… (90)
　　二　红色旅游资源 ……………………………………… (91)
　　三　红色旅游商品 ……………………………………… (92)
　　四　经济效益 …………………………………………… (92)
　第三节　省外优秀开发案例分析 ………………………… (93)

第五章　甘肃红色旅游资源开发策略 ………………………… (102)
　第一节　红色旅游资源开发的指导思想和原则 ………… (102)
　　一　指导思想 …………………………………………… (102)
　　二　开发原则 …………………………………………… (102)
　第二节　甘肃红色旅游资源的开发模式 ………………… (104)
　　一　红色+生态整合模式 ……………………………… (104)
　　二　红色休闲度假模式 ………………………………… (117)
　　三　红色演出模式 ……………………………………… (119)
　　四　博物馆模式 ………………………………………… (122)
　第三节　甘肃红色旅游资源整合开发策略 ……………… (126)
　　一　红色旅游资源整合开发的原则 …………………… (126)
　　二　红色旅游资源整合开发的宏观策略 ……………… (128)
　　三　河西走廊红色旅游资源整合开发的思路 ………… (130)
　第四节　甘肃红色研学旅行产品体系开发 ……………… (136)
　　一　红色旅游研学基地解析 …………………………… (136)
　　二　红色研学的关键要素 ……………………………… (137)
　　三　从国家政策文件观研学旅行发展 ………………… (151)
　　四　红色研学旅行产品开发 …………………………… (152)
　　五　红色教育产品开发 ………………………………… (173)
　第五节　甘肃红色节庆旅游产品开发 …………………… (176)
　　一　红色节庆旅游产品开发案例 ……………………… (176)
　　二　红色节庆旅游产品开发现状 ……………………… (180)
　　三　红色节庆旅游产品开发策略 ……………………… (181)
　第六节　甘肃红色旅游线路设计 ………………………… (184)
　　一　"重走长征路"红色体验之旅 …………………… (184)

二　南梁精神红色记忆之旅 …………………………………… (190)
　　三　长征胜利会师之旅 ……………………………………… (191)
　第七节　甘肃红色旅游特色商品开发 …………………………… (200)
　　一　红色旅游特色商品的概念 ……………………………… (200)
　　二　红色旅游特色商品开发原则 …………………………… (200)
　　三　红色旅游特色商品开发策略 …………………………… (201)
　　四　红色旅游特色商品开发——以甘肃省华池
　　　　县南梁镇为例 …………………………………………… (203)
　第八节　红色教育受众与红色旅游产品多元化发展
　　　　专题研究 ………………………………………………… (205)
　　一　引言 ……………………………………………………… (206)
　　二　研究设计 ………………………………………………… (208)
　　三　数据分析结果 …………………………………………… (211)
　　四　研究结论与建议 ………………………………………… (216)

第六章　甘肃红色旅游可持续发展研究 ……………………………… (221)
　第一节　红色旅游可持续发展的内涵 …………………………… (221)
　　一　可持续发展理论 ………………………………………… (221)
　　二　红色旅游可持续发展的基本原则 ……………………… (224)
　　三　影响甘肃省红色旅游可持续发展的因素与问题 ……… (225)
　　四　红色旅游可持续发展的内容 …………………………… (227)
　　五　促进甘肃省红色旅游可持续发展的策略 ……………… (232)
　　六　红色旅游可持续发展应处理好的关系与
　　　　应避免的问题 …………………………………………… (239)
　第二节　红色旅游品牌建设 ……………………………………… (242)
　　一　红色旅游品牌建设优势 ………………………………… (243)
　　二　红色旅游目的地品牌建设 ……………………………… (244)
　　三　红色旅游产品品牌建设 ………………………………… (245)
　　四　旅游企业品牌建设 ……………………………………… (246)
　第三节　红色旅游资源法律保护 ………………………………… (247)
　　一　红色旅游资源保护所面临的问题 ……………………… (248)

二　红色旅游资源保护不力的法律因素 ……………………（249）
　　三　加强红色旅游资源保护的法律对策 ……………………（251）

附录　甘肃红色纪念馆概况 ……………………………………（255）
　第一节　甘南藏族自治州 ……………………………………（255）
　第二节　陇南市 ………………………………………………（257）
　第三节　天水市 ………………………………………………（259）
　第四节　临夏回族自治州 ……………………………………（261）
　第五节　定西市 ………………………………………………（262）
　第六节　庆阳市 ………………………………………………（264）
　第七节　平凉市 ………………………………………………（265）
　第八节　兰州市 ………………………………………………（267）
　第九节　白银市 ………………………………………………（268）
　第十节　武威市 ………………………………………………（269）
　第十一节　金昌市 ……………………………………………（270）
　第十二节　张掖市 ……………………………………………（271）
　第十三节　酒泉市 ……………………………………………（272）
　第十四节　长征（包括红西路军）文化资源列表 …………（273）

参考文献 ………………………………………………………（283）

后　记 …………………………………………………………（295）

历 史 篇

第一章

红色旅游的基本问题

红色旅游在中国有着自己独特的内涵、定位和特点，是一个具体的概念。中国红色旅游不是思想的产物，有着特定的研究对象、任务和方向，具有丰富的内涵。① 相信对这些相关问题进行深入的研究后，对红色旅游今后的发展道路能起到巨大的推动作用。

第一节 红色、红色旅游及其他

一 红色的含义

1. 红色的象征意义。从心理学的范畴来看，一个比较乐观的人，他的心态也是积极向上的，情绪上比较容易大悲大喜，情绪波动比较大；待人真诚，话多，乐于表达自己的观点；能够活跃气氛，善于带动周边的人，但有时也会有些好高骛远，不知足常乐，则会用红色来作为这类人的代表色。在性格色彩中，红色代表着热情、活泼、大大咧咧、善于交朋友、乐于交朋友的性格。②

2. 红色的政治含义。红色在所有汉字词组里往往传达出最强烈的政治色彩，尤其一提到红色就会想到革命，社会主义国家则用红色来作为共产主义的代表色。在近代历史上，巴黎公社的"红旗"和列宁领导的布尔什维克党影响巨大，尤其是在苏联社会主义革命胜利后，布尔什维克党就正式将"镰刀斧头"作为党旗，以红色作为党旗的颜色。

---

① 刘月兰、张永宁：《庆阳红色旅游发展历程探讨》，《科技经济导刊》2016 年第 3 期。
② 杨琼：《红色在中西文化中的含义比较》，《理论与现代化》2005 年第 S1 期。

中国工农武装红军中"红军"二字便是来自"苏联红军"。所以在中国共产党的革命斗争历程中,有很多关于红色的名字,如"红色政权""红军""红色根据地""红区"等。①

红色所指代的政党还有许多,至今仍活跃的有英国的工党、德国社会主义民主党、加拿大自由党还有美国的共和党等都是以红色作为他们的标志性颜色。

3. 红色在中国文化中的意义。红色是中华儿女最熟悉的颜色,已经成为中华文明的代表色,因为它代表着能够驱逐邪恶的正义之色。

在一些特定的场合、事件中,红色代表着威严、庄重、高高在上。比如故宫,它已经建成了六百余年,是我国最大的古代文化艺术博物馆,它的墙体四面都是红色,每个宫殿内的柱子也是用红色漆成,再如我国现存的古代寺庙院落,墙体和殿内的柱子也是红色。中华大地上的人们对红色的崇拜可以追溯到原始社会,那时候生产力低下,太阳崇拜和图腾崇拜非常盛行,而红色正是太阳所对应的颜色。古代皇帝用笔蘸取红色朱砂批阅奏章,官员身着红色官服彰显身份,祭祀时用红色来勾勒心目中神明的形象,所以红色在中华大地上自带一种与生俱来的威严和大气。

在传统节日和婚礼喜事中,红色又代表了吉祥,喜庆和美好祝愿。中国的新年是全国人民最期盼的一个传统节日,在这个传统节日里,红色更是必不可少,到处都张贴了红色的春联、窗花,辞旧迎新的爆竹、压岁的红包,高高挂起的大红灯笼,全部是以红色为底色,增添了浓浓的喜庆氛围。婚礼上新人的喜服,新娘的红盖头,红蜡烛等都代表着人们对新人的美好祝福。此外,古代书写金榜题名新科状元名字的红榜,开业剪彩时的大红绸带,乃至老师表扬学生时奖励的大红花,都使得红色成为最佳的烘托色,完美地表现出人们心中的欢喜和祝福。

二 红色旅游的含义

要想对红色旅游有一个深入的研究,就要由相关学术专家界定红色旅游的概念,这是进一步研究的基础。

---

① 徐仁立:《中国红色旅游研究》,中国金融出版社2010年版,第1页。

1. 红色旅游的含义。2004年12月，中共中央办公厅、国务院办公厅颁布了《2004—2010年红色旅游发展规划纲要》对发展红色旅游所涉及的相关问题进行了一系列规定，使得我国红色旅游发展有了明确的方向，其中对红色旅游的概念界定是："红色旅游，主要是指以中国共产党领导人民在革命和建设时期建树丰功伟绩所形成的纪念地、标志物为载体，以其所承载的革命历史、革命事迹和革命精神为内涵，组织接待旅游者开展缅怀学习、参观游览的主题性旅游活动"[1]。这是相关部门首次以正式文件形式对红色旅游概念做出的科学界定。紧接着，2011年4月，中共中央办公厅、国务院办公厅两部门又联合下发了《2011—2015年全国红色旅游发展规划纲要》（以下简称《二期规划纲要》），本文件对于红色旅游涉及的时间跨度进行了新规定，直接导致了红色旅游内涵的扩大，让旅游者在游览过程中所感受的革命精神不仅是历史的，更是现在的和未来的。[2]

2. 本书关于红色旅游的概念是：红色旅游，主要是指近代以来，以中国人民尤其是在中国共产党的伟大领导下的中国人民，在争取民族独立、国家富强和人民幸福时，在建树丰功伟绩的过程中所形成的纪念地、标志物为载体，以其所承载的革命历史、革命事迹和革命精神为内涵，组织接待旅游者开展缅怀学习、参观游览的主题性学习与休闲活动。[3]

这个概念从内容上看包含了以下几点：一是从时间范围上看，"近代以来"指的是自1840年中国人民为争取国家独立、民族解放而进行勇敢抗争开始；二是从主体上看，"中国人民尤其是在中国共产党领导下的中国人民"既点明了主体人物，又突出表明了中国共产党的领导，这样能够更好地团结一切可以团结的力量，建立更广泛的统一战线；三是从红色旅游的内容上看，近现代革命、社会主义建设与改革开放的历史，就是使人民站起来、强起来、富起来的历史，也就是"争取民族独

---

[1] 中国中央办公厅、国务院办公厅：《2004—2010年全国红色旅游发展规划纲要》。
[2] 刘海洋、明镜：《红色旅游：概念、发展历程及开发模式》，《湖南商学院学报》2010年第1期。
[3] 白竹岚、王伟、宋宇：《井冈山红色旅游产品深度开发研究》，《集团经济研究》2007年第19期。

立、国家富强和人民幸福"的历史；四是从承载的意义上看，"以其所承载的革命历史、革命事迹和革命精神为内涵"。这里的"革命"不仅包括新民主主义革命、社会主义革命与建设、改革开放（本质上也是一场革命），也包括旧民主主义革命和民族革命等①；五是从目的来看，是一场"学习与休闲活动"，也就是一场以休闲为载体，以学习为本质和目的的活动，不完全等同于一般的旅游活动，寓教于乐，寓教于游；六是沿用《一期规划纲要》关于红色旅游定义的句式，注意了连续性和人们心理接受的习惯，同时避免了"旅游就是旅游活动"的逻辑矛盾；七是有利于整合资源，改善当前多头分割管理、难以协调的现实问题。这一概念既能够包含爱国主义教育主题，又能够包含无产阶级革命传统教育主题，巧妙地把民族性与阶级性结合起来，把爱国主义从民族主义的层次上升到无产阶级政党领导的爱国主义与国际主义相结合的境界。同样也只有无产阶级通过其共产党领导的社会主义革命才是高于民族、民主革命的，才是最能够代表大多数人根本利益的革命；八是在地域、内涵扩展上，"主要是指中国近代以来……"意味着在主要之外，尤其是在教育功能上，可以容纳国外甚至近代之前到古代这一时期的爱国主义教育资源，能够与国际红色旅游及类似旅游活动实现联动。这一概括最大的特点是：内涵更加丰富完整、外延更加广泛，更具包容性、延伸性，更接近现实、生活和群众；核心内涵更加突出，凸显了红色旅游的层次和品位。事实上，中华民族在实现"中国梦"的历程中，所有正面的、能够吸引人们到访参观的物质和精神文化资源，都可以被称作红色旅游资源。②

众所周知，中国革命是新民主主义革命，所创建的政权是人民民主专政。目前所存的大量的红色旅游资源可以按照不同的内容、性质、功能等，划分为不同的级别和层级。对此，还有充分可探讨的空间。红色旅游含义的界定要区别开五个关系：

---

① 《红色旅游几个基本概念问题探讨》，中红网，http：//www.crt.com.cn/news2007/news/XRL/1392。
② 白芸：《延安红色旅游中的思想政治教育研究》，硕士学位论文，西安理工大学，2015年。

(1) 红色旅游与历史文化旅游的关系。红色旅游,从起源和发展来看,与历史文化旅游有着不可分割的关系。红色旅游作为文化旅游的一种类型,涵盖了纪念馆、考察研学、故事怀旧、节庆活动、艺术欣赏等众多的文化旅游产品,同时红色旅游的主要内容又是近现代革命、建设和改革开放的历史,蕴含着丰富的现代革命历史文化精神,二者相辅相成,密不可分。①

(2) 红色旅游与爱国主义教育的关系。红色旅游的内容承载着大量的爱国主义内涵,是爱国主义教育的良好载体和生动形式。但二者并不等同,红色旅游所涉及的范畴远比爱国主义教育所涉及的边界要宽。就拿国外的一些爱国主义旅游产品来说,例如巴黎公社墙、莫斯科红场等,它们属于爱国主义教育资源的范畴,但是不属于我国红色旅游资源的范畴。因为在国外并没有"红色旅游"这个专业名词,但是有很多以爱国主义教育为主题的旅游产品,如每个国家修建的纪念碑、展览馆等。因为从政治教育意义上看,爱国主义教育是基本功能,社会主义、共产主义才是最高形式,是最能展示优秀革命精神内涵的产品。所以只有通过共产党领导的无产阶级革命和战争而遗留下来的历史文化资源才可以称为红色旅游资源,不能说具有"弘扬爱国精神、培育民族精神"为主题的爱国主义教育旅游产品是红色旅游资源,二者不可混淆。②

(3) 红色旅游与中国革命建设的关系。红色旅游的时间界定不仅包括中国共产党领导全国各族人民开辟了一条具有中国特色的工农武装割据的道路,推翻了反动政权、夺取全国胜利、建立人民共和国的历程,还包括1949年后我党确立社会主义基本制度的奋斗历程以及开展社会主义现代化建设的奋斗历程,也包括实行改革开放这一重大决策,最终走出了一条极具中国特色的社会主义建设道路的奋斗历程,并且随

---

① 徐仁立、刘建平:《关于红色旅游含义和特点的再认识》,《武夷学院学报》2011年第1期。

② 徐仁立、刘建平:《关于红色旅游含义和特点的再认识》,《武夷学院学报》2011年第1期。

着时代的不断发展，它的精神内涵也在不断地充实和发展。①

（4）中国红色旅游与马克思主义传播、国际共产主义运动的关系。从红色旅游所辐射的地域范围可以看出，中国革命取得如此伟大成就的一个重要原因就是在奋斗的过程中坚持用马克思主义思想来武装自己的头脑，再加上中国共产党的坚强领导，才可以取得最终的胜利。马克思主义的传播具有世界性，国际共产主义运动是一项世界性的运动，曾经在很多国家流行，打破了地域的限制，所以留下许多珍贵的革命遗址遗迹，具有很高的意义和价值，理应被视为红色旅游的一部分。由此可见，红色旅游的发展是马克思主义大众化的优良载体。②

（5）红色旅游与市场经济的关系。从旅游的运作机制来看，红色旅游完完全全称得上是一种经济活动，是市场化的产物。从红色旅游的发展历史来看，虽然这项活动存在已久，但是从严格意义上来说，红色旅游早期的活动不能算是经济活动，只是政治化的产物，如红色遗址遗迹参观游览活动、红色文化学习教育活动，只有当红色旅游生长在市场经济的土壤下，它才能真正转化成一种经济活动，所以市场经济是红色旅游生长的沃土，红色旅游也只有在适当的条件下才开始发挥它的经济作用。

3. 中国红色旅游的主要内容。红色旅游是以革命纪念地、纪念物为载体，它的内涵是这些革命纪念地、纪念物承载的革命历史、革命事迹和革命精神，组织接待旅游者参观游览、学习知识、接受教育和振奋精神、增加阅历，它融政治性、教育性、观赏性为一体，是红色文化资源与现代旅游经济的有机结合，也是把精神财富转化为社会财富和物质财富的完美实践。③ 根据《2004—2010 年全国红色旅游发展规划纲要》目前我国的红色旅游的发展主要围绕以下八方面内容进行：

（1）反映新民主主义革命时期建党建军等重大事件，展现中国共产党和人民军队创建初期的奋斗历程。

---

① 张兆刚：《略论中国特色社会主义道路的基本特征》，《黑龙江社会科学》2009 年第 1 期。

② 徐仁立、刘建平：《关于红色旅游含义和特点的再认识》，《武夷学院学报》2011 年第 1 期。

③ 郝英：《山西红色旅游的发展研究》，硕士学位论文，陕西财经大学，2012 年。

（2）反映中国共产党在土地革命战争时期建立革命根据地、创建红色政权的革命活动。

（3）反映红军长征的艰难历程和不屈不挠、英勇顽强的大无畏革命精神。

（4）反映中国共产党带领人民抗日救国、拯救民族危难的光辉历史。

（5）反映解放战争时期的重大战役、重要事件和地下工作，展现中国人民为争取自由解放、夺取全国胜利、建立人民共和国的奋斗历程。

（6）反映全国各族人民在中国共产党的领导下，建立爱国统一战线，同心同德、同仇敌忾的团结奋斗精神。

（7）反映老一辈无产阶级革命家的成长历程和丰功伟绩，以及他们的伟大人格、崇高精神和革命事迹。

（8）反映各个历史时期在全国具有重大影响的革命烈士的主要事迹，彰显他们为争取民族独立、人民解放而不怕牺牲、英勇奋斗的崇高理想和坚定信念。①

4. 红色旅游与黑色旅游、绿色旅游之间的区别。近年来，色彩旅游在我国蓬勃发展，搞清楚红色旅游与黑色旅游和绿色旅游之间的关系和区别，对理解红色旅游的含义和本质有积极的意义。

（1）黑色旅游。黑色旅游的发展也有很长的历史，从古罗马斗兽场残酷野蛮的血沙俱下，到已经消失数千年的庞贝古城，再到滑铁卢战场上贵族们好奇的目光，连着奥斯威辛集中营云端耸立的烟囱和山上堆起的头发，南京大屠杀纪念馆冰冷凄凉的姓名墙，纽约"归零地"的废墟，若干个黑色旅游地都在向人们诉说着血腥、恐惧、灾难和死亡的历史场景，也是黑色旅游发展史最好的见证。尽管黑色旅游有着悠久的发展历史，但黑色旅游概念的正式提出却是在20世纪末期。1996年列农和弗勒提出黑色旅游（dark tourism）来定义这种现象。② 自此，黑色

---

① 蒋莉：《"红色建筑"的创作方法研究——以东南大学建筑研究所作品为例》，硕士学位论文，东南大学，2012年。

② 于桐：《基于情感视角的黑色旅游及其开发策略分析》，《商业经济研究》2017年第6期。

旅游被定义为人们到死亡、灾难、痛苦、恐怖事件或悲剧发生地旅游的一种现象。黑色旅游的类型按照作用主体的不同可以分为两类：自然灾害造成的旅游和人类活动灾害造成的旅游。[①] 其中，自然灾害旅游包括洪涝、泥石流、海啸和地震等自然现象造成的旅游景点；人类活动灾害造成的旅游主要指战争或者其他人为灾害造成的灾难性事件所形成的遗址旅游（如战争、监狱、恐怖事件等）。

黑色旅游与红色旅游的异同。首先，二者存在特点上的共性，黑色旅游和红色旅游都是依靠资源才能发展的一种旅游形式，都是属于资源导向型的产业，在范畴上具有共通性；都具有极强的教育意义；都属于精神性旅游；都可以进行嵌入式开发与资源整合。其次，二者也有各自的特点，在范畴和外延上、资源类型与地域分布上、旅游效应上、旅游者的旅游动机和消费偏好方面以及旅游供求伦理道德方面都存在着巨大的差异。总而言之，红色旅游与黑色旅游既有相似之处又有不同之处，二者关系密切，红色旅游旨在对旅游者进行"正能量"的教育，而黑色旅游则主要从反面对旅游者进行影响，二者相辅相成。为了全方位地满足旅游者的消费需求，丰富旅游市场上的旅游产品类型，都应给予大力发展。[②]

（2）绿色旅游。绿色旅游的产生源于人们对生态环境的日益关注，绿色旅游的概念由法国的欧贝尔首先提出，绿色旅游的目的是让人们从节奏较快的城市生活中解放出来，到风景优美的乡村田间去放松身心，感受宁静，用心体验大自然带给我们的舒适和轻松，释放压力[③]，同时，这也对乡村的经济发展和城乡差距的缩小具有重大意义。关于绿色旅游的概念有广义和狭义之分。从广义的角度来说，所有与亲近环境和保护环境有关的旅游产品及服务都属于绿色旅游的范畴。从狭义的范围来看，绿色旅游是指以保护环境，保护生态平衡为前提，远离喧嚣和污染，亲近大自然，并且能获得健康精神情趣的一种时尚旅游，通常指农

[①] 余晶晶、张俐俐:《黑色旅游极其符号研究》,《旅游论坛》2011年第5期。
[②] 晏兰萍、洪文文、方百寿:《"红色旅游"与"黑色旅游"比较探讨》,《井冈山学院学报》2008年第3期。
[③] 余宙:《资源视角下的绿色旅游环境建设初探》,《建筑工程技术与设计》2017年第32期。

村旅游，即发生在农村、山区和渔村等地方的活动。①

绿色往往代表着"环境保护""回归自然""活力"等，同样，绿色旅游也是人们给旅游附上特定含义的一种比喻，这种含义就是旅游业在环境管理方面的未来发展方向。② 也可以用可持续发展旅游、生态旅游等类似的观念来解释它，也就是在提供令消费者舒心、安全并且有利于身心健康的产品的同时又不会对环境和社会造成破坏，合理利用资源，保护生态环境。世界旅行旅游理事会——全球最大的旅行旅游行业首脑组织，在20世纪90年代初期就已经开始引导在旅游行业推行"ISO14000"系列标准和"绿色环球21"认证。21世纪初期，"ISO14000""绿色环球21"已经得到了国际认可，成为旅游旅行行业可持续管理的认证，能够为旅游业的可持续发展制定一个良好的规则，能够使得旅游业持续保持竞争力，成功跻身国际市场。③ 所以绿色旅游发展的前提是合理保护好环境、科学利用、维持生态平衡，倡导让大自然更绿，让人的心更绿，是促进经济发展、提升素质、增强环境价值的综合体现，这不止需要经营者单方面的努力，还需要旅游者的配合，需要全体人民环保意识的增强。

绿色生态旅游与红色旅游的区别表现在以下几个方面：绿色旅游指导着红色旅游发展的方向，红色旅游则在绿色旅游理念的指导下成为一种主题旅游形式。绿色旅游是红色旅游发展的基础和前提，红色旅游的良好发展能够促进绿色旅游的发展。它们相辅相成，相得益彰。我们应该提倡二者的有机结合。④

另外，目前还有蓝色旅游（依托海洋资源开展的旅游活动），白色旅游（与老年人有关的旅游活动）等旅游形式。

---

① 王彩妮：《国内外绿色旅游研究进展》，《河南商业高等专科学校学报》2015年第5期。
② 章晓华：《绿色旅游经济的经济学分析》，《现代商业》2014年第29期。
③ 温婉如：《绿色旅游业的现状与发展途径》，宁波市第六届学术大会，宁波，2010年。
④ 黄细嘉：《红色旅游与老区社会经济环境发展的关联度研究——以江西瑞金为例》，硕士学位论文，南昌大学，2008年。

三 红色旅游的内涵

简而言之,红色旅游作为一种特定的主题旅游,以红色文化为基础,是对旅游方式的又一次成功创新,是根据各地所特有的红色旅游资源开发出的一种精神文化产品。红色旅游的内涵可以从以下三个角度来阐述:

1. 政治内涵。红色旅游资源都具有鲜明的政治性,而这就是发展红色旅游所需要的依托,所以红色旅游是一种政治性较强的旅游活动,有利于广大来访者进一步了解"历史和人民选择了共产党"这一耳熟能详的话的内涵,强化党的执政地位。自进入现代化进程后,中国共产党运用党的领导、党领导的人民军队以及党的土地政策,成功地团结各方面可以团结的力量,开辟出了一条中国革命的新道路,完成了历史使命,成立了中华人民共和国。自1949年中华人民共和国成立以后,我国的发展便步入了正轨,尤其是改革开放后的20年时间,更是迈开了快速发展的步伐,我国的社会主义建设取得了非凡的成就,引起了敌对势力的嫉妒,"西化""分化"的政治阴谋一次又一次地挑战着我们的底线。所以我们要有强烈的忧患意识,要用红色历史文化来教育青年一代,不忘初心,使敌人的阴谋不能得逞[1],同时中国共产党自身也需要加强执政能力建设和先进性建设,使信仰之基更加牢固,精神之钙更加充足,使党的执政地位更加牢固,这就是红色旅游的政治内涵。

2. 文化内涵。红色旅游包含文化旅游、修学旅游的特质。红色旅游得以开展的目的地、吸引物本身就蕴含着丰富的文化底蕴,承载的革命精神更是中华民族优秀传统文化和民族精神的继承和发扬的见证,如"井冈山精神""延安精神""太行山精神"等。中国共产党正是在这些伟大精神的指引下,带领全国人民,克服艰难困苦,奉献自己的血肉之躯,创立了中华人民共和国。[2] 实践证明。我们党在艰苦环境中形成的

---

[1] 邹丽华:《胡锦涛建党85周年重要讲话——党的先进性建设的纲领性文献》,《党史文苑(学术版)》2006年第12期。

[2] 阳文华:《艰苦奋斗是全面建设小康社会的重要保证》,《今日湖北(下半月)》2011年第2期。

大无畏精神是克敌制胜的法宝,是革命和建设中必须弘扬的精神力量。旅游者在红色旅游的游览过程中,重温历史、感受崇高,获得思想上的提升和精神上的愉悦。从而使得伟大的革命精神在社会主义先进文化建设中,在思想道德的提升中得到传承和弘扬。这就是红色旅游的文化内涵。

3. 经济内涵。红色旅游在市场经济中发挥着旅游经济功能,有着促进发展、提升经济的重大作用。红色旅游经济内涵的形成在于红色旅游具有一般旅游的共同特点,必须涉及"吃、住、行、游、购、娱"六要素,这一规律又决定了它是一项经济活动。红色旅游纪念地、纪念馆等资源大部分处在经济发展水平低的山区。但是正是由于这些地区为革命军队提供休养生息的处所,有的甚至做出牺牲,才带来中国革命的胜利。[1] 另外,由于其地理位置偏远,交通不便,生产力不发达,造成人民生活水平较低。所以,红色旅游的发展是促进革命老区经济发展的重要措施,老区人民可以通过开发当地优良的红色旅游资源,吸引接待旅游者到访参观,以此带动经济。按照发展旅游业的要求和条件来看,边远山区受工业污染少,自然环境优良,使人们在青山绿水中放松身心,在革命战争年代留下的红色旅游资源中了解历史,增长见识,这些得天独厚的条件,一定能够带动经济的发展。这就是红色旅游的经济内涵。[2]

四 红色旅游的定位

2004 年 11 月,时任中央政治局常委、中央文明精神建设指导委员会主任的李长春同志在河北省考察工作时提出:"发展红色旅游,是巩固党的执政地位的政治工程;是弘扬伟大民族精神、加强青少年思想道德教育、建设社会主义先进文化的文化工程;是促进革命老区经济社会发展、提高群众生活水平的经济工程。"[3] 2009 年 5 月,李长春同志再次

---

[1] 杨虹:《红色旅游在高校思想政治教育中的运用研究》,硕士学位论文,辽宁师范大学,2015 年。

[2] 周振国、高海生:《红色旅游基本理论研究》,社会科学文献出版社 2008 年版,第 36 页。

[3] 全国红色旅游工作协调小组办公室主编:《中国红色旅游发展报告 2005》,中国旅游出版社 2005 年版。

强调了红色旅游是政治工程、文化工程、富民工程、民心工程。在《2016—2020 年全国红色旅游发展规划纲要》中又特别强调了要大力发展红色旅游的教育功能以及红色旅游所能发挥的脱贫攻坚的作用。①

红色旅游是以"红色+"的形式，是红色革命资源加其他多种景观有益探索，把革命传统教育事业和旅游业融合起来的一种新型主题旅游形式，是一种高层次的消费休闲活动，是把精神财富市场化的进一步探索。因此具有独特的定位。具体说，有以下五个方面：

1. 政治工程

发展红色旅游，能够使得全国各族人民更加坚定对中国特色社会主义共同理想信念的认同，使共同思想基础更加坚实，是一项意义深远的政治工程。红色旅游具有凝神聚气、强基固本的政治功能，红色旅游就是通过旅游的形式，展现近代中国人民英勇奋斗的壮丽篇章。

在旅行中学习的是中国共产党人顽强抗争的光辉史诗，有助于各级党员干部和青年一代加深对革命先辈高尚精神、崇高品德的了解，以及感受中国革命与建设经历地可歌可泣的磨难历程，感悟革命先辈的革命精神，从而加深对中国共产党执政、社会主义道路与改革开放国策是人民和历史的必然选择的理解，从内心坚决拥护党的领导，热爱中华大地这片革命热土。具体地讲，第一有利于加强对党员干部的革命理想信念教育、先进性教育、群众路线教育和廉政建设教育，从思想层次上净化每一位党员，提高觉悟，自觉地、坚定地贯彻落实党的路线方针，不做对不起党、对不起人民的事。第二，对青少年来说，有利于在实地中学习优良革命传统，以课本学习外的方式接受爱国主义教育，树立自己正确的三观，成为祖国的栋梁，成为一名合格的社会主义接班人。第三，对于全体国民来说，参加红色旅游可以使得每一个人内心深受感触，了解英雄先烈们用生命换取了我们今天的幸福生活，激发内心的爱国热忱，增强民族认同感，珍惜现在的生活，促进社会和谐。另外，还有利于抵御落后思想和外来不良思潮的影响。

---

① 朱虹：《积极探索江西红色旅游发展新模式新路子》，《井冈山大学学报》（社会科学版）2016 年第 1 期。

2. 富民工程

红色旅游具有重要的富民功能。前面说到,红色旅游在市场经济条件下,能够最大限度地发挥它的经济功能。从红色资源蕴藏地的角度看,红色旅游的有序发展确实能够促进经济的发展,造福百姓。红色旅游地的居民可以通过多种路子,让自己从农业生产中解放出来,转而制造旅游纪念品等,实现脱贫致富。数不胜数的例子证明了,以旅游促经济的方式切实可行。首先,除了革命老区先天优越的自然条件有利于旅游业的发展外,旅游业的发展还是一个具有乘数效应的产业,还能够反哺当地产业、建筑业、交通业、商贸业等各类产业,以此成为一个地方的支柱型产业,成为革命老区重要的经济增长点,是一个切切实实的惠民工程。其次,旅游业的有序发展还会带来新的增长点。随着经济逐年的发展,家庭收入中用于旅游的消费支出逐年增长,对旅游内容和产品的标准和层次都有新的要求,为了满足游客的需求,旅游业必须转变产品结构,提高产品质量,使游客满意。所以红色旅游应运而生,不仅能够招徕国内旅游者,而且能够吸引国外游客。

3. 文化工程

红色旅游还是一项重要的文化工程,发展红色旅游能够发挥巨大的文化作用,如激发国民的爱国热忱,为后代留下宝贵的精神文化遗产,弘扬以爱国主义为核心的民族精神,建设社会主义先进性文化等。红色旅游是基于红色革命遗产的一种具体的精神文化产品,是一本本活教材,需要我们用脚步去翻阅,用心灵去理解。全国各地庄严肃穆的纪念馆、纪念碑、烈士陵园等红色旅游景区,是传播社会主义先进思想文化的主阵地。红色旅游以其独特的价值对树立人们的荣辱观起着重要的作用,它将自身蕴含的革命精神传输给广大人民,促进公民的道德提高。因此,通过红色旅游的发展,能够达到保护革命历史文化遗产的目的,景区管理人员要和各方力量共同努力,精心打造出属于自己的独特文化品牌,使红色资源所在地成为社会主义先进思想文化成长、发扬的重要阵地。

4. 民心工程

红色旅游还是一项重要的民心工程。红色纪念馆、纪念碑像许多博物馆一样,已经逐渐向大众免费开放,公民可以带着自己的身份证免费前去参观，这完全能够满足群众的文化需求，这项公益性文化事业是使人凝神聚气的民心工程，努力实现红色文化资源社会效益最大化。红色旅游是爱国主义教育的重要载体，旅游景区应联合学校、社区、企业、军队等单位开展多种多样的主题活动，为他们提供高品位高质量的文化服务。发展红色旅游是一件合乎民心的大事，红色文化和红色精神都是当下人们的追求，可以丰富精神世界，凝聚民心，增强文化认同感。

除此之外，红色旅游具有重要的建设社会的作用和国际文化交流的作用，有利于提升我国在国际社会中的形象。就从建设社会的作用来说，发展红色旅游有利于缩小贫富差距，增进城乡交流，促进革命老区基础设施的改善，推进新农村建设。再如国际文化交流和形象工程：红色旅游，不仅是国际友人了解中国革命历史和建设成就、展示和传播中国红色文化的窗口，发展红色旅游还有利于鼓舞和增强人们为人类进步与正义事业而斗争的决心和信心，同时也有利于树立中国的国际形象。[①]

五　红色旅游的特点

红色旅游是旅游活动在精神文化领域拓展出来的一种新的形式，首先具有一般旅游活动的共性；其次红色旅游和文化旅游有共同的特点；最后红色旅游和其他各种旅游形式相比较，还具有自身显著的特点。

1. 思想教育的直接性

决定这一特点的是红色旅游的核心内涵，这一特点直接表明了红色旅游的目的，是红色旅游存在的根本因素。旅游者参加红色旅游，在旅途中学习历史，学习革命事迹，感悟革命精神。红色旅游的目的就是通过在旅行的过程中陶冶旅游者的思想、净化旅游者的心灵，直接为当今社会主义文化建设事业服务，提升群众及党员的觉悟。其他形式的旅游类型，虽然有的也能起到思想教育的作用，但是不够直接。这就决定了红色旅游的开发、开展要严格服从内容的严肃、真实，不可为了吸引旅

---

① 全国红色旅游工作协调小组办公室：《红色旅游发展概论》，中国旅游出版社 2017 年版，第 18 页。

游者而编撰历史，红色旅游在实施的过程中必须坚持社会效益优先的原则，不可主次不分。

2. 内容与形式的时代性

一般的历史文化旅游和红色旅游的根本不同在于红色旅游覆盖的历史主要是近现代革命与建设的历史，它不但具有深刻的历史烙印，而且更为重要的是它直接为当代思想政治教育工作服务；红色文化内涵需要与时俱进，红色文化表现形式也要符合当代人们的审美需求，具有很强的时代性；红色旅游景区所举办的特色节庆活动要和当前国际和国内的政治形势相符合。这就直接决定了内容与形式的严肃性与敏感性。

3. 经济政策的扶持性

红色旅游资源特别是纪念馆之类的纪念设施，更多的是作为公共服务设施或产品而发挥效能，具有很大公益性。因此，促进红色旅游发展，提升红色旅游地的基础设施建设，是政府发挥其公共文化职能的重要途径，能够惠及相关群众。同时由于红色革命资源的分布地区的特殊性，在一定程度上决定着红色旅游的发展有别于普通的促进区域经济发展的举措，主要目的在于促进各个革命老区这一特殊区域的发展，带有浓烈的政治色彩。从国家战略层次上讲，这也属于国家层次的扶贫举措，因而具有经济政策上的倾斜性、扶持性。

4. 旅游资源的整合性

红色旅游资源所在地的零散性、地域性，指引着我们只能走整合自然资源和红色资源，寻求地域间旅游合作的路线，以延长红色旅游的产品链。这不仅有利于红色旅游产品主题的完整性，还能够增强竞争力，使其在同类旅游产品中脱颖而出，因为相关地域为了更好地发展旅游，会心往一处想，劲往一处使，这种局面对于红色旅游地的品牌发展、红色文化的传承是非常有利的，自然而然就会带动经济发展。[①]

六 发展红色旅游的重要意义

红色旅游是一种综合性的具有鲜明主题的旅游形式，它具有参观游

---

① 徐仁立、刘建平：《关于红色旅游含义和特点的再认识》，《武夷学院学报》2011年第1期。

览的特性，同时也能起到思想品德教育、过滤不良思想、树立正确三观的作用，它作为一种精神文化产品有很长的历史。当今世界各种思想交汇，我国两个一百年奋斗目标在逐步完成，我国社会主义和谐社会的构建也到了关键的时刻，发展红色旅游对我国的政治、经济、文化和社会具有重大的影响，对我国的国际意义也不可忽视。[①] 具体表现如下：

1. 发展红色旅游的政治意义

红色旅游促进思想政治教育的建设，在新的历史条件下发展红色旅游对中国共产党党员尤其是对青少年的教育提供新途径、新方法，通过鲜活的教材、"特殊"的教育基地让他们能更容易接受理解。发展红色旅游是实现中国梦的持续动力，能够夯实全党全国各族人民团结奋斗的思想基础，加快社会主义和谐社会的建设。[②]

（1）发展红色旅游促进红色基因的传承、加快社会主义核心价值体系的构建

发展红色旅游是传承红色基因的重要方法。习近平主席的多次讲话都有体现，2013年2月习近平主席视察兰州军区时指出："要发扬红色资源优势，深入进行党史军史和优良传统教育，把红色基因一代代传下去。"2014年5月习近平主席视察新疆军区时，他强调要把红色基因融入官兵的血液，让红色基因代代相传。2014年12月习近平主席视察南京军区时，他强调要把红色基因利用好，把红色传统发扬好，把红色基因传承好。2016年2月视察井冈山时，习近平主席再次强调要让广大党员干部知道现在的幸福生活来之不易，广泛接受红色基因教育。红色基因是我们党在长期奋斗中淬炼的先进本质、思想路线、光荣传统和优良作风的总称；是共产党人用忠诚、生命、热血和智慧锻造而成，蕴含着共产党人的崇高理想、坚定信念、高尚品德、优良作风等伟大精神；是共产党发展壮大、经受住各种考验、充分发挥核心领导作用的重要保证；是中国特色社会主义事业后继有人的重要法宝；是推动中华民族实现站起来、富起来、强起来伟大飞跃的基本要素。正如习近平主席说：

---

① 叶婷婷、奚少敏：《论红色旅游与文化产业的融合发展——以广东省为例》，《佳木斯职业学院学报》2018年第10期。

② 杨敬杰：《高举中国特色社会主义伟大旗帜的基本要求》，《华章》2007年第12期。

没有先进理论的指导，没有先进理论武装起来的先进政党的领导，没有先进政党顺应历史潮流、勇担历史重任、敢于做出巨大牺牲，中国人民就无法打败压在自己头上的各种反动派，中华民族就无法改变被压迫、被奴役的命运，我们国家就无法团结统一、无法在社会主义道路走向繁荣富强。这些重大论述恰恰说明了红色基因的巨大作用。红色基因是实现中华民族伟大复兴的推进器，不仅能给中国经济和社会的发展提供正确的方向和强大的精神动力，而且是中华民族立于世界舞台中心的强有力的支撑。①

红色旅游的开展能够加深人民对社会主义核心价值体系的认识。社会主义核心价值体系包括马克思主义指导思想、中国特色社会主义共同理想、以爱国主义为核心的民族精神和以改革创新为核心的时代精神，以八荣八耻为主要内容的社会主义荣辱观。这些是社会主义意识形态的本质体现，是全党全国各族人民团结奋斗的思想基础。2012年11月，党的十八大提出了社会主义核心价值观二十四字，包含了国家层面的价值目标即倡导富强、民主、文明、和谐，社会层面的价值取向即倡导：自由、平等、公正、法治，公民个人层面的价值准则即倡导：爱国、敬业、诚信、友善。这三个层面构成了社会主义核心价值体系的内核。社会主义核心价值体系的建立有利于彰显马克思主义的生命力，有利于坚定理想信念，有利于建立道德规范，有利于提高国民素质和国际竞争力。社会主义核心价值体系包含红色旅游与社会主义核心价值观，两者内在统一。② 发展红色旅游最主要的目的就是推进社会主义核心价值体系建设，红色旅游有广大的群众基础，我们政党是红色政权，因此红色旅游起点高。发展红色旅游具有承上启下的作用，符合时代背景，让我们不忘初心、牢记使命、砥砺前行，促使人们对社会主义核心价值体系有深刻的认知和认同，让我们继承优良革命传统、发展当代社会主义先进文化，不断注入新鲜血液，有利于巩固党的执政基础。自2004年以

---

① 苏希胜：《传承红色基因的科学指南——学习习近平总书记关于让红色基因代代相传重要论述的体会》，《中华魂》2018年第10期。

② 熊云明、李松志：《我国红色旅游研究综述》，《国土与自然资源研究》2012年第2期。

来，发展红色旅游始终坚持以社会主义核心价值体系为根本，以爱国主义和革命传统教育为主题，最大限度地发挥政治效益、社会效益和经济效益，这就是坚持一个根本、把握两个主题、突出三个效益。[①] 红色旅游让参观旅游者更加深刻地领会到中国近代以来革命建设和改革开放艰苦的奋斗历程，并从中汲取宝贵经验，在取得辉煌成果的同时不断高昂地奋进。

（2）发展红色旅游有利于巩固中国共产党的执政地位

发展红色旅游对广大党员干部和人民群众再教育，促进其精神升华，能让他们更加深刻地认识到、更加客观地意识到中国共产党执政是历史正确的抉择，是符合中国国情的，是广大人民群众的选择，因此广大人民更加相信党、坚定地跟党走；相信党始终代表广大人民群众的利益，代表最先进的生产力，支持改革开放，坚定地走中国特色社会主义道路。

自改革开放以来，我们广大人民和党员干部都体会到了其带来的各个方面的变化，享受着改革开放带来的福利，伟大的改革开放总设计师——邓小平同志，他早就意识到改革开放会对我们的思想带来冲击，因此提出经济和文化两手都要抓，两手都要硬。国门的打开，各种西方腐朽思想也涌进我国，享乐主义、拜金主义、极端个人主义、极端崇洋媚外等腐朽思想不断侵蚀我国人民和党员干部，导致一些党员三观动摇、意志不坚定、价值观扭曲，忘记了我党的宗旨，出现了不问苍生问鬼神奇怪现象，对我党的事业造成巨大损失，损坏了我党在人民群众中的光辉形象，对我党执政地位有少许威胁。开展红色旅游通过对党员教育、净化心灵，提高其抵抗不良腐朽思想的能力，使其牢记我党宗旨、不忘使命，坚持立党为公、执政为民。发展红色旅游为对党员先进性教育提供了一个平台使得广大党员深刻回顾中国共产党艰苦发展的历程，树立责任感、使命感，增加党性观念，牢记中国共产党是建设中国特色社会主义的核心，牢记我们党始终代表中国最先进生产力的要求，代表最广大人民群众的利益。我党的发展与壮大，成为世界第一大党离不开广大人民群众的支持。群众路线是我党的根本工作路线和生命线，我党

---

① 刘红梅：《红色旅游与红色文化传承研究》，博士学位论文，湘潭大学，2012年。

紧紧依靠群众，从群众中来到群众中去，发展红色旅游也为我党发展群众路线提供了平台和路线。红色旅游就是重新体验我党的革命建设史，重走胜利之路，更加珍惜当今生活的不易，更加有信心面对未来挑战。其次，开展红色旅游是对党员、人民思想工作的创新，改变了以往空洞的说教，这种寓教于游的工作方式，给人印象更加深刻，更容易接受，予以视觉上的冲击、克服以往空洞、呆板的说教。通过实地考察，党员能够提高思想道德素养，加强党性提高工作效率，提高执政能力。[①]

（3）发展红色旅游有利于思想道德教育

开展红色旅游对提高我国公民思想道德素质有着不可或缺的作用。红色旅游通过宣传革命先辈们的光荣事迹、游览历史遗迹，改造我们的精神世界，为社会主义现代化建设提供强有力的精神支持。当今各种思想充斥社会，人们极易受到侵蚀，因此我们要牢记以爱国主义为核心的民族精神，不热爱自己国家的人到哪里都不会受欢迎。中国共产党发展史就是一部爱国史，红色遗产是我国宝贵的物质与精神财富。开展红色旅游，学习革命精神，继承革命传统，牢记革命精神和理想，为我们社会主义现代化建设提供强大的精神支持，我们要爱党、爱国、爱社会主义。[②] 红色文化是我国传统民族文化的传承与发展，红色旅游地是我国爱国主义教育的基地，先辈们为建设一个新中国，让中国人民站起来，付出了鲜活的生命，他们坚定的理想信念展现出大无畏、百折不挠的英雄气概，这就是理想和信念的支撑。这就是他们为什么活、为什么去奋斗的信念。

（4）红色旅游的发展有利于青少年的发展

青少年是民族的希望、国家的未来，历来重视对青少年思想道德的培养是我党的优良传统，红色旅游对青少年思想道德教育的提高和加强有积极的促进作用，也是党中央加强青少年思想政治教育的重要举措。随着我国改革开放的程度不断扩大、经济的发展、科技的进步，青少年认识世界、获取知识或消息的渠道越来越多样化，思想道德的教育要贴

[①] 李明：《关于做好新时期群众工作的思考》，《现代企业文化》2018 年第 36 期。

[②] 陈元九：《湘西地区中国共产党红色遗产问题初论》，《怀化学院学报》2018 年第 1 期。

近青少年的生活方式,让青少年更容易接受,寓教于游,贴近生活,让科学性、趣味性、娱乐性等融为一体,比如四平公安的普法小视频,集娱乐、知识等为一体,获得了数量巨大的粉丝,寓教于乐、把枯燥乏味的法律知识深入浅出地展现出来,让观众既开心又能学到知识。红色旅游的景点分布广泛,每一处都有故事,每一个文物都是先辈们无畏的付出,充分彰显出革命先辈的高尚品质。为青少年培养以爱国主义为核心的民族精神,树立正确的三观,养成良好的生活习惯,促进青少年全面发展有重要作用。[①] 旅游是青少年比较喜欢的活动之一,红色经典多而广,内容丰富形式多样,能够激起青少年的求知欲,读万卷书不如行万里路,青少年通过实地旅游,实地体验,亲身体会,内心更容易受到震撼,从而受到教育。时代的发展,社会的进步,红色旅游的内在价值是永恒的,它既有特定的内涵又具有时代特征,在发挥其教育意义时,不仅要发掘其历史含义,也要与时俱进赋予其改革开放的时代精神,赋予其内容,有助于青少年树立远大理想,向先辈们学习不怕苦累,奋发向上、自强不息,不计个人得失的良好品质,做一个合格的社会主义接班人。总之,红色旅游通过其自身特点,寓教于游,能吸引更多的青少年积极参与,加强其思想品德教育。通过与时俱进的方式创新,枯燥无趣的说教变成青少年喜闻乐见的方式,青少年更加主动积极地去接受,去学习,增强了教育效果,不再是单纯的旅游,使旅游者思想得到洗礼,精神生活更加丰富,境界得到升华。红色旅游成为增强我国文化软实力的重要途径,成为思想道德建设的新方式。

(5) 发展红色旅游有利于强基固本防止外来不良思想的侵蚀

当今国内外形势发生重大变化,改革开放以来,伴随着经济的腾飞,外来文化也大量涌进我国,已有的文化和价值观念等受到较大冲击,导致一些人价值观扭曲道德行为失范、思想认识不清楚,青少年的思想道德建设面临重大挑战,这种情况下我们要以先进文化做出强有力的回击。针对西方文化输出,腐蚀思想,我们一定要坚决抵制,变革不变质。随着我国经济实力的强大,人民生活水平的提高,不断有留学生到我国来

---

① 刘楠:《新中国成立以来的青少年思想政治教育研究》,硕士学位论文,牡丹江师范学院,2016年。

学习，我国也有学生出国学习，这就为腐朽思想提供了媒介。因此，加强爱国主义教育迫在眉睫。发展红色旅游，有利于把我党的革命遗迹更加立体地展现在游客面前，有利于感受到共产党的伟大与不易，让游客身临其境，感受到我党建国的不容易，学习革命精神，激发其强烈的民族自豪感。大力发展红色旅游，是抵御不良思想行之有效的方法。[①]

（6）发展红色旅游与实现思想政治教育工作的创新

每个政党每个国家都有其巩固统治的指导思想，只是教育效果与方式不同，红色旅游具有多重功能，其政治教育功能，发展经济和文化传播的功能等促使其在思想政育的发展。[②]

①促进了思想政治教育功能的突破与进步

思想政治教育为人的高尚情操与品质指明了正确的方向。红色教育集文化传播、精神塑造、促进经济发展和政治教育于一体。多种作用体现出思想政治教育的外延，这正是一种转变，由单纯的政治教育变为具有综合性作用的活动，不仅能对党的革命精神和政策宣传普及，还能带动红色老区经济发展。这是与党的政策的完美结合，显示出其时代性，使其思想政治教育与经济的发展，相辅相成，共同发展。

②促进了思想政治教育的创新与发展

时代在发展，社会在进步，不能墨守成规，创新才是硬道理，创新才能进步。思想政治教育作用的完全发挥就需要新的教育模式，改变以往被动学习为积极主动学习，寓教于游，提高受教育者的积极性，让受教育者愉快高兴地接受学习。开启互动模式，不仅迎合了新趋势，而且对其发展与创新开创了新局面，使教育内容与教育环境、教育活动相协调，更有利于青少年汲取知识，调动其积极性。

2. 发展红色旅游的经济意义

红色旅游集政治资源、旅游资源和文化资源于一体，发展红色旅游具有促进经济发展、文化传播的功能，对本地区的旅游经济和其他方面

---

① 李琳：《论红色旅游在思想政治教育中的价值》，硕士学位论文，湖南师范大学，2010 年。

② 郝忠彬、邓晨光：《思想政治教育功能研究综述》，《牡丹江师范学院学报》（哲学社会科学版）2011 年第 1 期。

的经济有促进作用，缩小贫富差距，有利于减少贫困人口，对两个一百年目标更好地实现有促进作用。①

（1）发展红色经济，带动革命老区经济发展。我党夺取政权的道路是农村包围城市，武装夺取政权。因此，我国的革命老区多位于偏远落后的地方，发展红色旅游有利于改变革命老区贫困落后的面貌，帮助老区人民发家致富，也是从中央到地方政府都重视的。具体表现如下：

第一，我国是农业大国，农村人口占大部分。我国历来重视农村，只有农村富了，才是真正的富了。首先发展红色旅游有利于开辟出农村发家致富的新道路，实现农村产业结构调整，由单纯的种植农作物发展为第三产业的旅游业，实现收入增加，促进农村产业结构调整。其次，可以实现农村产品多元化发展，旅游纪念品可以因地制宜，深加工增加附加值，提高农民的积极性，使精品农业、观光农业的比重不断加大，多元化发展，为农村经济不断注入新鲜血液，吸引外出务工人员回来建设自己家乡，解决空巢老人与留守儿童等问题，对周边城市也有竞争力实现资金回流，实现城乡一体化。②

第二，有利于调动革命老区的积极主动性。革命老区经济发展水平不高，人均国民生产总值和地方财政收入远低于国家平均水平。发展红色旅游与以往国家专项政策扶持不同，这次是积极主动去改变，把革命老区的资源优势转化为经济优势，把本地区的人文、地理和生态资源转化为旅游资源，发展具有本地特色的旅游产业，增强自主经济发展能力。

（2）发展红色旅游能够实现经济更加快速发展。红色旅游作为旅游业的一部分，它的存在完善了旅游产品结构，满足了人民多层次，不同形式，种类丰富的精神需求，激起人民发展旅游的积极性，对开拓更加广阔的旅游市场和空间具有促进作用。③ 具体表现如下：

第一，旅游形式更加丰富。我国人民生活水平的提高，旅游人数的

---

① 喻卫中：《基于公共管理理念的湘潭红色旅游开发研究》，硕士学位论文，湖南大学，2008年。

② 路小昆：《走向全面小康：成都城市化·现代化研究》，四川大学出版社2004年版，第130页。

③ 刘宏博、秦星、钟浩瑞：《甘孜州红色旅游资源开发对策研究》，《当代旅游》2018年第11期。

增加，对旅游市场也起到了积极的促进作用，也出现了不同的需求，因此出现不同类型的旅游，如农村观光游、亲子游、商务旅游等，红色旅游增加了人们的选择空间。

第二，旅游的目的不仅在于放松心情，更是学习旅游的内涵。文化是旅游的内涵，一个健康、长远发展的旅游离不开文化的熏陶。当前经济发展，社会大环境稳定，使旅游业蓬勃发展，红色旅游因其更贴近生活、有更加雄厚的人民基础，贴近时代，使游与学结合，创造出旅游与学习新的教育模式，实现了旅游的目的，增强了旅游的竞争力。

（3）有利于旅游资源的保护。红色旅游包括历史资源、生态资源、人文资源等，具有综合性，因此开发时应更加注重资源的有效保护和合理利用。

旅游业开展红色旅游既是响应国家的号召，又是拓展旅游市场的需求。红色旅游资源集中在老区，通过发展红色旅游可以加快老区脱贫致富，改变旅游产业的布局。①

3. 发展红色旅游的社会意义

中国特色社会主义的总体布局和全面建成小康社会的全局实现都离不开社会建设，社会建设是五位一体的重要组成部分，我党和政府都十分注重社会建设，提出构建社会主义和谐社会的理念，社会建设也是构建社会主义和谐社会必不可少的重要途径。②

（1）发展红色旅游实现了收入再分配，有利于社会公平与稳定。我国改革开放，让一部分人先富起来，先富帮后富。但是，我国尚处于发展阶段，只是先把蛋糕做大，因此，我国东西差异巨大，城乡差异很大，尤其是革命老区更加落后，因为其地理位置不便、人才少等原因经济落后。在全面建成小康社会时一个不能少，国家很重视老区，相继出台了很多政策，老区人民要抓住机遇迎头赶上，推动中国改革开放更进一步纵深发展。③

---

① 郝金连：《山西红色旅游的发展研究》，《全国商情·经济理论研究》2009年第9期。
② 郭立霞：《浅析基层群众文化建设对构建和谐社会的影响》，《文艺生活·下旬刊》2019年2月。
③ 刘乃刚：《邓小平机遇观研究》，硕士学位论文，西南大学，2008年。

改革开放以来，我国区域发展，经历了由小区域到大区域，再到点线面相结合，错综交织在一起。我国针对不同的地方提出了不同的方案，有西部大开发、京津冀"一体化"等但是革命老区受益很少，红色旅游的出现就是针对这一情况来促进老区经济发展的，红色旅游有针对性，收益快，补缺短板，实现点线面齐头并进，共同发展，公平发展，使社会更加稳定，有利于经济发展。[1] 具体表现有：

首先，促进老区改变贫困落后的面貌，缩小城乡差距和区域差距。红色旅游不单单是政治教育，更是一个给老区人民提高收入水平的途径，让老区人民坐上改革开放的快车，经济和精神都得到满足。提高老区人民的生活水平改变其落后面貌是各级政府共同的意愿，发展红色旅游推动产业结构升级，发展特色产业，促进历史、酒店、文化一系列发展，扩大了就业，增加了收入，实现共同富裕，有利于增强国家综合实力。

其次，能够帮助少数民族脱贫致富。我国少数民族大多位于偏远穷的地方生活水平不高，尽快帮助少数民族脱贫致富是民族政策的需要，是建设社会主义和谐社会的需要。发展红色旅游能够把具有本民族特色的习俗发扬光大，利于非物质的传承，而且能够把地区绿色资源转换为经济优势，优化了产业结构，延长了旅游产业链，壮大旅游业在本地区发展的，促进生态建设，加强环境保护。发展红色旅游也带动了交通便利、乡镇一体化建设。为少数民族的生活水平的提高，增加了途径，为经济发展注入了新鲜血液，实现协调发展。[2]

最后，发展红色旅游有利于促进公平公正，发展红色旅游就是社会再分配的过程。发展红色旅游有利于缩小东西贫富差距，能够学习先进的知识，接受先进文化，让老区人民认识到不足，改变不足。这种改变是在不损害到其他人和地区的利益下的改变，这是利益最大化的表现，这是新福利观点中学的理论。[3]

---

[1] 李成超、王磊、仪富强：《构建社会主义和谐社会需推进共同富裕》，《山东省农业管理干部学院学报》2007年第4期。

[2] 邓毅青：《经济发达地区城市民族工作问题调查分析》，《广东技术师范学院学报》2019年第1期。

[3] 魏伟新：《红色旅游与老区社会经济环境发展的关联度研究——以江西瑞金为例》，硕士学位论文，南昌大学，2008年。

(2) 发展红色旅游是社会主义新农村建设的加速器。社会主义新农村建设是缩小城乡区域差异,增加人民幸福感,社会和谐发展的重要手段。在社会主义制度下,把我国农村打造成环境优美、交通便利、社会和谐、经济繁荣、设施完善的新农村。①

首先,发展红色旅游促进老区经济发展,开发出新的经济增长点。第一,发展新的产业,要因地制宜、因时制宜,老区发展红色旅游要根据自身地区优势和特点,把资源优势发展成经济优势,并打造成主要收入增长点,转变经济结构,转变生产方式,进一步打造成支柱产业。第二,农村基础设施不够齐全,发展红色旅游有利于促进基础设施和相关配套设施的完善,在这方面不仅要依靠政府投资,更要积极主动推销自己吸引外资,这样更有利于激发农村市场,激发出当地人的活力。第三,发展红色旅游要有长远规划,必须理性发展。根据自身特点,发展设计出属于自己的独一无二的具有竞争优势的红色旅游景点,同时要与环境相协调,打造成环境友好型、节约型景点,既要金山银山更要绿水青山。②

其次,加强农村精神文明建设。第一,发展红色旅游有助于提高农民的思想道德水平。积极推动红色旅游事业的发展,能让思想道德教育于游玩观赏中潜移默化地得到传递,广大的基层农民群众也能通过身边的红色旅游了解艰辛的革命历史,优良的革命传统,不屈的革命精神,从而得到精神的洗礼。也能推动社会主义思想文化的建设,从而能够大力发展先进文化,支持健康有益文化,努力改造落后文化,坚决剔除腐朽文化,最终提高农民思想道德水平,推动农村的精神文明建设。第二,发展红色旅游对提高农民的综合素质也有重大意义。红色旅游产业属于第三产业,也就是服务产业和文化产业的综合体。要想搞好红色旅游产业首先需要一批高素质的从业人员,也就是要求农民群众需要具有较高的文化素质,这就会促使政府提高对农民教育的进一步重视。有政府干预也需要市场的积极引导,农民通过在现实生活因教育水平限制遭

---

① 曲媚:《名人故居旅游开发对新农村建设的影响》,硕士学位论文,华南农业大学,2017年。
② 郑良军:《红色旅游发展与红色资源保护的研究》,硕士学位论文,南昌大学,2011年。

遇碰壁的经验，就会从内心中想要提高自己的认知、能力和素质，这就会造就一批能适应现代化建设的高素质农民。发展农村旅游会让当地农民接触到更多元的文化和理念，不再囿于一亩三分地、老婆孩子热炕头的传统小农思想，新文化新思想的汇入带动他们思想的转变跟上国家经济发展的步伐。第三，发展红色旅游产业会促进农村面貌的改变。发展旅游业的前提是村容村貌的整洁和保持环境卫生，这就会倒逼农村卫生事业的发展，推动环境治理，进而实现农村的整体发展。第四，发展红色旅游也是实现对老区特色文化的保护与传承。优秀的文化需要保护和传承，老区特色文化是我们党和人民在艰苦奋斗中留下的精神宝藏，更需要我们为其赋予时代意义，使其能适应时代潮流满足现代人的文化需求，实现文化的创新和推广。发展红色旅游事业会提高对老区特色文化的保护力度，在开发老区特色文化产生经济效益的同时加强保护，成为老区可持续利用的精神财富。在开发利用红色旅游资源的过程中要保持适度原则，避免过度开发，造成对老区生活环境的破坏，丢失特色。①

再次，能够减少农村剩余劳动力，拓宽农民就业途径。目前我国农村的普遍问题是农村就业岗位不足，劳动力剩余严重。红色旅游产业的发展需要对当地人文风俗非常了解的从业人员，当地农民群众是比较理想的选择，这就会就近安置一批闲置人员；旅游业的发展也会推动很多周边产业，这就很大程度上拓宽了农民的就业渠道。② 通过国家统计局的数据显示近年来红色旅游已经成为我国旅游新的亮点，接待人数和旅游收入同步增长。旅游产业的发展带动了运输、餐饮服务、手工艺品等周边产业的发展，这些行业的涌现极大缓解了就业压力。

最后，红色旅游业的发展可以提升老区形象。红色旅游业的发展会让更多的人走入革命老区，了解老区文化，推广和宣传老区文化，这就创造了提升老区、宣传老区的契机。红色旅游对提高老区的形象的重要

---

① 赵军：《红色文化与红色旅游良性互动研究》，《中共山西省直机关党校学报》2018年第2期。
② 李海燕：《对我国农村剩余劳动力转移就业问题的几点思考》，《东方企业文化》2012年第20期。

作用首先体现在改变了很多人认为老区落后的观念。① 革命老区大都在偏远山区，交通闭塞、教育落后、信息匮乏，这就使当地老区农民深受传统的小农经济思想的影响，以至于外界普遍认为老区人民愚昧无知落后。开发红色旅游吸引更多游客来旅游，这就会带动外来思想和当地思想的碰撞融合，进而让游客对老区有更直观地了解和客观的认识。其次，老区由于地理历史原因限制与外界联系困难，外界的信息流，文化流、资金流都到达不了。通过发展红色旅游，充分发挥主观能动性，吸引以上资源的进入，老区的形象就会得以改观。井冈山是我党重要的革命发源地，红色旅游资源丰富，当地政府结合自身优势，以"和谐乡村"为主题，大力发展乡村体验游，"红米饭""南瓜汤"等具有革命历史特色的红色饮食搬上餐桌，竹凉席、根雕等具有当地特色的旅游纪念品、工艺品产业也得到长足发展。另外，旅游业的发展也推动了当地农村环境的改善，催生了一批环境整洁、生态良好、村风文明的特色旅游文化村、生态村和民俗村。

（3）红色旅游是建设和谐社会的重要纽带。红色文化是我们党和人民在艰苦卓绝的革命历史中积淀下来的精神财富，是现代社会先进文化建设的重要组成部分，为先进文化的传播和推广提供了助力。社会主义先进文化是构建和谐社会的精神支柱。②

建设和谐社会需要发挥红色旅游的纽带作用。红色旅游资源是我们党和人民艰苦奋斗的精神写照，为了共同的理想和信念团结奋斗、顽强不屈。这种精神在现代社会依然会激励全国各族人民。随着改革开放的深入，我们的社会也更开放、更包容，各种意识形态、各种思想观念之间相互交融、相互影响，因此也就产生了不同的利益诉求和价值观念。如何来进行各方观念和利益的平衡就是个不得不面对的问题。红色旅游资源作为老一辈无产阶级奋斗的精神成果，在广大劳动群众中发挥着不可忽略的积极作用。广大人民群众熟悉它、认可它，有极大的传播范

---

① 魏伟新：《红色旅游与老区社会经济环境发展的关联度研究——以江西瑞金为例》，硕士学位论文，南昌大学，2008 年。
② 邓文和：《以社会主义先进文化推动和谐社会建设》，《南京政治学院学报》2012 年第 2 期。

围。所以发挥红色旅游文化在构建和谐社会中的纽带作用是行之有效的，有潜移默化的效果。在休闲娱乐中接受和传播红色文化，是广大人民群众喜闻乐见的受教育方式。

红色旅游为建设和谐社会提供精神源泉。建设和谐社会需要全体人民群众发挥主观能动性，展现创造力和凝聚力。激发人民群众团结奋斗、自强不息离不开民族精神和时代精神。中华民族在绵延不绝的历史文化进程中形成了以爱国主义为核心的团结统一、爱好和平、勤劳勇敢、自强不息的民族精神。红色旅游资源和红色文化是我们党领导全国各族人民在历史革命进程中留下的精神财富，是伟大民族精神的高度体现。弘扬民族精神可以增强全体人民的爱国意识、团结意识，以及民族自尊心、自信心和自豪感，从而能够增强人民群众对国家的认同感和归属感。[1] 红色文化所展现的精神内核就是如此。随着改革开放的不断深入，意识形态更多元，社会形势也更多变，要想促进社会的和谐发展就必须引导和激励人们保持昂扬向上、开拓进取的精神状态。只有这样才能激发社会的创造力和凝聚力。红色旅游文化在当今社会发展中被赋予新的时代意义，充分挖掘教育资源，整合各种传播形式，为激发社会的创造活力提供强大的精神支持。

红色旅游具有强化文明道德的重要作用。社会的安定和谐离不开道德和法律。道德是对法律的重要补充，具有非常重要的作用。提高社会群众的思想道德水平是维护社会公平正义、实现社会安定团结的重要途径。和谐社会主义的构建、良好社会风尚的培养、社会主义先进文化的发展都离不开对红色文化的挖掘。[2] 首先，毛主席说过，世界是青少年的。青少年活泼好动，发展红色旅游文化寓教于游，符合青少年的学生认知规律，青少年作为未来国家的接班人与建设者，红色旅游文化为青少年的成长提供了营养丰富的土壤，营造了良好的思想环境。其次，中华民族的精神家园离不开红色旅游的文化助力。红色文化不仅仅能够助

---

[1] 丁春华：《干群主观能动性发挥状况对干群关系的影响——新形势下干群关系的哲学思考》，《宁夏党校学报》2018年第3期。

[2] 刘俊：《中国特色社会主义文化思想与文化建设研究》，硕士学位论文，西南政法大学，2010年。

和谐社会的构建，更能促进特色社会主义先进文化繁荣发展。中华民族的优秀传统文化和中国特色社会主义先进文化是中华民族实现伟大复兴的精神力量的源泉。最后，红色旅游文化能够整合并发展创新各种文化资源。我国是多民族国家，民族和地域性差异较大，其中既有先进文化也有落后文化。通过发展红色旅游能够取其精华、去其糟粕，不断整合各地区、各民族文化从适应红色旅游市场客观需求。

发展红色旅游提升了我国国民的素质和丰富了人民休闲娱乐的方式。旅游是人们满足精神文化需求的活动，具有主题鲜明的红色旅游活动，更能帮助人们树立正确的三观，远离不良嗜好，提升品位与层次，红色旅游能够丰富人民的精神生活，激发他们以更大的激情投入到生活中去，投入到社会主义建设中去。

社会主义和谐社会的建设需要满足人们物质与精神的双重需求，只有这两方面得到满足才能实现和谐社会。

4. 发展红色旅游的文化意义

文化传播和文化建设是发展红色旅游的两个重要方面。先进文化的传播与建设离不开红色文化。当代中国发展先进文化，就是不断丰富人们的文化娱乐活动，增强人民的精神力量，建设物质文明离不开红色文化，提高人民的道德水平和思想觉悟更不能缺少。[1]

（1）红色文化具有重要的政治意义。红色文化是发展红色旅游的核心，红色文化产生过程就是中国共产党带领人民为老百姓打天下的丰碑[2]，中国共产党人不怕牺牲、勇斗困难、敢为人先的大无畏精神和公而忘私的高尚品质是中国先进文化的重要组成部分，是中华民族伟大复兴的精神动力，人民通过游览遗址参观遗物，深刻体会先辈们的不易与可贵精神，激励后来人不忘前辈们的努力。红色旅游将红色文化与旅游结合，让人民更容易接受。红色文化将党史、革命精神、革命历史融为一体，让广大党员更容易受教，不忘初心，牢记使命，保持党员本色，为中华民族的伟大

---

[1] 黄天弘：《新时期党的文化现代化思想的历史演进》，第七期中国现代化研究论坛，2009年。

[2] 赵军：《红色文化与红色旅游良性互动研究》，《中共山西省直机关党校学报》2018年第2期。

复兴贡献自己的力量。红色旅游传播红色文化,是发展先进文化的重要途径,有效地进行爱国主义教育,让伟大事业后继有人。①

(2)红色文化的传播促进经济发展。红色文化丰富了旅游类型,增加了旅游内涵,增强了人民的精神动力,减小了区域差距,使城乡收入均衡,给人民发展经济提供了更大的动力,是建设社会主义和谐社会的重要的措施。

(3)红色文化对发展先进文化有重要意义。红色文化是先进文化不可分割的一部分。红色文化就是先进文化的导向标,红色文化是先进文化的内核,传播红色文化能促进先进文化的蓬勃发展。②

红色文化的传播有助于保护老区特色鲜明的文化,两者相辅相成。革命老区的文化在与先进文化交流时,既要接受外来的先进文化,更要保持本地区特色文化,这是发展本地区特色红色文化的基础,吸引游客的命脉,因此要增强文化保护意识。

红色文化传播促进了文化创新。红色文化既要保持本区域特色,又要利于传播,让更多人接受,就要符合当代先进文化的传播方式,赋予先进文化内涵。因此红色文化是融合文化,红色旅游文化丰富了先进文化内涵,增加了文化的多样性。③

文化传播是相互的,先进文化的传播促进文化科技发展进步。文化传播是双向的,文化的传播对人的意识、眼界思想都有影响。红色文化大多是在偏远地区,人民思想意识落后。通过文化的传播,可以让人民意识到自己的不足,改变思维模式,引进先进科技促进本地区发展,改变落后贫穷的面貌。

5. 发展红色旅游的国际意义

红色文化是一部革命奋斗史,不仅是中国的更是世界的。中国是举足轻重的大国,中国革命对全世界都有重要影响,中国革命在世界革命

---

① 陈健:《红色旅游思想政治教育功能的创新研究》,博士学位论文,华中师范大学,2016年。

② 江珊娜:《红色文化传播视域下的受众区隔与传播策略研究》,硕士学位论文,江西师范大学,2013年。

③ 徐仁立:《论红色旅游文化建设对旅游业发展的促进作用》,《哈尔滨学院学报》2011年第11期。

中占有十分重要的地位。它不仅是中华民族的精神财富,更是世界的财富,是人类共同传承的遗产。

(1)有助于扩大市场,实现可持续发展。红色旅游市场有国内和国外两个部分,目前以国内为主。来参观游览外国人的多来自发达国家,他们普遍经济水平高、素质水平高、消费水平高。外国人的参观游览促进了我国经济发展,增加外汇的收入,为国家发展提供支持,资金投入的增加也促进景区的科技发展;红色旅游的发展,促进了文化交流,改变了老区落后、贫穷、自我封闭的面貌,促进文化开放,减少贫困人数。市场的扩大,有利于红色文化的发展、经济效益的增加、有利于世界人民的交流,找到价值观的相似性。

(2)有利于各国人民思想情感的交流。中国红色文化包含的精神力量不仅属于中国人民,更是属于全世界的,是人类共有的精神财富,革命战争锻造出坚忍不拔的抗争精神是世界人民共有的财富。红色旅游的开展给大家提供了一个了解各国人民生活习俗的平台,我们在学到知识的同时,精神得到洗礼与升华。

(3)有助于提升旅游大国的形象。改革开放以来,我国经济飞速发展,社会地位不断提高,我国的影响力日益扩大,吸引越来越多的人关注中国,越来越多的人对中国红色文化感兴趣。游客在参观游览红色文化中更能深刻感受到其中内涵,了解中国红色革命的抗争精神。[1]

七 青少年加强红色文化教育的途径

红色革命资源除了蕴含有大无畏的崇高革命精神外,还有为国家做贡献、为人民谋福利、为民族利益奉献的精神,这些理想信念给红色文化增添了时代色彩,能够完美地与校园文化结合起来,变成与学校的思想政治教育要求相吻合的文化,为思想政治课的教学方式、场景、内容提供了新思路,对思想政治教育的改进有特殊意义。[2] 因此红色文化进校园这一举措将能达到预期的效果,具体操作有以下几条途径:

---

[1] 徐仁立:《论红色旅游文化建设对旅游业发展的促进作用》,《哈尔滨学院学报》2011年第11期。
[2] 刘明涛:《红色文化融入校园文化的途径探析》,《黄冈师范学院学报》2013年第4期。

1. 制定红色文化教育发展规划

红色文化以其独特的感染力被各级各类学校纳入总体规划的范畴，尤其是为政治学科的建设提供了更宽泛的思路。各级各类学校在引入红色文化进校园的时候，要根据自己学校和学生的实际情况，科学编制规划，点明红色文化教育发展的三要素，明确目标、方向、重点。在具体实施的时候，要有年度工作总体规划方案，季度实施计划，甚至可以细化至月计划，并且按照规划，切实贯彻执行评估和量化考核工作，同时，设置专门的部门、专业的人员，要严格按照要求，去测量计划的落地情况，不得徇私舞弊、草草了事，一旦出了问题，需要追究相关人员的责任，形成各司其职、多重保障的工作格局，这样才能切实发扬红色文化中的宝贵革命精神，让红色文化发挥出教化育人，凝心聚力的作用。

2. 根据本地区条件开发具有地方特色的红色文化教育校本课程

在文件《中共中央关于进一步加强和改进学校德育工作的若干意见》中，明确要求：要有爱家乡、爱祖国的教育基地和乡土教材。我们要根据学校所在地，深入挖掘出当地特色的红色文化，让学生了解自己家乡的壮丽史诗，了解脚下土地上发生的惊天动地的事迹。甘肃省的许多地方都曾经发生过红色故事，如今也大都建成了红色纪念地，学校要利用好这些资源，组织专业的人力、物力，研究开发以革命传统教育为核心的地方课程，作为学生思想政治课的补充教材，强化学生对家乡厚重文化的认同，培养祖国的下一代，让他们不畏艰难，勇于战胜任何磨难，成为中国梦的实现者，成为祖国的栋梁。①

3. 组织开展丰富多彩的红色文化教育活动

红色文化对提高青少年的人文素质有着重大意义，红色文化中坚定的理想信念、不成功绝不放弃的拼搏精神，足以使得学生在这个物欲横流的时代坚守自己的远大抱负，不为眼前的蝇头小利所动摇，最终在人生旅途中大放异彩。红色文化在形成过程中，有着非常深刻的政治凝练，爱国主义教育占据了红色文化的精髓部分，理想信念教育和革命传统教育给予了很好的补充，所以在改进学生的思修教育，帮助学生认识目前的国际国内形势方面意义深远。各级各类学校可以把红色文化作为

---

① 詹丽娟：《初中生世界观、人生观和价值观教育》，《中文信息》2014 年第 5 期。

一个载体,辅助思想政治课的教学,并且通过设置一定的实践课程,把课堂和户外结合起来,对学生进行安全培训后,安排专业的老师,带领他们亲身造访红色旅游地。通过这种生动的理论加鲜活的实践授课方式,使得德育的有效性增强。红色文化只有被具体化,让学生看得见、摸得着、身心沉浸才更有说服力,才能变成渗入骨子里的精神财富。所以,学校不仅要让学生走出去接受红色文化的熏陶,也要让红色文化进入校园,走进课堂,让学生接受沉浸式的红色教育。比如,在走出去方面,学校可以组织清明节扫墓,参加红军主题实践活动,穿红军衣、吃红军饭、走红军路等体验活动。[①] 在主题板报中、在学习走廊上,都可以布置宣传画、宣传标语等,推进校园文化建设;邀请革命老军定期去学校给同学们举办报告会、座谈会等。

4. 站在社会前沿,利用大众交流平台进行宣传

现代社会发展迅速,人们交流方式呈多样化发展,多种多样的手机软件层出不穷,青少年作为时尚的弄潮儿,走在时尚前沿,接受新兴事物快,我们要想更迅速快捷地宣传红色文化,就必须站在潮流前线,利用好当下的信息交流平台,吸引他们的眼球。随着信息技术的突飞猛进,越来越多的青年通过互联网来了解信息,我们要充分利用主流媒体的优势,占领网络媒体这个思想传播的制高点,为学生建设红色文化教育网站,这是学校思想教育建设的必经之路。学校应规划和建设好红色文化教育网站,发挥作为舆论阵地的重要优势,引导青少年的思想潮流,宣传的手段也要与时俱进,比如最新流行的短视频等方式。另外,学校要加大资本投入,引进培养优秀人才,保证网站的正常运营,提升网站在学生中的影响力,使这个网站逐渐成为学校舆论的主阵地。[②]

5. 充分利用本地区红色文化教育资源

学生是青少年的主力军,为了全面贯彻落实习近平总书记关于红色基因代代相传的重要指示,培养青少年的健康、积极向上的学习情趣,

[①] 邓辉、邓川:《弘扬红色文化创新红色教育——关于推进红色文化进课堂的思考》,《新课程研究(中旬—双)》2014年第5期。

[②] 邓辉、邓川:《弘扬红色文化创新红色教育——关于推进红色文化进课堂的思考》,《新课程研究(中旬—双)》2014年第5期。

应把课堂教学内容用红色文化充实起来,为青少年的健康发展引领正确方向。红色文化资源的价值只有被充分利用起来才能发挥最大价值,学校方面要主动地和红色文化基地协调,促使签订爱国主义教育基地合作协议,向学生免费开放,只有如此,才能让学生有条件实现游中学、学中游,达到知行合一的目的。此外,学生在充分利用红色材料丰富校园的文化建设时,不能仅仅只停留在参观浏览静态的红色文化图片、遗址和报告会等几种类型,而要把学校这种高知识分子聚集的优势发挥出来,主动赋予红色文化时代内涵,激发他们的兴趣,提高学生接受的主动性。也可以实行家校合作的方式,邀请家长到学校里来,和学生们一起参观学习,使学校这个点成为当地红色文化传播中心。[1]

第二节 红色旅游研究的对象、内容、任务与方向

一 红色旅游研究的对象

从红色旅游活动中归纳演绎出的一般规律和活动原则与方法正是红色旅游的研究对象。[2]

1. 红色旅游活动的一般规律。所谓一般规律,是指在红色旅游活动中,主体、客体等要素相互作用,达到学习教育、发展经济、文化传播等目的的共同规律。

就学习教育目的而言,研究人员和相关学者界定的一般规律是指红色文化的传授者、接受者、各地不同的红色旅游资源及在此基础上开展的红色文化旅游活动、当时的社会环境,四者之间相互作用的过程,这个过程就是接受者从传授者那里接受历史知识、然后产生感情、从而内化成自己的信念,变成支撑自己做事的意志。[3] 然后在行动过程中,如

---

[1] 刘源:《发掘红色文化课程资源促进青少年心理健康发展》,《新课程研究:教师教育》2012年第1期。

[2] 王正文、梅守福:《湖北黄冈红色旅游文化开发态势分析》,《长江论坛》2013年第5期。

[3] 张武:《古田红色旅游与思想政治教育价值实现研究》,硕士学位论文,江西财经大学,2016年。

此循环往复，最终实现政治教育目的。

就发展经济目的而言，旅游过程对经济的影响规律就是旅游业三大支柱产业和六要素的相互协调平衡所产生的作用，从而实现当地旅游业的良性发展，随之而来的就是当地经济收入的增多，生态环境效益和社会环境的改善。其中市场需求规律、业态融合规律、科学管理规律尤为突出。[①]

就文化传播目的而言，其一般规律是文化本身（主体）、传播途径（介体）、传播对象（客体）三者的相互作用，经过传播对象对文化本身的接触、选择性接受以及通过自己的理解转化为属于自己的东西。三个阶段达到文化融合，实现文化传播的功能。[②]

这几大规律共融于红色旅游活动中，相互作用，密不可分。

2. 红色旅游活动的原则和方法。原则是红色旅游活动之纲。原则明确清楚，目的才能实现。主要包括两类原则：一般原则是指作为红色旅游活动观念和理论的具体化，对整个红色旅游活动有一般指导意义的原则。这主要从每个活动的特点抽离出一般原则；具体原则则是结合具体活动，在一般原则基础上提出的，不具有普适性，应用范围比较窄。具体原则使红色旅游从理论走向实际。

方法是原则的具体化。没有原则，方法是混乱的；没有方法，原则只是空谈。

二 红色旅游研究的内容

中国红色旅游研究的内容是十分丰富的。主要包括如下几个方面：

1. 红色旅游基本问题

这部分的内容包括含义、内涵、定位与特点、研究对象、内容、任务与方向等几部分。这部分的内容是基础研究，为后来深层次的研究打下基础。[③]

---

① 褚丽：《德育视域下的学校纪律研究》，博士学位论文，安徽师范大学，2014年。
② 孔祥财：《企业文化传播的困境与出路——以南钞公司为例》，硕士学位论文，南昌大学，2015年。
③ 谭曙辉、陈宁英、张河清：《红色旅游研究现状与展望》，《城市发展研究》2008年第3期。

2. 红色旅游的发展历史

纵观国内外的研究成果，有关红色旅游发展历史的研究内容包括红色旅游的起源。另外，由于国外有红色旅游的形式而没有红色旅游的概念，所以国外研究的是类似的旅游活动的概况，还有国内红色旅游兴起的原因，包括深层原因和浅层原因，以及中国红色旅游的历史发展和现状等。①

3. 中国红色旅游资源与开发现状

这部分的研究内容通过分析现有学术成果可知包括红色资源的分类、价值评价与基本特征和开发现状等。②

4. 红色旅游功能及其意义

包括思想教育功能及实现途径与意义、发展经济功能及实现途径与意义、社会建设功能及实现途径与意义、文化传播功能及实现途径与意义、国际文化交流与形象塑造功能与意义等。

5. 红色旅游规划与开发

包括红色旅游规划的指导思想和原则、规划的制定与落实，资源开发动力系统，资源的经营性与公益性开发的原则、策略与措施，红色旅游产品体系的开发，红色旅游的线路设计，红色旅游特色商品的开发等。③

6. 红色旅游融合发展

包括相关产业与红色旅游完美融合发展的理论应用和发展途径，红色旅游开发出的多种资源的整合，红色旅游目前的开发模式的比较探讨，红色旅游区域合作的内容、现状、亟须解决的问题和趋势等。④

7. 红色旅游文化建设

包括红色旅游文化的定义阐释、类型、特点及表现形式，红色旅游

---

① 郝英：《山西红色旅游的发展研究》，硕士学位论文，山西财经大学，2012年。
② 李嘉：《大巴山苍溪红军渡旅游区红色旅游产品创新开发研究》，硕士学位论文，成都理工大学，2006年。
③ 贺德红、李晖：《论红色旅游线路的开发设计》，《内蒙古农业大学学报》（社会科学版）2005年第4期。
④ 魏红妮：《产业融合理论下的旅游文化产业业态模式研究——以西安为例》，硕士学位论文，西安外国语大学，2013年。

文化建设的内容与意义等。①

8. 红色旅游市场推广与营销

不论是在国内还是在国外营销都需要在市场分析的基础上开展红色旅游产品的推广、盈利方式分析、销售渠道的确定和传播渠道的选择等。所以这部分的内容包括红色旅游市场推广与营销概述、红色旅游市场分析的内容等。②

9. 红色旅游目的地建设

包括红色旅游目的地的内涵、国内外红色旅游目的地的发展思路、发展现状、管理体制,以及红色旅游目的地如何打造,在打造中存在的问题和经验等。

10. 红色旅游可持续发展

包括红色旅游可持续发展的内涵、内容与策略,红色旅游品牌建设,红色旅游资源保护法律体系构建等。③

另外,还应阐明红色旅游政策的制定依据、原则、方法与意义。

三 红色旅游研究的主要任务

简要来讲有如下几个方面:

1. 描述了红色旅游的特点和性质,并描述了红色旅游的背景及其与社会政治、经济和文化发展的关系④

红色旅游产生与发展不但基于人们生活水平的提高、休闲时间的宽裕和出行条件的改善,而且更取决于红色文化的吸引力。夯实中国共产党领导的思想政治基础及民族精神的塑造,其中不乏政府的推动和政治形势的影响,同时也反过来影响社会进步与政治、经济、文化发展。这一点就使得红色旅游的本质和特点不同于一般的旅游类型。红色旅游研

---

① 徐仁立:《论红色旅游文化建设对旅游业发展的促进作用》,《哈尔滨学院学报》2011年第11期。
② 华萍:《基于文化旅游视野下的红色旅游营销战略研究》,硕士学位论文,北京第二外国语学院,2007年。
③ 吴明:《重庆红色旅游资源开发利用研究——以红岩联线为例》,硕士学位论文,湘潭大学,2012年。
④ 李冠瑶、刘海鸿:《旅游学教程》,北京大学出版社2005年版。

究的任务重点就是红色旅游与社会、经济、文化的辩证关系与作用。

2. 研究红色旅游活动基本要素和各个要素之间的关系

红色旅游活动的构成要素也同样遵循旅游活动的要素,包括旅游者、旅游资源和旅游媒介。只有在一定的条件下,潜在旅游者才可能转化成现实旅游者,人们拥有强烈旅游的愿望和要求,旅游目的地也要有符合开展旅游活动的条件设施。旅游业即旅游媒体是他们之间的桥梁和联系。他们的关系和相互作用是红色旅游业研究的一个重要课题。

3. 研究包括红色旅游的组织、结构、特点和社会经济作用

红色旅游业研究的主题也是关于游客和旅游产品与服务的综合产业,也对社会发展产生了经济影响,推动着旅游活动范围的不断扩大。① 因此,这部分重要的内容是探究红色旅游的内部结构和外部作用。

4. 研究红色旅游活动的社会、经济和文化影响

红色旅游具有广泛的社会、政治、经济和文化内涵。研究红色旅游效应的表现和机理、研究红色旅游治理措施的效果、研究红色旅游健康科学发展、是红色旅游的重要任务。②

5. 研究红色旅游的政治效益、经济效益、社会效益与环境效益的实现方式及其关系等

红色旅游的直接目的首先是注重社会效益,其次才是经济效益和生态效益。如何正确处理几者的关系,使之良性和谐发展而不偏废,就必须研究几者的关系和实现方式。这是红色旅游研究的重要任务。③

四 红色旅游研究的方向

红色旅游从兴起到发展历经了几十载的风雨,总体上还处于开发实践的起步阶段,部分从事红色旅游基础研究的学者,他们的研究边界已经从理论研究转向指导实践的研究。从目前研究整体来看,工具书相对

---

① 鄢慧丽:《基于投入产出视角的中国旅游业经济效应研究》,博士学位论文,华中师范大学,2012年。
② 张静:《红色旅游景区基础设施专项资金(国债)投资综合效益分析——以江西省为例》,硕士学位论文,南昌大学,2010年。
③ 吴俊:《小城镇生态旅游资源评价模型构建与应用研究——以攀枝花市红格镇为例》,硕士学位论文,吉林农业大学,2019年。

丰富，论文数量和质量最近几年也显著提升，为以后的研究做出了巨大贡献。但是细细研读就可发现，目前的研究层次还较浅，很多重要问题研究不够深入，诸如理论积淀不够、研究方法落后、理论普适性不够等，我们在以后的研究中要从以下几个方面加强①：

一是加强对红色旅游体系的研究，进一步发展和丰富红色旅游的概念，特别是红色旅游的文化内涵，建设红色旅游的文化理论结构，加强红色旅游理论体系的创新。②

二是积极探索红色旅游研究方法。尽管目前的研究成果数量很多，但没有形成系统的研究方法，基本上以定性分析为主，缺少定量化的研究。主要原因是旅游学科的基础理论没有形成系统，我们可以在实践中借鉴其他学科的原理，用定性定量相结合的研究方法，指导红色旅游的实践。③

三是加强红色旅游可持续发展的研究。红色旅游是近年来较有特色的旅游形式，是政治思想教育与旅游结合的一种专项旅游产品，担负着思想教育、扶贫等显著的社会公益性功能，大多数红色旅游景点位于生态环境脆弱的地区，环境一旦被破坏，想要恢复更是难上加难，因此，红色旅游业的可持续发展特别重要。④

四是加强红色旅游市场研究。红色旅游主题有别于其他旅游类型的特殊性，在很大程度上限制了旅游者的种类，根据目前的调研结果，前去参观访问的基本上是政府和事业单位工作人员，学历水平更是普遍中等偏上，这些人群相对于广大旅游者数量上还是少的。所以，我们必须在研究旅游出游动机和游客行为上下足功夫，以提高红色旅游市场的竞争力。⑤

---

① 喻彩霞、张河清、陈宁英：《中国红色旅游研究综述》，《桂林旅游高等专科学校学报》2008年第2期。
② 方世敏、阎友兵：《红色旅游研究》，湖南人民出版社2007年版。
③ 段迎豪：《河北省红色旅游可持续发展研究》，硕士学位论文，上海师范大学，2007年。
④ 胡明红：《论红色旅游的现状和可持续发展》，《中国市场》2016年第30期。
⑤ 蒋洪南：《红色旅游市场的发展历程与标准化建设》，第十一届中国标准化论坛，2014年。

五是加强红色旅游产业体系的研究。要提高红色旅游的吸引力和竞争力，必须与革命老区经济发展一道，推动红色旅游的发展，实现红色旅游的可持续发展，要走红色旅游协调发展之路，拓展旅游业供应链。因此，有必要加强对红色旅游产业体系的研究。①

六是加强红色旅游发展政策的研究。政策随着市场的需要而变动，在政策变化后，如何使红色旅游在激烈的旅游市场中获得可持续发展，政策支持是重要保障。②

---

① 伍鹏：《红色旅游研究动态与展望》，《宁波大学学报》（人文科学版）2017年第5期。
② 喻彩霞、张河清、陈宁英：《中国红色旅游研究综述》，《桂林旅游高等专科学校学报》2008年第2期。

第二章

甘肃红色旅游发展历史概述

甘肃，简称"甘"或"陇"，省府坐落于甘肃中部的兰州市，从中国地图上看甘肃省，整体像一柄玉如意镶嵌在祖国的西北腹地，与陕西省、宁夏回族自治区、四川省、青海省、新疆维吾尔自治区、内蒙古自治区接壤，是当之无愧的交通要道。所以成为古丝绸之路的必经之路，也成为红军长征的会师地。

第一节 甘肃红色历史发展脉络

甘肃是一片红色土地，有着悠久的革命历史和光荣的革命传统，在中国革命历史进程中发挥了不可替代的重要作用。红军长征在陇原大地上留下了数量众多的红色印记，培育了丰沃的长征精神土壤。甘肃境内长征文化资源十分丰富，蕴含着深厚的革命情感和厚重的历史文化内涵，集中体现了甘肃在党的历史上创造的辉煌业绩、做出的巨大贡献。[①]

甘肃境内长征活动规模大、范围广、停留时间长、标志性历史事件多，是红军长征经过的重要省份之一，红一、二、四方面军及红二十五军均经过甘肃，是各路红军长征部队到达最全、活动时间最长、行经地域较广的省份。

[①] 省委党史研究室：《甘肃红色资源的丰富内涵和时代价值》，《甘肃日报》2019年9月20日。

一 红一方面军长征在甘肃

1934年10月,中央革命根据地第五次反"围剿"斗争失败后,中央红军被迫放弃根据地,开始实行战略大转移。中央红军从江西瑞金和福建长汀出发,途经湖南、贵州、云南、西康等省,1935年8月下旬,进至四川省阿坝地区。9月11日,党中央率领红一方面军第三军和军委直属纵队进入甘南境内,到达距离迭部县城68公里的达拉乡俄界(高吉村)①;9月12日,中共中央政治局扩大会议在俄界召开,会议决定由毛泽东等同志组成"五人团",作为全军的最高领导核心。9月15日拂晓,红军离开旺藏茨日那村,到达若尕沟崔谷仓村,与大部队会合。红一军团在崔谷仓村得到卓尼杨土司暗中支援的20万斤粮食,为红军攻打腊子口提供了粮食补给。② 9月16日,毛泽东在黑多村亲自指挥作战,第一军第二师第四团发起进攻腊子口的战斗,17日晨,胜利夺取天险腊子口,当日傍晚于岷县大草滩一役缴获数十万斤的粮食及2000斤食盐,有效地支援了红军。同日,中共中央率主力部队翻越海拔3000米高的大拉梁(岷山),到达岷县旋窝村、大草滩村一带。17日傍晚,毛泽东随军委纵队驻扎旋窝村的沙子贵家,党中央在旋窝村制定了《回民地区守则》,毛泽东与旋窝村宗教人士丁振邦进行了彻夜长谈,建立了深厚的友谊。18日晨,毛泽东随纵队部离开旋窝村到达鹿原里(今绿叶村)。9月20日,毛泽东等领导同志及红三军、军委纵队到达哈达铺,当日召开政治局常委会议,研究讨论组织部工作和干部问题及部队整编。22日,在哈达铺关帝庙召开全军团以上干部会议,毛泽东宣布了党中央关于组成红军陕甘支队的决定,彭德怀任司令员,毛泽东任政治委员;同时正式宣布陕甘支队将向陕甘革命根据地进发。9月23日,党中央率领陕甘支队离开哈达铺,向天水东北方向前进,25日凌晨,进入武山。9月27日傍晚,陕甘支队到达通渭县榜罗镇,随

---

① 徐占权、徐婧:《奠基西北——红一方面军主力长征到达陕北》,《党史博采(纪实版)》2016年第6期。
② 王文浩、王淑婷、王淑榕:《论腊子口红色旅游的伟大意义》,《卫生职业教育》2013年第20期。

即召开中共中央政治局常委会议。政治局一致决定：确定将中共中央和红军长征的落脚点放在陕甘革命根据地，保卫和扩大陕甘苏区，以此作为领导中国革命的大本营。① 9 月 29 日，陕甘支队占领通渭县城。10 月 4 日，进驻静宁县界石铺、高家堡一带；7 日，主力部队登上六盘山；10 日晚，在镇原县三岔镇宿营，毛泽东住天主教堂；14 日晚，部队在环县洪德、河连湾宿营，毛泽东等领导同志住在洪德杏儿铺一群众家的窑洞里；16 日，陕甘支队兵分两路军出环县境，19 日，到达吴起镇（时属甘肃）。

表 2—1　　　　　红一方面军长征在甘肃大事年表

序号	时间	事件
1	1935 年 9 月 11 日	党中央率领红一方面军第三军和军委直属纵队进入甘南境内，到达距离迭部县达拉乡俄界（高吉村）
2	1935 年 9 月 12 日	中共中央政治局扩大会议在俄界召开，会议决定由毛泽东等同志组成"五人团"，作为全军的最高领导核心
3	1935 年 9 月 15 日	红军离开旺藏茨日那村，到达若尕沟崔谷仓村，与大部队会合
4	1935 年 9 月 16 日	毛泽东在黑多村亲自指挥作战，红一军第二师第四团发起进攻腊子口的战斗
5	1935 年 9 月 17 日晨	胜利夺取天险腊子口
6	1935 年 9 月 17 日	中共中央率主力部队翻越海拔 3000 米高的大拉梁（岷山），到达岷县旋窝、大草滩一带
7	1935 年 9 月 17 日傍晚	毛泽东随军委纵队驻扎旋窝村的沙子贵家
8	1935 年 9 月 18 日晨	毛泽东随纵队部离开旋窝村到达鹿原里（今绿叶村）
9	1935 年 9 月 20 日	毛泽东等首长及红三军、军委纵队到达哈达铺。当日召开政治局常委会议，主要内容是讨论组织部工作和干部问题及部队整编

---

① 臧爱绒、任学岭：《陕甘边、陕北革命根据地统一后名称变化梳理》，《延安大学学报》（社会科学版）2019 年第 3 期。

续表

序号	时间	事件
10	1935年9月22日	在哈达铺关帝庙召开的全军团以上干部会议上，毛泽东宣布了党中央关于组成陕甘支队的决定，彭德怀任司令员，毛泽东任政治委员；同时正式宣布陕甘支队将向陕甘革命根据地进发
11	1935年9月23日	党中央率领陕甘支队离开哈达铺，声东击西，向天水方向进发
12	1935年9月25日凌晨	陕甘支队进入武山县境内
13	1935年9月27日傍晚	陕甘支队到达通渭县榜罗镇，随即召开中共中央政治局常委会议。政治局一致决定：确定将中共中央和红军的落脚点放在陕甘革命根据地，以此作为领导中国革命的大本营
14	1935年9月28日凌晨	中共中央在榜罗镇中心学校南边的打麦场上紧急召开陕甘支队连以上干部会议，进行进军陕北前的总动员
15	1935年9月29日	陕甘支队占领通渭县城。在国民党县政府召开领导干部政治动员大会，毛泽东在文庙街小学接见广大指战员时首次朗诵了《七律·长征》诗
16	1935年9月30日傍晚	在通渭县城南河滩举行盛况空前的文娱联欢晚会暨大会餐
17	1935年10月4日	陕甘支队驻静宁县界石铺、高家堡一带
18	1935年10月7日	陕甘支队主力部队登上六盘山
19	1935年10月10日晚	陕甘支队在镇原县三岔镇宿营，毛泽东住天主教堂
20	1935年10月14日晚	陕甘支队在环县洪德、河连湾宿营，毛泽东等首长住在洪德杏儿铺一群众家的窑洞里
21	1935年10月16日	陕甘支队兵分两路军出环县境
22	1935年10月19日	陕甘支队到达吴起镇（时属甘肃）

二 红二方面军长征在甘肃

1935年11月，为应对大规模"围剿"，红二方面军退出湘鄂川黔革命根据地，从湖南桑植县出发，先后转战贵州、云南、四川等省。1936年8月16日，红二方面军先头部队红六军进入甘肃境内，23日，过腊子口，25日，抵达哈达铺。9月1日，红二方面军总指挥部及红二军先头部队到达哈达铺，9月6日，红二军和红三十二军全部到达哈达铺地区。9月11日至20日，红二方面军兵分三路开始实施成徽两康战役计划，攻克成县、徽县、两当、康县4座县城和西和、礼县、武都及陕西略阳、凤县的部分地区。10月4日，红二方面军离开成徽两康地区向北转移。12日，红二方面军向会宁方向急进；15日，红二方面军总指挥部率红二军和红三十二军进入会宁侯家川，红六军进入会宁杨崖集、青江驿一线；17日，红二方面军指挥部进至会宁太平店；18日，红二方面军六军到达会宁以东的老君坡。

表2—2 红二方面军长征在甘肃大事年表

序号	时间	事件
1	1936年8月16日	红二方面军先头部队红六军进入甘肃境内
2	1936年8月23日	红二方面军先头部队红六军过腊子口
3	1936年8月25日	红二方面军先头部队红六军抵达哈达铺
4	1936年9月1日	红二方面军总指挥部及红二军先头部队到达哈达铺
5	1936年9月6日	红二军和红三十二军全部到达哈达铺地区
6	1936年9月11日至20日	红二方面军兵分三路开始实施成徽两康战役计划，攻克成县、徽县、两当、康县4座县城和西和、礼县、武都及陕西略阳、凤县的部分地区
7	1936年10月4日	红二方面军离开成徽两康地区向北转移
8	1936年10月10日	中共中央、中华苏维埃中央政府、中央革命军事委员会发出《为庆祝一、二、四方面军大会合通电》
9	1936年10月12日	红二方面军向会宁方向急进，经武山盘榆镇到达通渭境内。总指挥部率领第二军、第三十二军经过通渭榜罗镇、第三铺、马营、北城铺、义岗川。第六军由甘谷礼辛进入通渭境内，途经常家河、李家店、马家店
10	1936年10月14日	到达通渭县城附近的东峡口、吴家川一带宿营
11	1936年10月15日	红二方面军总指挥部率红二军和红三十二军进入会宁侯家川，红六军进入会宁杨崖集、青江驿一线，经吕阳铺抵达蔡家铺

续表

序号	时间	事件
12	1936年10月17日	红二方面军指挥部进至会宁太平店,进入静宁县地界
13	1936年10月18日	红二方面军六军到达会宁以东的老君坡

三 红四方面军长征在甘肃

1936年8月3日,红四方面军先头部队进入甘肃境内,主力部队随后跟进;8月9日,攻占腊子口。8月5日至9月7日,红四方面军实施岷洮西战役,先后攻占漳县、临潭、渭源、通渭4座县城及岷县、陇西、临洮、武山等县的广大地区,建立了县、乡苏维埃政权。红二、四方面军长征入甘后,1936年9月16日至18日,中共中央西北局在岷县三十里铺召开会议。红军在岷县成立了甘肃省工委、甘肃省苏维埃政府。9月23日,中共中央西北局在漳县召开了"中共中央西北局盐井会议",成立漳县县委、苏维埃工农民主政府,建立了抗日游击队和漳县红军武装青年营。9月27日,红四方面军在临潭新城召开了中共中央西北局(洮州)会议,朱德同志作了整军报告。9月30日起,红四方面军分为6个纵队,先后由洮州、岷州、漳县等地向通渭、庄浪、会宁、静宁前进。10月5日,红四方面军第三十一军两次占领通渭县城,红九军到达榜罗镇,红四方面军总部抵达武山县榆盘镇。[1] 7日,第四军先头部队抵达会宁;8日,红四方面军四军十师到达会宁青江驿、静宁界石铺地区;9日,红军总部和四军、三十一军抵达会宁县城;13日,红四方面军第九军在会宁县城与主力部队会师;10月26日至30日,红四方面军三十军、总部直属机关和直属队、九军、五军共21800人,从靖远虎豹口强渡黄河,计划执行宁夏战役。[2]

---

① 政协海原县文史资料委员会:《天都烟云》,宁夏人民出版社2006年版。
② 牧子:《祁连忠魂——关于红西路军的历史记忆》,《青海湖文学月刊》2016年7月。

表2—3　　　　　　　红四方面军长征在甘肃大事年表

序号	时间	事件
1	1936年8月3日	红四方面军先头部队进入甘肃境内，主力部队随后跟进
2	1936年8月9日	红四方面军攻占腊子口
3	1936年8月5日至9月7日	红四方面军实施岷洮西战役，先后攻占漳县、临潭、渭源、通渭4座县城及岷县、陇西、临洮、武山等县的广大地区，建立了县、乡苏维埃政权
4	1936年9月16日至18日	中共中央西北局在岷县三十里铺召开会议。红军在岷县成立了甘肃省工委、甘肃省苏维埃政府
5	1936年9月23日	中共中央西北局在漳县召开了"中共中央西北局盐井会议"，成立漳县县委、苏维埃工农民主政府，建立了抗日游击队和漳县红军武装青年营
6	1936年9月27日	红四方面军在临潭新城召开了"中共中央西北局（洮州）会议"，朱德同志作了整军报告
7	1936年9月30日起	红四方面军分为6个纵队，先后由岷州、漳县等地向通渭、庄浪、会宁、静宁前进
8	1936年10月5日	红四方面军第三十一军占领通渭县城，红九军到达榜罗镇，红四方面军总部抵达武山县榆盘镇
9	1936年10月7日	红四方面军第四军先头部队抵达会宁
10	1936年10月8日	红四方面军四军十师到达会宁青江驿、静宁界石铺地区
11	1936年10月9日	红军总部和四军、三十一军抵达会宁县城
12	1936年10月13日	红四方面军第九军在会宁县城与主力部队会师
13	1936年10月23日	红军总部与红军西方野战军司令部会合
14	1936年10月26日至30日	红四方面军三十军、总部直属机关和直属队、九军、五军共21800人，从靖远虎豹口强渡黄河，计划执行宁夏战役

四　红二十五军长征在甘肃

中央苏区第五次反"围剿"斗争失败后，根据中共中央的指示，1934年11月，红二十五军从河南罗山县出发开始长征，后进入陕南并建立鄂豫陕革命根据地①，1935年7月，从陕西长安县出发，继续长

---

① 王姣艳：《红二十五军长征及其历史贡献》，《中共乐山市委党校学报》2016年第6期。

征。8月2日,红二十五军抵达两当灵官殿,进入甘肃境内;3日,攻克两当县城。此后红二十五军继续北进,先后攻占天水利桥、天水北关,从沿河镇北渡渭河,攻占秦安、威逼静宁。8月17日,红二十五军攻克隆德县城,翻越六盘山向平凉进发,继而抵泾川、渡汭河,向南挺进、佯攻灵台,转而向西威逼崇信、华亭。[①] 8月29日,红二十五军涉泾河上北塬;31日,经草峰塬出平凉县;9月3日,抵达合水县;7日,到达华池豹子川。

表2—4　　　　　　　红二十五军长征在甘肃大事年表

序号	时间	事件
1	1935年8月2日	红二十五军抵达两当县灵官殿,进入甘肃境内
2	1935年8月3日	红二十五军攻克两当县城
3	1935年8月7日	红二十五军攻占天水利桥
4	1935年8月9日	红二十五军攻占天水北关
5	1935年8月11日	红二十五军攻占秦安县城
6	1935年8月13日	红二十五军抵达静宁县王家堡子一带
7	1935年8月17日	红二十五军攻克隆德县城,翻越六盘山向平凉进发
8	1935年8月19日	红二十五军抵达平凉境内安国镇一带
9	1935年8月21日至27日	红二十五军抵泾川、渡汭河,向南挺进、佯攻灵台,转而向西威逼崇信、华亭
10	1935年8月29日至31日	红二十五军涉泾河上北塬,经草峰塬出平凉县
11	1935年9月3日	红二十五军抵达合水县
12	1935年9月7日	红二十五军到达华池县豹子川

红军三大主力军及红二十五军在甘肃这片红色热土上抛头颅、洒热血,在甘肃辗转了一年多的时间,为了革命的胜利,为了突破国民党军队对我国的围剿,先后参与了腊子口战役、岷洮西战役、成徽两康战役、通庄静会战役、山城堡战役等知名战役,还有很多不知名的战斗,

---

① 张雷:《红二十五军长征若干问题研究》,硕士学位论文,郑州大学,2017年。

无数革命烈士誓死抵抗，不惧牺牲①；召开了许多高瞻远瞩的会议，在这些会议上确定了重要方针，在关键时刻正是这些会议的精神起着引领作用，指引着未来的方向。② 在甘肃这片土地上，实现了红军三大主力的会师，标志着两万五千里的长征胜利结束。从 1935 年 8 月第一支进入甘肃境内的红军队伍开始，直到 1936 年 10 月三军的胜利会师，甘肃见证着红军四百多个日日夜夜所经历的艰辛和磨难，终于坚持到胜利，迎来了曙光，完全摧毁了国民党想要围剿红军的阴谋。③

五 红西路军西征在甘肃

1936 年 10 月，经过两年的时间，二万五千里的跋涉，红军在甘肃会宁成功会师后，仍然面临着比较严峻的形势。为了打通国际通道，与北面的苏联取得联系，红军三大主力的会师为接下来的行动奠定了军事力量上的基础，受中共中央和中央军委的命令准备发起宁夏战役，占领宁夏，实现与共产国际联系的目的。④ 1936 年 10 月下旬，红军第四方面军总部及三个军队的将士准备按照原定计划顺利集结，奉命渡河，准备执行发起宁夏战役的原定计划，后来因为敌情变化等原因被迫取消，11 月 11 日，红西路军诞生，这支英勇的队伍从此开始了在河西走廊征战的历程。⑤ 从 11 月红西路军明确了打通新疆的主要任务后，迅速西进，转进古浪、凉州；创建永昌、山丹根据地；与红军的主力军里应外合，协调促进西安事变和平解决；集结临泽、高台；血战高台城；鏖战倪家营；恶战三道柳沟；1937 年 4 月，历尽千辛万苦的红西路军 420 余名骨干力量抵达甘新交界的星星峡，后整编为新兵营，在迪化修整和学习军事技术，两年后分批回到延安。

（1）红西路军的组建

1936 年 11 月 9 日，渡河部队按照《平（番）大（靖）古（浪）

---

① 紫筝：《红军长征在甘肃民族地区》，《档案》2006 年第 3 期。
② 刘建全：《长征中鲜为人知的重要会议》，《长征中鲜为人知的重要会议》2015 年第 1 期。
③ 军事科学院：《英雄史诗丰碑永存》，解放军出版社 1997 年版。
④ 唐双宁：《从完整意义上认识中国工农红军的长征》，《红旗文稿》2015 年第 23 期。
⑤ 胡遵远、李雨迪：《红四方面军发展历程中的七大里程碑》，《党史纵览》2016 年第 11 期。

凉（州）战役计划》的部署开始展开行动，命红三十军为第一纵队，从景泰一带地区动身前往大靖、土门方向进攻；红九军为第二纵队，自景泰镇房堡地区途径干柴洼、横梁山勇夺战略要道古浪县；红五军为第三纵队，跟随总部与红三十军同行。① 11月11日，中共中央及中革军委批准成立红西路军，并配置11名军政委员会，军政委员会的主席由陈昌浩同志担任，副主席由徐向前同志担任，协作管理红西路军队伍里的政治、军事和党务工作。② 在大靖正式组建红西路军后，总部和红三十军、红五军攻占土门，进行补给休整，出发到凉州区大河驿与红九军汇合。

(2) 转进古浪、凉州

古浪县坐落在武威市的西南角，古丝绸之路的必经之路，历来为兵家必争之地。1936年11月14日，古浪县城被拿下。11月16日天刚刚拂晓之际，敌兵马元海部率3个骑兵旅和4个民兵团开始了对古浪县城的激烈进攻，红九军奋力抵抗。古浪城的这场战斗，红九军与敌军持续了三个昼夜，歼灭敌军2000多人，我军也伤亡惨重，许多优秀将领身先士卒，将自己年轻的生命永远地留在了这里。红三十军经过御敌大河驿、解围古浪城、包围凉州城与满城、佯攻凉州城、缔结"城下之盟"、奇袭敌祁明山旅驻地戚家栈院、四十里堡战役、血染陈家烧房、遭袭丰乐堡等英勇战斗，在凉州附近与敌人发生了激烈的酣战，共歼灭敌人2400余人，我军伤亡惨重，红三十军二六三团一个连的将士们在这场战役中全部牺牲。③

(3) 创建永昌、山丹根据地

1936年11月18日，军长程世才带领红三十军八十九师的两个团及总部骑兵师占领永昌县城。21日，红西路军总部进驻永昌县城南的天主教堂。22日，红西路军军政委员会下发了《告指战员书》，鼓舞全体指战员发扬不怕困难、艰苦奋斗的精神和士气，克服困难战胜敌人，加

---

① 郝成铭、朱永光：《中国工农红军西路军援回忆录卷（上）》，甘肃人民出版社2007年版。
② 徐高峰：《中共军政委员会形式与性质演变综述》，《商丘师范学院学报》2002年第4期。
③ 《山丹艾黎纪念馆》，《党的建设》2013年第5期。

紧创建永（昌）凉（州）革命根据地。23日，在永昌县建立了中华苏维埃临时政府，截至12月，红西路军在永昌县城及附近地区陆续建立起了13个苏维埃基层临时政权，扩大了我军的群众基础。中华苏维埃永昌区（县）政府成立后，永昌人民自发地支援红军的行动改变为有组织、有秩序的全方位行动。各级政府做了大量且卓有成效的支前工作，当地人民做出了巨大的贡献，永昌成为红西路军西征期间真正的"加油站"与补给所。红五军在山丹驻防期间，在城内各街市组建了5个苏维埃政府并开展了卓有成效的宣传动员工作，组织动员当地群众积极支援红军。

（4）集结临泽、高台地区

1936年12月31日，红西路军第五军攻占了临泽县城抚彝（今临泽县蓼泉镇），1937年1月1日，五军军长董振堂率领军队占领了高台县。那个时候，红西路军的主力部队在沙河堡（今临泽县城）、倪家营子集结完毕，原地待命，董振堂和杨克明两位优秀将领率领3000余兵力守卫着高台县县城，临泽则由郑义斋的总直供给部、妇女独立团和红五军政治委员黄超率领的红三十七、红四十三团驻守。① 1月12日，敌军用计拖延住守备在临泽的主力部队，事实上派主要兵力绕道向西行进，绕到了只有红五军一支兵力坚守的高台县，继而发起了猛烈的攻击，我军由于中了敌军设下的圈套，最终因为寡不敌众，在顽强坚守了8天之后，高台县城沦陷，3000多名将士在这场战争中壮烈牺牲，其中就有董振堂和杨克明。他们的职位分别是红五军的军长和政治部主任。紧接着，国民党部的"马家军"前去攻打临泽，在此，我方红军与敌拼杀了70多天，灭敌10000多人，我军也付出了惨痛的代价，战斗中九军政委陈海松、三十军副军长兼八十八师师长熊厚发等70多名团级以上指挥员及数千名红军战士壮烈牺牲。②

（5）石窝山分兵

1937年3月12日，红西路军因为队伍中的将士数量减少，兵力和粮食供给不上，不得已向祁连山行进，敌军紧追不舍，红西路军极度疲

---

① 孙兆霞：《西征中的红军女战士》，甘肃人民出版社1993年版。
② 杨惠娟、周乾隆：《试论红西路军资源的利用与开发》，《丝绸之路》2013年第2期。

怠，还要应对敌人的追打，被迫展开血战，最终于3月14日只有2000余人的红西路军退入了祁连山康隆寺一带。本想可以安稳一会，不料敌人的骑兵又迅速地追来，在身心极度疲乏的情况下又经过了几场激烈的战斗，执行掩护任务的二五六团全体团员英勇牺牲。① 妇女抗日先锋团也遭到敌军的重重包围，全部牺牲。红西路军军政委员会以为现在"已战至最后""只有设法保存基干"。当日下午，红西路军总指挥部的领导人在石窝山紧急召开会议，讨论红西路军该往何处去的问题，会议做出了如下决定：陈昌浩、徐向前设法回陕北向党中央报告目前的形势；由李先念、李卓然等八人重组为西路军工作委员会，李卓然担任书记一职，主要负责政治领导工作，李先念同志来指挥队伍。② 然后，红西路军兵分三路：左支队有1000余人，是由三十军余部和总部机关人员组成的，这支主要兵力交由李先念指挥，向新疆转移。右支队为九军余部，有700多人，这支部队交由王树声指挥，这支部队的目的地是陕北；其余人员编为机动支队，包括伤员、妇女、小孩在内共上千人，由张荣率领，在祁连山中打游击战，迷惑敌军，并设法前往陕北。③

（6）余部进疆

1937年4月，李卓然、李先念率领的红西路军西行支队1300余人向西游击，4月16日自肃北县大龚岔口走出祁连山，18日到达肃北县石包城休整两天后，向安西（今瓜州）进发。又经过了两天的行军，4月22日，来到了安西（今瓜州）县东南方向的蘑菇台，在此进行了短暂的休整，又在此处与远大于我军兵力几倍的马家军展开了激烈的战斗，这场战役使得我军又损失了数员大将。④ 到了4月底，我军行至星星峡的时候，仅剩400余战士。5月1日，陈云、滕代云等人代表党中央，带着满载衣服、被褥、食品、药品等物资的20辆车，来到了甘新

---

① 王振武、王元姣：《张掖，弘扬西路军精神的红色殿堂》，《丝绸之路》2015年第3期。
② 刘醒初：《甘肃文史精萃·史料卷》，甘肃人民出版社2009年版。
③ 郝成铭、朱永光：《中国工农红军西路军援回忆录卷（上）》，甘肃人民出版社2007年版。
④ 牧子：《祁连忠魂——关于红西路军的历史记忆》，《青海湖文学月刊》2016年第7期。

交界的星星峡迎接慰问红西路军，并在此召开了欢迎慰问大会。红西路军保存下来的这批骨干，在星星峡经过短暂休整后，于5月7日到达迪化（今新疆乌鲁木齐），重新变为"新兵营"，他们就在此学习专业军事技术，待到抗日战争爆发的时候，这批战士陆续返回陕甘宁地区，加入了抗战。①

中共中央党史研究室编辑出版的《中国共产党历史》（第一卷上册）一书中写道："西路军干部、战士所表现出的坚持革命、不畏艰险的英雄主义气概，为党为人民的英勇献身精神，是永远值得人们尊敬和纪念的。"②红西路军在极为严酷的条件下与敌浴血奋战数月，经过大小战斗80余次，歼敌2.5万多人，以昂扬的斗志和英勇无畏、不屈不挠的革命英雄主义气概，有力地策应了河东红军的战略行动，做出重大的不可替代、不可磨灭的贡献，红西路军惊天动地的壮烈事迹，已被载入史册，党和人民将永世不会忘记。

（7）兰州营救

1937年5月，为了寻回失散在河西走廊及青海省的红西路军将士，几位党代表奔赴兰州筹备建立红军联络处，地址为南滩街54号。随着国共第二次合作的正式建立，联络处正式改为"八路军驻甘办事处"，经历过一次搬迁，搬到了孝友街32号（今酒泉路185号），一直待到1943年，执行中共中央的命令，搬回延安。③

八路军驻甘办事处在党中央和各位同志的领导下，在非常艰苦的条件下，坚守着自己的阵地，不负党的重托，出色地完成了各项工作：不忘初心，积极地营救和找回了许多流落在河西及青海一带的西路军战士；宣传和建立了党的抗日民族统一战线，往延安前线输送了大批优秀青年，扩大了革命的队伍，夯实了群众基础；有力地推动了甘肃省抗日救亡运动的开展；协助和指导在办事处同志的领导和配合下甘肃工委扩大了党的地下组织成员；同时还负责在苏联和新疆来回的革命干部的接

---

① 黄家盛：《抗战时期陕甘宁边区文化建设的实践及历史启示》，《武汉交通职业学院学报》2007年第1期。
② 周强、方亚丽：《简述西路军血战河西始末》，《安阳师范学院学报》2016年第6期。
③ 尹巨龙：《滚滚黄河孕育千年古城关》，《中国西部》2016年7月。

待任务以及抗日前线的生产资料的运输任务。办事处曾经居住过几十位老一辈的革命家,有周恩来、任弼时、王稼祥、李先念、邓颖超、许光达、毛泽民等,被周恩来同志誉为"革命的接待站,战斗的指挥所"①。

红西路军将士们踏足过的甘肃的广大土地和在这片土地上发生过的大大小小的战争如今都成为极其珍贵的红色文化资源,其蕴含的精神财富,在全国的文化资源宝库中具有独一无二的战略地位,是"后浪"们奋发图强的精神源泉。

表2—5　　　　　　　红西路军西征在甘肃大事年表

序号	时间	事件
1	1936年10月11日	党中央和中革军委发布《十月份作战纲领》,要求四方面军以一个军进至靖远、中卫地段,迅速造船,完成渡河准备
2	1936年10月24日晚	三十军在靖远虎豹口迅速渡河
3	1936年10月26日	九军与四方面军总指挥部顺利渡河
4	1936年10月30日	负责河边警戒和守渡口的红五军随船渡河。红军第四方面军总部及第五军、第九军、第三十军部队总兵力21800余人
5	1936年10月27日至11月5日	红军过河后在景泰一条山地区与敌人展开第一次大规模较量,以胜利告终
6	1936年11月11日	根据中共中央和中央军委的决定,过河部队组成西路军
7	1936年11月14日	九军占领古浪县城
8	1936年11月16日至18日晚	激战古浪后,九军撤出县城向武威县境转移
9	1936年11月18日	三十军占领永昌县城,后续在永昌县城及郊区四周建立起13个区、乡、村苏维埃基层政权
10	1936年11月21日	三十军占领山丹
11	1936年11月22日至12月27日	红西路军在永昌周边地区与敌持续激战,虽大量歼敌但损失严重,部队减员至1.5万余人

① 尹巨龙:《滚滚黄河孕育千年古城关》,《中国西部》2016年7月。

续表

序号	时间	事件
12	1937年1月1日	红西路军前锋红五军攻克抚彝（今临泽县蓼泉镇）
13	1937年1月2日	红西路军占领高台县城
14	1937年1月12日至20日	血战高台县城失守后，少数指战员出城东返临泽
15	1937年1月23日	红西路军东进至龙首堡和西洞堡一线
16	1937年1月30日	红西路军近1万人全部进入梨园口外的倪家营
17	1937年2月1日至26日	红西路军在倪家营艰苦鏖战
18	1937年2月27日	红西路军突围后向三道柳沟一带转移
19	1937年2月28日至3月9日	红西路军恶战三道柳沟
20	1937年3月11日	红西路军激战梨园口
21	1937年3月13日	红西路军余部3000余人上石窝山
22	1937年3月14日	红西路军余部石窝山分兵

第二节 甘肃红色旅游发展历程

红色旅游的发展阶段，就全国范围来看，目前学术界有三种不同的观点。第一种观点将红色旅游的发展划分为两个主要的阶段：第一个阶段是红色旅游的孕育和起步阶段；第二个阶段是红色旅游的快速发展阶段和市场化阶段（20世纪末至今）。其中，在第一阶段这个时间跨度内，又被"文革"这一特殊事件划分为三个小的阶段，第一个阶段从中华人民共和国成立到"文革"之前，第二个阶段是"文革"时期，第三个阶段是"文革"结束到20世纪末期。第二种观点将红色旅游的发展分为四个阶段：初步萌芽阶段（1949—1977年）；初步发展阶段（1978—1989年）；渐趋成熟阶段（1990—2003年）；红色旅游的全面发展阶段（2004年至今）。还有一种观点将红色旅游的发展划分为三个阶段：初步萌芽阶段（20世纪50年代初至70年代末）；逐步探索阶段

(20世纪80年代初至90年代末)；全面市场化阶段（21世纪初至今）。①

细探甘肃省的红色旅游发展史可以发现，与国家的政策和呼吁相适应，每个阶段的发展特点也是紧紧跟随国家红色旅游的发展脚步，又有一定的地方特色，但归根结底，还是与国家的政策号召密切相关。所以，从时间发展的跨度来看，甘肃省红色旅游的发展经历了初步萌芽、逐步探索、全面发展三个阶段。②

一　初步萌芽阶段（20世纪50年代初至70年代末）

中华人民共和国刚刚成立不久，党中央和国家领导人就积极开发革命纪念地，使其发挥教育功能，许多的革命遗址、伟人居住地、纪念馆都得到国家财政的支持进行修缮和开发。1960年3月，第一批全国重点文物保护单位的名录被国务院公布出来，表明纪念地等红色资源将会得到更全面、更科学的保护，也标志着相关部门开始意识到红色旅游资源的重要性，保护意识逐渐增强。③ 这个时候，全国的红色旅游活动还不能称为真正意义上的红色旅游，因为这时期的红色旅游活动并没有被市场化，还属于国家和政府范畴的政治接待，所以我们称其为萌芽发展阶段④；但是这时期对于红色旅游的政策和态度使得人们从意识层面开始保护和合理利用红色资源，为后来的市场化经营打下了坚实的基础。⑤

甘肃省红色旅游的初步发展，得益于党中央对甘肃革命老区的肯定和关心。1951年8月，中央人民政府北方老根据地慰问团陕甘宁分团陇东组及随组文工队、电影队等在分团长李培福带领下抵达西峰，向庆阳全区七县革命烈士家属、复员军人、荣誉军人和老区人民进行亲切慰

---

① 刘红梅：《红色旅游发展的历史阶段研究》，《井冈山大学学报》（社会科学版）2016年第1期。
② 刘月兰、张永宁：《庆阳红色旅游发展历程探讨》，《科技经济导刊》2016年第3期。
③ 南卡：《以红色旅游促进红色文化传承研究——以山西省为例》，硕士学位论文，燕山大学，2018年。
④ 刘月兰、张永宁：《庆阳红色旅游发展历程探讨》，《科技经济导刊》2016年第3期。
⑤ 张静：《红色旅游景区基础设施专项资金（国债）投资综合效益分析——以江西省为例》，硕士学位论文，南昌大学，2010年。

问,传达中央人民政府及毛泽东主席的深切关怀。慰问团在河连湾、南梁、荔园堡、阎家洼、柔远城子、西华池、范家塘等地祭扫了烈士陵墓,分发了毛主席亲笔题写的"发扬革命传统,争取更大光荣"题词以及毛泽东画像、慰问信、书籍画册等万余册。①

其次,这一时期,许多市县对有重大纪念价值和意义的革命遗址、遗迹进行开发重建。1950 年,白银市靖远县修建了高湾乡无名红军烈士墙;1952 年,庆阳市华池县修建了华池县烈士陵园,也是在这一年,庆阳市的另一个县环县的烈士陵园也正式落成,兰州市七里河区修建了兰州烈士陵园,武威市凉州区建立了凉州战役纪念馆;1953 年,庆阳市正宁县修建了烈士纪念碑;次年,合水县在县政府的主持下也修建了烈士陵园;1956 年,庆阳市宁县修建了宁县烈士陵园,地址选在著名的文化遗址苗咀坪附近;1957 年,张掖市的高台县政府为了纪念在此地血战的红五军将士们,在各界人士的倡议下,修建了中国工农红军西路军纪念馆;1963 年,在甘肃省公布的第三批省级文物保护单位中,数个红色革命纪念地位列其中;1979 年,在定西市通渭县城西南 64 公里的榜罗镇第一次修建了中共中央政治局榜罗会议纪念馆。②

据此可知,这一阶段,甘肃省红色旅游的主要发展内容是下发文件对革命遗址进行开发和保护,各地积极修建纪念馆、纪念碑等建筑,组织特定的群众前往纪念地参观学习。这时所呈现的特点与全国红色旅游萌芽阶段的特点十分相似,主要特点表现为:以组织群众参观游览为主,参观人员的数量和参观地的开发都有严格的规定,不以营利为目的,更多的是实现这项活动的社会效益。但是由于各地生产力发展状况的差异,直接导致各地在修建时的财政投入、修建规模等方面存在相当大的差距。

二 探索发展阶段(20 世纪 80 年代初至 90 年代末)

1978 年 11 月,党的十一届三中全会召开后,决定把我国工作的重

---

① 任愚公、李占年:《庆阳地区大事记》,甘肃人民出版社 1999 年版。
② 肖芳军:《建国后长沙近现代历史文化遗产保护研究——以文物保护单位为例》,硕士学位论文,湖南师范大学,2013 年。

点转移到经济建设上来，随着改革开放政策的实施，我国的社会主义市场经济体制也逐渐建立，为我国红色旅游功能的扩充奠定了基础，旅游业在良好土壤发展的基础上，逐步成长为支撑我国国民经济的新力量。① 1997年5月，中宣部向社会公布了第一批全国爱国主义教育示范基地，为各地红色资源市场注入了新鲜的血液，使红色旅游的发展更加朝气蓬勃。各地革命纪念地红色文物、遗址等得到了很大程度的修葺，各景区的可进入性、旅游相关配套设施等得到了很大程度的改善，各地政府也开始频繁举行各种形式的纪念活动以提高当地红色景区的知名度，吸引旅游者前来。②

1981年7月，甘肃省政府发出《关于重新公布省级文物保护单位的通知》，此文件列出的省级文物保护单位的红色旅游资源有13处，它们是：南梁陕甘边区革命政府旧址、抗日大学第七分校校部旧址、俄界会议遗址、哈达铺红军干部会议遗址、腊子口战役遗址、榜罗镇会议遗址会宁会师遗址、河连湾省府旧址、山城梁战役遗址、八路军驻兰办事处遗址、兰州战役遗址、华林坪革命烈士纪念塔、高台烈士陵园。③ 1983年，兰州市榆中县修建了张一悟纪念馆来纪念甘肃特别支部书记张一悟；1984年，甘肃省人民政府在陕甘宁省委、省政府的旧址上立下了一座石碑，军事家肖劲光为石碑亲手题写了碑词"中共陕甘宁省委、陕甘宁省苏维埃政府旧址"；同年也在山城堡战役遗址处立了一座纪念碑。1985年，白银市平川区落成了红军西征胜利纪念馆；同年年底，位于陇南市宕昌县的哈达铺红军长征纪念馆正式更名；1986年，经甘肃省委、省政府批准，位于甘肃省庆阳市华池县的南梁革命纪念馆开始修建；1996年，平凉市静宁县修建了红军长征毛泽东旧居纪念馆，

---

① 郭晓东、李莺飞、杨施思：《旅游法实施背景下我国旅游规划法规体系建设的若干思考》，《北京第二外国语学院学报》2015年第3期。
② 李谓文：《南昌市爱国主义教育基地建设与管理研究》，硕士学位论文，江西财经大学，2018年。
③ 《甘肃省人民政府关于重新公布省级文物保护单位的通知》（1981年9月10日甘肃省人民政府文件甘政发［1981］266号发布）。

纪念革命领导人在此留下的革命遗迹。①

这一时期，甘肃省各地不仅加快修建纪念馆来纪念革命遗迹，而且也纷纷加大力度对区域内的红色旅游资源进行开发和保护。例如，1982年12月，庆阳市环县人民政府公布兴隆山长征宿营地遗址为县级文物保护单位；1983年5月，镇原县人民政府公布三岔镇毛泽东长征途中驻地旧址为县级文物保护单位；同年，庆阳县人民政府公布陇东中学大礼堂旧址为县级文物保护单位；1985年1月，宁县人民政府在王孝锡墓冢前立一块水泥墓碑，碑面用朱漆竖书"王孝锡烈士之墓"7个大字，并公布为县级文物保护单位。②

1992年9月，庆阳旅游局成立，与原来的庆阳接待处合作处理各项事务。庆阳市旅游局负责处理与旅游相关的事务的组织和管理职能，自此，庆阳市红色旅游的发展有了统一指挥、统一调度，庆阳市的红色旅游开始步入正规化的时代，这种转变为庆阳市对外宣传旅游形象、整顿红色旅游市场具有重要的战略意义，同时，这对底下各级县市区也起到了积极的示范作用。

这一时期属于旅游业发展的黄金时代，这与国家政策的支持是分不开的。1978年十一届三中全会召开之后不久，国家就做出了把国家工作的重点转到经济建设上来的重大决策，这在当时无疑是非常符合国情的。于是，一系列的重大经济决策纷纷颁布，为当时第三产业的发展提供了适宜的土壤，使其能够蓬勃发展。1986年召开的第六届全国人民代表大会第四次会议起草了"七五"计划，其中一项重要任务是扶持老、少、边、穷地区尽快摆脱经济文化落后的状况。③ 20世纪80年代末期，旅游业已经成为促进革命老区经济发展的支柱产业，确立了自身在经济发展中的位置。④ 1997年5月，在中宣部公布的第一批全国爱国主义教育示范基地中，甘肃会宁县的红军会师楼位列其中，为甘肃省红

---

① 闫奇峰、张莉平：《红色文化遗产的保护、传承和利用研究——以甘肃省为例》，《建筑设计管理》2019年第9期。
② 刘月兰、张永宁：《庆阳红色旅游发展历程探讨》，《科技经济导刊》2016年第3期。
③ 俞继鸣：《中国革命老区新闻报道研究》，硕士学位论文，湖南大学，2012年。
④ 侯玉婵：《山西省红色旅游资源开发研究》，硕士学位论文，山西师范大学，2009年。

色旅游市场注入了新鲜血液。[①] 20 世纪 90 年代中后期，依靠旅游获得发展的效益日益体现，各地也纷纷不遗余力地加大对旅游的投资。尤其是纪念抗战胜利 50 周年，庆祝祖国华诞 50 周年等典型纪念活动，充分地做活了红色旅游市场。

但是在只注重政治、经济功能的时候，对红色旅游发展的规模关注不够，对红色旅游的内涵、制度、特点、模式等缺乏科学规划的研究。

在此基础上，各个地方的红色旅游发展逐步由政治接待为主转向以市场化经营为主。甘肃省各地级市以及县区决策者也都借此机会，纷纷出手，加大对文物的保护力度，各地的保护工程也都如火如荼地展开，所以旅游市场上的接待人数和旅游收入中红色旅游占了很大的比例，做出了重要的贡献。但是只看到红色旅游带来的经济效益就有点太急功近利了，并没有想好以后的长远规划，无论是从以后客源市场的开拓还是红色精神的进一步挖掘，都并没有充分考虑到红色旅游的可持续发展，所以导致的直接结果就是部分红色旅游资源的闲置与破坏[②]，毫无疑问为后来的开发建设埋下了一颗"定时炸弹"。

值得一提的是，20 世纪 80 年代后期，国家旅游局为延安、韶山等革命老区提供了非常有力的政策，包括每年为这些地区的旅游基础设施建设提供优厚的政策，提供一定的资金。但是，甘肃省在这一次的政策倾斜中并没有争取到充分的资源和资金，直接导致与其他革命老区的差距拉大。所以，甘肃后几年的发展逐渐落后，并没有形成本省优势，把红色旅游市场做大做强，这种情况一直延续到了 20 世纪末。但是塞翁失马焉知非福，这种旅游发展的迟滞无形中也变成了对红色旅游资源的一种保护，避免了只顾经济效益的粗放型的开发的弊端，使得后来在追赶的途中避开一些弯路和错路，直接沿着正确的方向前进。

[①] 颜蒹葭：《社会主义核心价值观与纪念馆对青少年爱国理念的培育——以全国爱国主义教育示范基地毛泽东与第一师范纪念馆为例》，湖南省博物馆学会 2014 年会暨纪念馆建设专题学术研讨会，2014 年。

[②] 朱海珍：《红色旅游的性质与开发研究》，2005 年青岛旅游的明天学术研讨会，2005 年。

三 全面发展阶段（21世纪初至今）

2001年4月，国务院发布了《关于进一步加快旅游业发展的通知》的文件，文件明确提出要把发展旅游与加强社会主义精神文明建设紧密结合起来，通过旅游活动弘扬民族优秀文化，加强爱国主义教育，促进国际经济文化交流。[①]《2004—2010年全国红色旅游发展规划纲要》《2011—2015年全国红色旅游发展规划纲要》等文件的发布为红色旅游的发展指明了正确的方向，给红色旅游做出了科学的界定，阐明了红色旅游发展的理念和目标。各省市根据纲要指明的道路，开始科学合理地筹谋红色旅游下一步的发展，以期尽快实现红色旅游的产业化、市场化。

这一时期，甘肃省的红色旅游也搭上了这趟快速发展的顺风车，取得了丰硕的成果。2011年《2011—2015年全国红色旅游发展规划纲要》正式开始实施，在这一年，各地围绕建党90周年，举办了许多大型的纪念活动。甘肃全省在这一段时期内举办了和红色旅游相关的宣传促销活动近百次，专题活动三百多次，为红色旅游的基础建设投资有3亿多元。张掖市高台县在符合国家相关规划纲要的前提下组织编写了《高台县红色带动工程2009—2015年总体规划》《高台烈士陵园建设规划》和"红色旅游"开发项目规划；山丹县组织修改完善了《艾黎新西兰国际旅游村概念性规划和开发建设规划》，深入挖掘当地可开发利用的红色旅游产品，对打造属于自己的红色旅游品牌起到了积极作用；甘州区修建了高金城烈士雕塑、景区内标示牌的更新、大型宣传版面的制作以及景区内基础设施设备的更新换代；临泽县聘请专家为梨园口战役纪念馆内的绿地景观设计出谋划策，最终制订了合理的设计方案；国家为甘南州迭部县投资拨款986万，用于"天险腊子口"战斗遗址红色旅游景区朱立沟综合服务区给排水项目工程的建设，酒泉为迭部县投资600万元，新修建了占地面积3200平方米的腊子口游客服务中心大楼，该地还对旺藏红色旅游景区旺藏寺院进行维护修建，以及完成了旺藏红色旅游景区茨日那民俗风情园60%的建设任务，为红色旅游蓬勃发展做

---

① 宋子千：《从国家政策看文化和旅游的关系》，《旅游学刊》2019年第4期。

了大量的工作；平凉市静宁县对界石铺红军长征纪念园功能进行了完善，建设了赵墩沟梯田生态风景区还有红十五军革命遗址红军楼修缮等工作，共花费1070万元。酒泉市完成了安西战役纪念塔广场建设和周边环境整治的项目，也完成了西路军战役纪念馆的规划；酒泉卫星发射中心航天爱国主义教育基地也着手开始修建游客接待中心；玉门铁人王进喜纪念馆修建了部分基础设施和生态治理工程；玉门油田红色景区为了实现更长远更高效的规划，开始编制景区规划工作，仅编制规划这一项工作，就花费了50万元，并为了保证该景区的可进入性，在玉门油田西河坝窑洞上铺设游客通行桥梁，花费300多万元，改造维修老君庙、老一井的基础供水、供电设施，花费了200多万元。①

这一时期整体发展速度很快，各地的发展水平也比较均衡，都与当时党和国家给予的一系列人力、物力、财力以及支持政策是分不开的。2001年6月11日，中宣部公布出第二批百个教育示范基地，宕昌县哈达铺红军长征纪念馆、八路军驻兰州办事处纪念馆、兰州市烈士陵园、华池县南梁革命纪念馆名列其中。② 2009年6月7日，习近平同志到庆阳市华池县南梁革命纪念馆考察，为烈士们敬献了花篮，代表党中央领导人表达了对老区的关心。习近平同志说道："现在老区不够发达，但随着我们国家综合国力的增强，对老区的扶持将会越来越大。"③ 2005年、2010年国家公布全国100个红色旅游景区名录，我省的一系列红色纪念地成为这100个红色旅游景区的重要组成部分。

2016年9月3日，三期规划纲要《2016—2020年全国红色旅游发展规划纲要》颁布实施，在这个文件中提出了我国的红色旅游发展在新时期的指导思想、发展目标、任务以及相关的保障措施，是适合新形势下红色旅游发展的又一次科学探索。④

随着文件在各省的实地落实，甘肃省也积极响应，以《三期规划纲

---

① 甘肃省文化和旅游厅：《全省红色旅游发展基本情况》。
② 《精神丰碑》，陕西人民出版社2005年版。
③ 新华网：习近平在甘肃调研，2009年6月12日，http://www.ce.cn/xw2x/gns2/szyw/200906/12/t20090612_19303312.shtml。
④ 马克禄、张凡：《试论旅游人类学视角下红色旅游景区开发研究》，《四川烹饪高等专科学校学报》2013年第1期。

要》为纲领，颁布《甘肃省 2016—2020 年红色旅游发展实施方案》，方案中表明[①]：甘肃省将在这 5 年的时间倾力培育 3 个重点红色旅游片区，建设 30 个样板红色旅游景区、4 条红色旅游经典线路，倾情奉献"长征丰碑、红色陇原"这块甘肃红色旅游的新招牌，打造国家级的红色旅游发展创新基地、研学基地[②]，旨在成为国内红色旅游重要目的地，向着人们一提到红色旅游，就会想到甘肃这片热土这样一个方向努力。三个重点红色旅游片区是按照方位分为东部红色沃土旅游区、中南部长征丰碑旅游区、河西红西路军征程旅游区这 3 个红色旅游区[③]；四条红色旅游经典线路分别是南部的红色丰碑旅游线，这条线路与南边的四川省相连，北边的长征胜利旅游线，这条线路与北边的宁夏相连，西边的英雄史诗旅游线，这条线路与西边的新疆相通，以及东边的红色沃土旅游线，与东边的延安相连；30 个样板红色旅游景区的建设目标是全部都要达到 3A 级以上的标准，有 1/3 根据其所在地理位置，所蕴含的内涵向着 4A 级的标准打造。到 2020 年，只这 10 个 4A 级的红色旅游景区年接待规模就要达到 50 万人次以上；凭借着优良又数量众多的红色资源，甘肃省红色旅游的发展一定使人眼前一亮。[④] 到 2020 年末，接待人数突破 4000 万，红色旅游综合收入要比 2015 年翻一番，达到 100 亿元以上，其创造的就业岗位数也要翻一番，达到 10 万人。该方案要求要对重点事件、突出性项目重点打造，尽可能多地覆盖更多的景区，使之内涵更加丰富，为未来的红色旅游创新发展做好铺垫。

---

① 樊颜丽：《文化导向下红色旅游文化产业的活化与再生——以甘肃省为例》，《文化创新比较研究》2019 年第 11 期。
② 张莉平、闫奇峰、张宇：《甘肃红色文化遗产的保护与旅游开发研究》，《生产力研究》2018 年第 12 期。
③ 伍姚：《科学发展观视域下红色旅游文化建设研究》，硕士学位论文，湖南工业大学，2014 年。
④ 蔡玲玲：《推进甘肃红色旅游发展发挥其社会教育功能》，《魅力中国》2018 年第 31 期。

资源篇

第三章

甘肃红色旅游资源特征

第一节 空间分布

整合甘肃省内具有突出意义、重要影响、重大价值的文化和文物资源，统筹周边历史文化、自然生态等优质资源，依据这些优质资源的地理分布和红一、二、四以及二十五军在甘肃境内的长征行走路线，在对甘肃红色文化特色定位梳理的基础上形成"三线、三区、十节点"的空间分布格局。

一 三条红色文化主题线

一是北上胜利会师线。根据中央领导层的重要战略决策，红二方面军、红四方面军相继于1936年8月到达甘南境内，等待号令与红一方面军进行会师。此刻，在陕西保安，党中央领导共同商定，将会师地点选在会宁。[①] 1936年9月27日，中共中央西北局洮州（临潭）会议，是一次在关键时刻扭转形势的重要会议。这次会议驳回了张国焘主张西行的错误决定，坚决肯定和支持中共中央西北局岷州会议所商议出的正确主张，继续向北行进，最终三大主力军队成功会师的结果充分验证了我党决策之明智。[②] 也正是由于这次值得载入史册的陇原大地上的成功会师，推动了我国革命进程的快速转变，由土地革命战争时期转为抗日

---

① 王桂强：《论红军长征北上陕甘的原因》，《哈尔滨学院学报》2009年第11期。
② 徐世强：《艰难的抉择：长征时中央红军曾八次改变落脚点》，《世纪桥》2010年第18期。

战争时期，也为我党在西北建立领导队伍打下了雄厚的军事基础。① 北上胜利会师这条线路以红一、二、四方面军由四川甘孜进入甘肃的活动路线为主，起点为甘南州迭部县终至白银市会宁县。沿线由俄界会议旧址、腊子口战役旧址、哈达铺会议旧址、岷州会议旧址、红军会宁胜利会师旧址等众多具有代表性的红色历史节点组成。设计范围达 7 个市州，按地理顺序来数有甘南州、临夏州、陇南市、定西市、天水市、平凉市、白银市。

该线路以红军长征艰苦奋斗精神、艰辛探索精神、会师精神作为主要线索，以全国重点文物保护单位为载体打造红色地标，强调红色文化资源的保护传承、主题展示以及与周边自然、文化资源统筹进行文旅融合发展。②

二是奔向抗日根据地线。习近平总书记在纪念长征胜利 80 周年大会上的讲话指出："我们党领导红军，以非凡的智慧和大无畏的英雄气概，战胜千难万险，付出巨大牺牲，胜利完成，彪炳史册的长征……宣告了中国共产党和红军肩负着民族希望胜利实现了北上抗日的战略转移，实现了中国共产党和中国革命事业从挫折走向胜利的伟大转折，开启了中国共产党为实现民族独立、人民解放而斗争的新的伟大进程。这一惊天动地的革命壮举，是中国共产党和红军谱写的壮丽史诗，是中华民族伟大复兴历史进程中的巍峨丰碑。"③

该线路以红军会师后继续开拓进取，向宁夏、陕西进军的路线为主，由白银市会宁县至庆阳市华池县。沿线途径 5 个市，从白银市开始，紧接着是定西市、平凉市、庆阳市到宁夏回族自治区结束，连接这条线的红色历史节点有山城堡战役旧址、南梁红色革命地旧址、将台堡会师旧址等。该线路以红军胜利会师后北上抗日，由会宁出发奔赴延安，建立陕甘宁革命根据地，带领革命走向伟大胜利的开拓精神、奋斗精神为线索，以全国文保单位为核心，省市县级文保单位为支撑，联动

---

① 闻君宝：《红军长征与马克思主义中国化领袖主体的重塑》，《佳木斯大学社会科学学报》2018 年第 6 期。
② 江泽民：《在纪念红军长征胜利 60 周年大会上的讲话》，人民出版社 1996 年版。
③ 习近平：《在纪念红军长征胜利 80 周年大会上的讲话》，人民出版社 2016 年版。

宁夏回族自治区固原市，推动革命精神传承展示、教育、宣传，做活沿线文化生态，开拓当地典型的文化生态产业。①

三是征战河西走廊线。1936年10月，三军主力胜利会师后，为了与北面的苏联共产国际取得联络，占据西北这个战略要地，中央决定发起宁夏战役。② 10月下旬，在完成集结军队21800多人后，开始执行宁夏战役，后来因为形势有变，中央紧急改变策略，叫停战役，把这支两万余人的部队编为红西路军，转战河西。③ 从11月红西路军明确了打通新疆的主要任务后，迅速西进，转进古浪、凉州；创建永昌、山丹根据地；配合红军主力、支持西安事变和平解决；集结临泽、高台；血战高台城、鏖战倪家营、恶战三道柳沟；1937年4月，历尽千辛万苦的红西路军420余名骨干力量抵达甘新交界的星星峡，后整编为新兵营，在迪化修整和学习军事技术，两年后分批回到延安。

该线路以红西路军胜利会师后英勇西征、血沃祁连的主要征战线路为主，由白银市会宁县至酒泉市瓜州县。沿线由古浪战役旧址、临泽红西路军战斗旧址及烈士陵园、永昌战役旧址等重要历史遗址组成。途径五个市，分别为白银市，一路西行，经武威市、金昌市、张掖市直到甘肃最西边的酒泉市。该线路以红西路军的英勇奋战精神、顽强不屈精神为线索，打造重要的革命教育展示基地，结合生态文明精神与国家生态主体功能区要求，将生态理念与革命精神融合，突出红色精神在甘肃的延续，例如防沙治沙精神等新时期艰苦奋斗的典范。

二 三大红色文化片区

以长征在甘肃的行进阶段作为依据、红军胜利会师点会宁作为分隔、三条红色文化主题线为基础构建三大红色文化片区。

一是以红一、二、四方面军、红二十五军进入甘肃由俄界会议起始至会宁胜利会师阶段活动区域形成的北上胜利会师片区。这一片区所涵

---

① 欧阳淞：《"两点一存"的独特历史地位及其历史条件》，《中共党史研究》2014年第11期。
② 唐双宁：《从完整意义上认识中国工农红军的长征》，《红旗文稿》2015年第23期。
③ 牧子：《祁连忠魂——关于红西路军的历史记忆》，《青海湖文学月刊》2016年第7期。

盖的核心红色遗址遗迹有俄界会议旧址、腊子口战役旧址、岷州会议旧址、榜罗镇会议旧址、会宁胜利会师旧址、成徽两康战役旧址、哈达铺会议旧址、"两当兵变"旧址等，覆盖的市州有甘南、临夏、定西、白银、兰州、陇南、天水和平凉。①

该片区主要以红军长征艰苦奋斗、坚定理想信念、团结各族群众的"多元一体"民族共同体意识为基础，体现红军从胜利走向胜利的会师精神、从团结走向团结的人民基础、从艰辛走向繁荣的革命成果，是红色文化资源集聚的精神宝库，是革命经历艰辛历程与党的历次北上重大决策的承载片区。

毛主席在作关于《论反对日本帝国主义的策略》的报告中曾经说过："长征是历史纪录上的第一次，长征是宣言书，长征是宣传队，长征是播种机。长征是以我们胜利、敌人失败的结果而告终。谁使长征取得胜利的呢？是共产党。没有共产党，这样的长征是不可能设想的。长征一完结，新局面就开始"②；江泽民同志在纪念长征胜利 60 周年大会上曾经提过："中国工农红军第一、二、四方面军，经过艰苦卓绝的万里长征，在会宁和将台堡胜利会师，宣告中国共产党和红军肩负民族胜利希望实现了北上抗日的战略转移"③；白银市会宁县是闻名中外的红军胜利会师地，作为长征胜利结束的终点，见证了中国革命转败为胜，转危为安的艰辛历程。自此，我国形势由国内革命战争转向了一致对外的抗日战争。2013 年 2 月 5 日，习近平总书记来到甘肃考察，并发表重要讲话，习近平总书记指出："会宁是三大主力红军的会师地，党中央在甘肃境内召开了俄界会议、哈达铺会议、榜罗镇会议等重要会议，做出了以陕北作为领导中国革命大本营的战略决策"④。

二是以南梁革命根据地、红一方面军重要活动区域为主的红色革命根据地片区。该片区以山城堡战役旧址、南梁革命根据地旧址、将台堡红军会师旧址等重要历史遗址节点作为核心承载，包括庆阳、宁夏固原

---

① 杨文棋：《建国前中共会议召开地全国重点文物 保护单位传承利用战略新探》，《黑河学刊》2019 年第 6 期。
② 毛泽东：《论反对日本帝国主义的策略》，人民出版社 1975 年版。
③ 江泽民：《在纪念红军长征胜利 60 周年大会上的讲话》，人民出版社 1996 年版。
④ 习近平：《论中国共产党历史》，中央文献出版社 2021 年版。

2个市。

片区主要以红色文化、革命根据地文化为基础，体现中国工农红军的不屈奋斗精神、革命群众的军民鱼水情义、党的群众路线基础、红色之火在甘肃的燎原之势、红色南梁精神的开拓创新，为各路红军战士奔赴前线提供了落脚点，发挥着无可替代的作用，也挺起了中国革命的脊梁。[①]

毛泽东在《星星之火，可以燎原》中提到，"红军、游击队和红色区域的建立和发展，是半殖民地中国在无产阶级领导之下的农民斗争的最高形式和半殖民地农民斗争发展的必然结果；并且无疑义地是促进全国革命高潮的最重要因素"。[②]

南梁这一红色革命根据地用了3年多的时间摸索并结合西北地区的实际情况，摸索出了一条适合此地的"工农武装割据"的斗争道路，构建了"又斗争又联合"的统一战线，根据地在政权建设、统一战线、土地革命、经济建设、教育文化、干部教育等方面，进行了一系列的改革和创新，这也是毛泽东思想从意识层面落到实地的实践基础，为后来党的"三大法宝"和"三大作风"提出和付诸实施奠定了良好的基础，这一战略的科学运用，对后来的革命胜利有着不可磨灭的作用，使得这一片区成为整个中国革命的起承转合区域。[③]南梁革命根据地成为后来中国革命"硕果仅存"的陕甘革命根据地的前奏，为中国共产党长征结束后建立陕甘宁边区奠定了基础。[④]南梁作为革命根据地的基本建置，其理念体系、制度框架和运行模式，为中华人民共和国成立后的经济社会发展做了有益探索，为中国共产党治国理政提供了不竭的思想灵感。

三是以红军会宁胜利会师后红西路军继续英勇西征、征战祁连区域

---

① 万小龙：《甘肃省红色教育资源开发利用的调查与思考》，《兰州交通大学学报》2015年第5期。
② 《毛泽东选集》第1卷，人民出版社1991年版，第98页。
③ 欧阳淞：《"两点一存"的独特历史地位及其历史条件》，《甘肃社会科学》2015年第1期。
④ 欧阳淞：《"两点一存"的独特历史地位及其历史条件》，《中共党史研究》2014年第11期。

形成的血沃河西片区。这一革命地的核心红色节点主要有红西路军纪念馆、临泽县在红西路军的战斗旧址上修建的梨园口战役纪念馆等,覆盖的州市有6个,包括甘肃省的5个市和青海省的一个州：武威市、张掖市、金昌市、酒泉市、嘉峪关市和青海海北藏族自治州。

2013年2月5日,习近平总书记在甘肃考察工作并做出重要讲话,他强调:"要深刻认识红色政权来之不易,新中国来之不易,中国特色社会主义来之不易。西路军不畏艰险、浴血奋战的英雄主义气概,为党为人民英勇献身的精神,同长征精神一脉相承,是中国共产党人红色基因和中华民族宝贵精神财富的重要组成部分"[1]。红西路军将士们惊天动地的英勇壮举,也表现出了追求民族解放道路的艰辛;红西路军将士用一颗颗炙热之心表现出对党的绝对忠诚,这种不怕牺牲、不畏艰险的英雄气概筑成了如今中华民族的精神堡垒,这种可歌可泣的长征精神,在中华民族实现中国梦的道路中肩负着重要的使命,为这一战略思想的实现保驾护航。[2]

片区以红色文化、地域文化为基础,集中体现红西路军的浴血奋战精神、革命先烈的牺牲精神、新时期红色精神的时代传承,是红军艰苦奋战一心为民的公仆精神和无私精神的见证区域。

三 十大建设保护节点

打造十大建设保护节点的目的是尽可能地还原各地红色文化遗产的真实性和整体性,以红色文化资源的历史意义为核心,结合目前各地所需的红色文化资源的宣传教育功能,在甘肃全省重点打造这十个点。以国家划定的文物保护范围设置核心区,保护、修复功能为主,参观、教育功能为辅;以外围区域及周边自然山体、水系作为缓冲区,进行文化遗产的过渡与分隔,建设纪念馆、博物馆、教育基地等文化服务场所,在这些场所中引入高科技的功能,使得红色事迹再现在屏幕上,使人身临其境,达到红色革命精神的得以延续的目的;结合主题展示园建设设立服务区,以文旅融合作为发展导向,配套相关基础设施,发展文化相

---

[1] 习近平:《论中国共产党历史》,中央文献出版社2021年版。
[2] 周强、方亚丽:《简述西路军血战河西始末》,《安阳师范学院学报》2016年第6期。

关产业。

一是会宁红军会师旧址建设保护节点。主要建设保护对象为全国重点文物保护单位会宁红军会师旧址，包括会师园、会师楼。红军会宁胜利会师在中国革命史上揭开了新的一页，标志着长征的胜利，从此中国革命由挫折走向胜利，开始了由国内革命战争向抗日战争的转变，使中国革命进入了一个崭新的历史阶段。

二是南梁革命根据地旧址建设保护节点。主要建设保护对象为全国重点文物保护单位南梁陕甘边区革命政府旧址、陕甘边军委旧址、陕甘边区革命委员会旧址、闫洼子会议旧址、四十二烈士殉难处、警卫连旧址、列宁小学旧址。以南梁为中心的陕甘边革命根据地的创建，最终成为土地革命战争后期全国硕果仅存的完整革命根据地，成为党中央和各路长征红军的落脚点，成为后来八路军主力奔赴抗日前线的出发点。

三是俄界会议——腊子口战役旧址建设保护节点。主要建设保护对象为全国重点文物保护单位俄界会议旧址，包括崔谷仓开仓放粮旧址、茨日那毛泽东旧居、腊子口战役旧址和腊子口战役纪念碑。俄界是红军进入甘肃后党中央召开政治局会议的重要场所，会议讨论了北上任务，保证了党中央北上方针的贯彻实施，具有重大的历史意义。

四是哈达铺会议旧址建设保护节点。主要建设保护对象为全国重点文物保护单位哈达铺会议旧址，包括哈达铺旧街道、毛泽东住室、邮政代办所、红军干部会议旧址（关帝庙）、红二方面军总指挥部。哈达铺是中国工农红军长征途中休整的地点，也是党中央第一次明确提出陕甘苏区是红军长征的最终落脚点重大决策的场所，是长征途中重要的"加油站"。

五是榜罗镇会议旧址建设保护节点。主要建设保护对象为全国重点文物保护单位榜罗镇会议旧址，包括毛泽东和张闻天住宿旧址、肖克、贺龙、陆定一、王稼祥和肖华同志住宿旧址、陕甘支队连以上干部会议旧址、红一方面军司令部及警卫团驻地、朱家堡战役遗址。榜罗镇会议解决了俄界会议所未能解决的在陕甘建立根据地的具体目的和问题，确定了保卫与扩大陕甘苏区根据地的重大决策，在中国革命史上有着十分重要和深远的意义。

六是两当红色革命旧址建设保护节点。主要建设保护对象为两当兵变旧址、两当兵变遗址、红6军政治部旧址、两当县苏维埃政府旧址、福兴客栈、堆金所、骆宾王家等。两当是红军长征进入甘肃的第一站，也是唯一被红军两次攻占的县城。两当兵变是土地革命战争时期由习仲勋等共产党人在甘肃陇南两当县领导的一次重要军事行动，是这一时期甘肃系列武装起义的开端，在西北地区产生了重大影响，播撒了革命火种，为中国共产党开展兵运工作积累了宝贵的经验，在一定程度上配合和支援了创建陕甘边革命根据地的斗争，在党领导的军事武装斗争中具有重要的历史地位。

七是四坡村战斗旧址建设保护节点。主要建设保护对象为红二十五军指挥部（红军楼）、羊圈洼战斗遗址和渡河口遗址。四坡村战斗旧址是甘肃省唯一全面展示红二十五军历史的纪念地，是红二十五军政委吴焕先同志英勇牺牲的地方，其中羊圈洼战斗是红军会师前最为激烈的战斗之一；旧址与吴焕先烈士纪念馆隔水相望，红色文化与周边文化旅游资源融合度高，交通拨接条件好。

八是山城堡战役旧址建设保护节点。主要建设保护对象为全国重点文物保护单位山城堡战役旧址，包括山城堡战役战壕遗址、红四师指挥部遗址、红军泉遗址、祝捷大会会址等。山城堡战役是中国工农红军三大主力会师后的第一场大仗，也是结束第二次国内革命战争的最后一仗，它的胜利标志着蒋介石"围剿"工农红军的彻底失败，在红军和中国革命史上写下了光辉的一页。

九是岷州—洮州会议旧址建设保护节点。主要建设保护对象为全国重点文物保护单位洮州卫城—新城苏维埃旧址，包括岷州会议旧址、洮州会议旧址、中共中央西北局岷州会议纪念馆、杨土司纪念馆、中共中央西北局洮州会议纪念馆等。中共中央西北局岷州会议是红二、四方面军北上甘南后召开的一次十分重要的会议，中共中央西北局洮州会议为确保红四方面军北上会师发挥了关键性作用。两次会议的召开及制定的正确作战方针，不仅对红四方面军北上、粉碎敌人"围剿"具有重要作用，而且对实现三大主力红军会师有着重要的意义。

十是临泽—高台红西路军西征旧址建设保护节点。主要建设保护对象为省级重点文物保护单位临泽红西路军战斗旧址及烈士陵园、高台红西路军烈士陵园，包括倪家营指挥部旧址、汪家墩战斗遗址、梨园口战斗遗址、高台县城红西路军战斗遗址等。该区域是红西路军死伤高级将领最多，战斗最惨烈的地区；红西路军不畏艰险、浴血奋战的英雄主义气概，为党为人民英勇献身的精神，同长征精神一脉相承，是中国共产党人红色基因和中华民族宝贵精神财富的重要组成部分。

第二节 资源特征

一 红色地标独具特色、影响深远

在甘肃省不断发展的历史进程中，为了防止红色记忆衰退，从而导致大众对红色事迹的集体失忆，各地纷纷修建了许多红色地标，如纪念碑、纪念馆。以南梁为中心的陕甘边革命根据地作为红军"加油站"一般的存在，不仅为来往的各路红军提供了休整的场所，待他们恢复体力后再出发，也在不断地发展着根据地的规模，为前线源源不断地输送着兵力。甘肃作为长征途经的重要省份，在全国来说，有着最广阔的红军踏足区域，过境部队人数最多以及长征经历时最长的省份，还是实现革命力量会和的胜利之地。红一、二、四和二十五军都在这片热土上留下了印记，英勇的红西路军更是在这片英雄的土地上诞生，红西路军精神永世留存。① 宕昌县哈达铺镇的"中国工农红军长征第一街"，迭部县的"天险关隘"腊子口，会宁县的"会师纪念塔"都见证着红军长征的艰难万险，都留下过三军的身影。甘肃从南到北，从东到西，一系列特色鲜明，价值巨大的红色遗迹遗存，无不体现着红色文化的强大感召力。② 这些特色的地标建筑，代表着一代又一代中国共产党人为了实现心中民族解放、人民幸福这个伟大的梦想而坚强有力地努力奋斗着。这是新时代的我们文化自信的底气，也是实现中华民族伟大复兴的基石。

---

① 省委党史研究室：《甘肃红色资源的丰富内涵和时代价值》，《甘肃日报》2019年9月20日。

② 周捷：《甘肃红色文化资源在高中德育教育中的运用研究》，硕士学位论文，重庆师范大学，2019年。

二　红色文化独树一帜、特色鲜明

从发生在甘肃省的红色历史中所提炼出的红色文化，历经几十年的考验，依然经久不衰，越发地生机勃勃。毛主席在长征那种艰苦的条件下创作出的《七律·长征》《念奴娇·昆仑》《清平乐·六盘山》等诗词，每一篇都是红军艰苦历程的见证，每一首都是红军辉煌历史的总结。彭加伦创作的军歌《到陕北去》，起到了凝魂聚气的作用，在军中广为传唱，大大鼓舞了我军的士气，同时也起到了宣传红军北上这一政策方针的作用。陇东抗日民主根据地作为陕甘宁边区的一部分，为边区各项事业的发展做出了巨大的努力，尤其是文化事业贡献突出，如《军民大生产》《绣金匾》《咱们的领袖毛泽东》等歌曲，生活在当今和平时代的人们也耳熟能详。根据抗日根据地的真人真事改编的"刘巧儿"经典形象更是家喻户晓。还有红西路军精神……这些不计其数的长征文化、红色文化都跨越了时间和空间，展示着它们的巨大力量。[1] 还有众多与甘肃有关的文学影视作品，如《长征大会师》《大会师》《惊沙》《西风烈》《祁连山的回声》《西路军女战士蒙难记》《西路军沉浮录》等无一不在诉说着伟大的红色精神，为当下的人们实现共产主义共同理想源源不断地补充着后续动力。[2]

三　红色精神凝心聚力、代代相传

在中国共产党领导的红军征程中，党、红军和人民群众三者相辅相成，组成一个有机统一体。党和红军不仅在甘肃这片土地上抛头颅、洒热血，更是影响着陇原儿女的革命情怀，为甘肃人民注入了源远流长的精神血脉。诞生在这片热土上的会师精神、铁人精神、庄浪梯田精神、会宁教育精神、八步沙精神、兰大精神、莫高精神等一系列精神正是红色精神的传承，与红色精神一脉相承，熔铸了中华民族百折不挠、自强不息的文化灵魂；展现了中国人民坚忍不拔、砥砺前行的精神品质；彰

---

[1] 省委党史研究室：《甘肃红色资源的丰富内涵和时代价值》，《甘肃日报》2019年9月20日。

[2] 方堃：《发展红色旅游　传承民族文化》，《市场论坛》2011年第9期。

显着共产党人不忘初心、牢记使命的历史担当；承载着共产党人艰苦奋斗、开拓创新的实干作风；体现着共产党人至公无私、不负重托的公仆情怀，成为党的革命精神的有机组成部分。红色精神是血液，红色基因是不可磨灭的记忆，甘肃省的共产党人继承的红色精神在带领甘肃人民开拓进取的过程中又形成新时代甘肃精神。在这全面建成小康社会的决胜阶段，要使这种精神不断发扬光大，刻在我们的心上，代代传承下去。①

第三节　精神价值和重大意义

甘肃红色资源密集且丰富，开发红色旅游，挖掘红色资源，是落实习近平总书记视察甘肃重要指示精神的重要行动，是传承中国共产党优良红色基因和精神族谱的重要举措，是指导地方建设、推动地方文化繁荣发展的重要行动，是鼓舞全省上下攻坚克难，夺取中国特色社会主义伟大事业新进展的重要旗帜。② 这不仅是文化工程，而且是民族工程；不仅有地方意义，而且有全国意义；不仅有现实意义，而且有长远意义。

——有利于坚定理想信念，巩固"四个自信""两个维护"。红色精神是新时代甘肃人民巩固"四个自信""两个维护"重要的思想源泉之一。通过对甘肃红色旅游资源的有效开发，在辽阔的陇原大地构筑起伟大的红色文化标识体系，再现红军长征伟大历史，重温讲政治、顾大局、讲规矩、守纪律、讲统一、促团结的红色精神，对于教育全省党员干部和广大群众忠实坚持党的领导，巩固社会主义道路自信、理论自信、制度自信和文化自信这四方面的自信，巩固党和人民共同奋斗的思想基础，具有十分重大的政治意义。③

---

① 省委党史研究室：《甘肃红色资源的丰富内涵和时代价值》，《甘肃日报》2019年9月20日。
② 黄元中：《新时代传承与弘扬三明苏区红色文化研究》，《世纪桥》2018年第9期。
③ 杨睿轩：《习近平文化自信思想研究》，硕士学位论文，四川师范大学，2018年。

——有利于保护和传承党的红色基因和精神族谱，激活甘肃红色文化遗产的时代价值。红西路军在长征境内留下的众多标志性历史事件，是特殊而珍贵的文化遗产和精神财富。通过对甘肃省红色资源的一定程度的开发，也是一种保护好、利用好革命历史文化遗产的手段，是建设中国共产党红色基因库，传承中国共产党族谱，践行"不忘初心，牢记使命"要求的重要举措，这将使全省党员干部及思想觉悟高的群众受到红色精神的洗礼和感召，从内心深受启发，激活红色精神在甘肃的传承弘扬之路，使之成为全省人民实现中国民族伟大复兴中国梦的智慧源泉。①

——有利于传承弘扬中华优秀传统文化，丰富和滋养甘肃文化内涵。甘肃历史文化底蕴深厚，几千年来，多种文化交相辉映，作为中华民族文化的发祥地之一，甘肃的始祖文化、敦煌文化、丝路文化、黄河文化、红色文化、民族文化在中国的历史进程中占据着不可撼动的地位。② 甘肃文化遗存数量可观，通过有效开发，加强对红色文化的保护、挖掘和阐释，有利于探寻红色文化的传统文化根源，进一步继承和发展中华优秀传统文化，引导全省人民群众感受传统文化历久弥新的生命力和感召力，深刻认识红色文化的内涵和精髓，提振民族信心，灌溉心灵沃土，鼓舞全省上下为实现中华民族伟大复兴提供强大精神力量和精神支撑。

——有利于各族人民凝心聚力，进一步促进甘肃民族团结事业的发展。甘肃还是一个多民族聚居的省份，也由此形成了一个多元文化省份，现有五十多个少数民族，东乡族、保安族和裕固族这三个民族是甘肃省的特有民族。从历史上开始甘肃的各民族就形成了杂居的局面，文化上也自然而然地相互影响、相互借鉴，经过一代代的沟通和交往，形成了不分你我的格局。同样，甘肃作为红军长征中当之无愧最重要的省份之一，在长征途中也无可避免地穿过藏区、回区等少数民族地区，在这些地方红军与当地居民亲如一家，友好相处并制定符合当地群众利益的民族政策，不仅为自己树立了积极正面的形象，而且赢得了少数民族

---

① 师守祥、李朝阳：《摊开甘肃红色旅游发展线路图》，《发展》2005年第10期。
② 辛连城：《着力推进文化旅游深度融合发展》，《发展》2015年第4期。

群众的信任。通过对这些资源的挖掘和宣传，结合我党在发展时期民族政策的大胆且伟大的实践，相信对于增强中华民族的民族共同体意识、维护民族团结，促进少数民族精准脱贫，加快民族地区经济社会发展，具有很好的启示意义和时代价值。

——有利于助力开放振兴，推动甘肃革命老区文化与经济、生态、旅游协调发展。红军长征途经甘肃的地方大多地处偏远，自然条件艰苦，经济发展相对滞后，底子薄、条件差、基础设施建设滞后、发展方式粗放、对外开放程度不高。通过对甘肃红色旅游资源的有效开发，以建设文化的方式带动党员群众的思想意识转变，以发展旅游的方式推动经济社会建设，有利于转变革命老区经济发展方式，树立生态文明观念，激发环境保护意识，增强自我发展能力，缩小区域建设差距，实现解决当前问题与促进长远发展相协调，实现红色资源开发和利民富民相统一，文化繁荣和经济发展相统一，加快经济发展和社会进步，深化改革扩大开放，为老区全面振兴注入活力。①

——有利于激发全省人民全面夺取小康社会建设新胜利的决心和信心。红色精神中的长征精神是在革命战争年代诞生的，它代表着红军将士们对革命理想信念的无比忠诚之心。② 通过对这里的红色资源的开发，能够更加强化当地人民的以爱国主义为核心的伟大民族精神，激发当地青年对家乡的认同感和归属感，激励他们自觉地建设家乡，实现家乡人民的共同富裕，冲出山大沟深的经济洼地，带领家乡走向更美好的未来，能够真正激发全省人民打赢脱贫攻坚战的决心，拾起决胜全面建成小康社会的信心，努力夺取新时代中国特色社会主义的伟大胜利。

---

① 赵宪军：《红色文化是甘肃民族统战宝贵财富》，《陕西社会主义学院学报》2017年第3期。
② 马永义：《用红色文化净化精神家园》，《党史文苑》2019年第9期。

开发篇

第四章

甘肃红色旅游资源开发现状

甘肃省由于其特殊的地理位置和重要的战略地位，红色旅游条件得天独厚，有很多资源都是其他省份无法比拟的，比如红军长征的会师地和落脚点都在甘肃；西路军艰难万险的辛苦征程也在甘肃；陕甘边区革命根据地也分布在甘肃各地。无数英雄烈士的热血洒在了甘肃的土地上，他们为了人民的解放而革命，英魂永驻、精神永存。[①] 使得甘肃省这片革命热土成为中国共产党领导人民浴血奋战的见证地；玉门油田是现代石油工业发展的见证地；镍都早期建设者们把他们宝贵的青春奉献在甘肃金昌；酒泉卫星发射中心是中国航天事业发展的见证地。[②]

目前来看，甘肃省的红色旅游产业虽然初具规模，取得了一定的成绩，但是相较于其他发达省份来看，需要改进和学习的地方还很多。当前就甘肃省红色旅游发展过程中存在的问题可归纳为以下几个方面[③]：

1. 活动形式单一，缺乏吸引力。甘肃的红色旅游景区目前采用的多是橱窗、实物展示、照片等静态方式，好一点的会采用影片回放等动态方式，但是这是所有景区最简单、最直接的展示方式，不免让人感觉缺乏新意，激不起游客的兴趣，抓不住游客的眼球。

2. 投资主体单一，基础设施落后。甘肃省红色旅游资源大部分所在地都属于经济欠发达地区，缺乏完善的交通体系。我省的红色旅游在基础建设上主要靠国家投入，但国家投资有限，我省的自有资金又不充

---

① 薛庆超、薛静：《陕甘边区革命根据地时期的习仲勋》，《社会观察》2013 年第 7 期。
② 安振杰、吴映梅、杨姣：《甘肃会宁红色旅游发展研究》，《曲阜师范大学学报》（自然科学版）2014 年第 1 期。
③ 刘艳：《甘肃省旅游业经济效应分析》，硕士学位论文，西北师范大学，2012 年。

裕，所以我们要自谋出路，构建一个多元的投资渠道，从多方面吸纳资金，鼓励有实力的企业前来为我们的基础设施进行投资，添砖加瓦，这才是我省自身谋求红色旅游长远发展的重中之重。①

3. 景区分散，缺乏开发和宣传。甘肃省目前红色旅游资源开发利用的比较好的地方有会宁、南梁等地，其他很多革命旧址、纪念馆等遗产资源都分布的比较分散，没有进行开发和宣传。

4. 红色旅游市场缺乏专业管理人才，目前管理不规范。从全省来看，目前这个行业的从业人员普遍素质较低，有些还不能达到让游客满意的标准。游客花了钱体验不到配套水平的服务，有些地区还存在着坑蒙拐骗这种低级手段宰客的现象。所以，我省红色旅游市场所处的软环境建设、企业诚信建设方面还存在着很大的漏洞，亟待改善。另外，从事这个行业的人员很多都没有接受过相关的培训和学习，甚至是从别的专业转行过来的，他们也不了解游客、不懂管理、不会营销、不懂市场，文化积淀不够深厚，这也直接造成了我省红色旅游的可持续发展到达了瓶颈。

在本篇中，笔者只选择了甘肃省的会宁县和南梁镇这两个对红色旅游开发利用比较成功的地方进行甘肃红色旅游资源开发现状的分析。又由于如今来进行红色旅游的以一日游游客为主、过夜游客少，红色旅游的旅游形式、教育意义、甘肃省红色旅游资源开发现状水平所限，所以旅游发展的六要素我们只选择行、游、购这三要素进行讨论，以及旅游带来的社会影响从这四个方面解读会宁县与南梁镇红色旅游资源开发现状。

第一节 会宁县红色旅游资源开发现状

一 交通状况

会宁县312国道、309国道横跨东西；207省道、定会路贯穿南北，可进入性良好，区位优势明显。城区主要道路有延安街、会师南路、会

---

① 甘肃省政协港澳台侨和外事委员会：《甘肃外事旅游文化资源》，敦煌文艺出版社2005年版。

师北路、长征路在 2019 年 8 月得到改造提升，城区内交通运输能力大幅提升。

二 红色旅游资源

1. 会宁县红色旅游资源历史背景

1936 年 10 月，红一、二、四方面军在会宁的成功会师，宣告了伟大长征的彻底结束，而这一开天辟地的革命事件也使得会宁从此声名大噪，成为一个胜利之地，红色圣地，赋予了会宁独一无二、无可替代的意义。会宁是中国革命走向胜利的转折之地，是革命力量大汇合的所在之地，是后来抗日民族统一战线形成的必不可少的基础。[①] 在红军会师期间，无数的老一辈革命家都将光辉的足迹留在了会宁。这些崇高的荣誉都重新赋予了会宁新的生命含义，也是会宁得以发展的红色旅游资源，这些资源独具特色，内涵深刻，影响深远，从而铸就了会宁在全国的红色旅游中独一无二的地位。

2. 会宁县红色旅游资源概览

有国家 AAAA 景区 1 处（会师旧址，2008 年 12 月），国家级烈士陵园 2 处，与长征相关的微缩景观 1 处，会师期间在会宁修整了一个多月留下的战斗遗址 20 多处，革命历史文物 1000 多件，县里还有一座历史博物馆，馆藏有一级文物 12 件，是全国馆藏一级文物数量最多的县级博物馆。会师旧址的纪念建筑主要有：会师楼、会师门及会师纪念塔、文庙大成殿、红军长征胜利会师纪念馆、红军会宁会师革命文物陈列馆、红军烈士纪念堂，还有一些会师期间的革命旧址：红军总政治部旧址、红四方面军总指挥部旧址、青江驿红二、四方面军会师旧址、老君坡红一、二、四方面军会师旧址等。

三 红色旅游服务设施

1. 会宁县实施了会师旧址拓展保护项目；2019 年在大墩村启动实施了会宁红军烈士陵园大墩梁陵区基础设施建设项目；投资 1000

---

① 郭健康：《浅谈红色文物和历史在爱国主义教育中的渗透作用》，《文物鉴定与鉴赏》2019 年第 9 期。

万元建设杨集——陇西川红色旅游公路；修建完成了会宁县长征胜利景园登山健身步道；投资改善了会宁县党家岘长征农场红色旅游生态基地。

2. 红军长征胜利景园长征微缩景观改造提升建设项目（筹划中）

项目背景：会宁县一直以来的主打品牌都是以红军会师旧址为主，为了改变这种特色景点单一的现象，也为了给游客提供更多的选择，更好地带动当地经济的快速发展。会宁县委、县政府决定改建红军长征胜利景园景区，不仅在原来的基础上扩大面积，更多的是将其打造为一个红色主题的综合性旅游景区，把桃花山规划在内，吸收儒释道三家精华文化。旨在通过这次的改建，将该景区打造成集"旅游接待、红色体验、岩洞观光、运动竞技、宗教文化、民俗休闲、山野休憩、生态保护"八大功能于一身的会宁县第二大景区。目前，改扩建项目共计投入了2800多万元，一期工程已经完成，景区的基础设施建设条件成熟，接下来的工作就是要为景区赋予文化内涵，引入现代科技手段，建设集光电于一体的红军长征实景体验项目。

四 红色旅游节庆活动

甘肃会宁红色旅游节已经有十多年的举办经验，每年一次的节庆活动都上演丰富多彩的活动，有各种主题的演出、甘肃特色剪纸和主题摄影展览还有多种经贸洽谈活动。

在重要节日期间，会宁县开展"我向红军英烈献束花""瞻仰会师旧址、追寻伟人足迹"等多种形式的红色主题纪念活动。在红军长征胜利景园，还举办了"用万分之一的时间走完万分之一的长征路"的主题活动，游客可以亲身参与进来，切身体会长征的艰难万险，感受今天幸福生活的来之不易，这个活动深受游客欢迎。近年来，会宁县积极通过各种渠道弘扬当地的红色文化，打造会宁红色旅游的品牌，不仅成立了专门的红色艺术团，举办多种形式的演出在舞台上演绎红色革命故事，还开展"红色基因进学校、进社区、进乡村"活动，在村里举办红色主题展览，并派专业的工作人员为村里的小朋友讲红色故事，受到广大村民的高度赞誉。①

以节会为媒、以圣地传情，会宁县立志让自己向着"全国红色旅游名城"的目标迈进，主动承接各项大型纪念活动，打响自己的知名度，先后举办了红军会宁会师50、60、70、80周年大型纪念活动，承办每年一届的甘肃会宁红色旅游节等。②

会宁县还策划举办红色歌曲创作演唱活动，以"放歌会师楼"为主题，共创作了原创红色歌曲77首，创办了《大会师》馆刊。还积极投身于文学作品和文艺作品的创作中，出版多部宣传作品，有《图说三军大会师》《红军会宁会师志》《红歌会师楼》等，导演拍摄了影视作品《大会师》《血脉》《淬火成钢》等，大大提高了会宁的知名度。③

同时，会宁县还注重对知识产权的保护，先后成功注册"会师塔""会师门""会师楼"三件红色商标，保证了会宁县红色旅游的长远发展，也大大提升了会宁县在全国红色旅游城市中的知名度。

五 红色旅游商品

（1）近年来，会宁县的红色旅游事业蓬勃发展，取得了良好的效益，知名度空前响亮，年接待游客量达到了50多万人次。为了配合这种前所未有的新的态势，不让游客来到此地空手而归，红军长征胜利纪念馆成立了会宁县荟萃堂旅游产品展销有限公司，向到此旅游的游客展览销售会宁的特色旅游商品，展示会宁独特的魅力，成立了全县建筑面积最大，展销商品种类最齐全的展销中心，通过这种途径，搭建一个向广大人民和游客推销自己的平台。这一销售中心的落地实施，为老会宁县的游客提供了一个综合性旅游商品购买的场所，填补了此前的空白。

（2）利用红色旅游节来展览、销售农产品、旅游产品。在红色旅游前夕，会宁县工信局会做好红色旅游节农产品及旅游产品展馆布展工作，以期让每位参观者了解会宁，了解会宁工业近几年来取得的成效，

---

① 谭晶文：《浅谈会宁红色旅游景区桃花山"依山置景"的价值观念》，《文物鉴定与鉴赏》2019年第21期。
② 高敬轩：《发展中的历史文化名城会宁》，《大陆桥视野》2013年第15期。
③ 杜永胜：《革命纪念馆和红色旅游景区应当怎样发挥爱国主义教育正能量》，《中国纪念馆研究》2015年第1期。

了解会宁旅游产品探索的方向。

（3）会宁县文化旅游产品研发制作基地（筹划中）。项目概况：该县拟建设会宁民间剪纸加工生产基地、会宁手工刺绣加工基地和会宁仿古彩陶生产基地。其中会宁民间剪纸加工基地建设面积6000平方米，建设3000平方米三层框架结构会宁剪纸中心综合楼，一楼为剪纸展陈室及库房，二楼产品销售区，三楼为生产加工区；会宁刺绣加工基地的规划结构是一楼为刺绣展陈室及库房，二楼产品销售区，三楼为生产加工区，总建设面积有6000平方米；会宁仿古彩陶生产基地按照规划也是修建三层，一楼为产品展陈，二楼为新石器时代仿真生活场景体验中心，三楼为研究交流中心，近30000平方米的建筑面积，其中六分之一的建筑面积是会宁马家窑仿古彩陶研究中心综合楼，三分之一的面积是陶器作坊区。

六 经济效益

随着社会的不断发展，人们的精神生活也需要补充精神食粮，全国各地的博物馆、纪念馆等文化场所也逐渐发挥其公共文化服务功能，逐渐向游客免费开放，2008年以来，会宁会师旧址也免费向游客开放，来访游客数量也明显增加，带动了交通、餐饮、酒店等行业的快速发展，红色旅游产业在会宁县社会经济发展中的作用也越来越重要，对改变当地人精神面貌和思想观念也具有重要意义。随之而来的就是会宁县吸引了越来越多的各方投资，在第四届会宁红色旅游节上，共签约项目25个，吸引投资总额7亿多元。①

第二节 南梁镇红色旅游资源开发现状

一 交通状况

南梁镇是隶属于庆阳市华池县的一个乡镇，位于华池县的东北方向

---

① 成海燕：《会宁红色文化保护开发利用研究》，硕士学位论文，西北师范大学，2013年。

约111公里,陕西和甘肃的交界地带。境内九(窑口)—南(梁)—义(正)道路直接与陕西志丹县义正乡相连,乡道连接起各个景点,景点间的集群性很好。

二 红色旅游资源

1. 南梁镇红色旅游资源历史背景

南梁镇虽然地方不大,但是红色旅游资源却极其丰富。20世纪20年代末期,以刘志丹、谢子长、习仲勋为代表的老一辈无产阶级革命家来到西北,全面贯彻落实不久前召开的"八七"会议精神,使毛泽东同志的"工农武装割据"的创新性思想在西北这片土地上落地实施,他们缺乏党中央的直接指挥,也远离我们的革命队伍,条件极其不利,却仍然独立自主地承担起这个重任,创建革命根据地,成功建立了陕甘边区苏维埃政府,对辖区进行管辖,这也是西北地区第一个正式的工农民主政权。然后开始在此根据地进行各项改革,此地由此开始进入了蓬勃发展的时期。[①] 1935年,陕甘边革命根据地在反"围剿"的斗争中辐射范围逐渐扩大,队伍也不断壮大,后来不仅在长征中发挥了作用,还是各路红军的"加油站",在抗日战争中的作用更加突出,俨然已经成为党中央领导中国革命的大本营和政治指挥中心,在中国革命的紧要关头发挥了不可替代的作用。后人为了纪念革命先辈的丰功伟绩,于1985年修建了南梁革命纪念馆,后来经过多次改建修葺,先后被评为全国爱国主义教育示范基地、全国国防教育基地、全国首批百个红色旅游经典景区、国家级文物保护单位,国家AAAA级旅游景区。

2. 南梁镇红色旅游资源概览

南梁镇规划的红色景区已经建成了主景区和相应旅游配套设施的建设,初步规划用地面积是176平方公里,并且在原来的遗址地上恢复建成了八大景点,使得南梁镇红色景区的红色内涵更加丰富,游客体验更好。2015年11月,南梁革命纪念园由于其突出的设计荣获"鲁班奖",这是中国建设工程质量最高奖,也是甘肃省首个市政园林类的最高荣

---

① 杨元忠、李荣珍:《陕甘边革命根据地"硕果仅存"的特质和历史原因》,《甘肃社会科学》2013年第4期。

誉。2016 年 12 月入选国家发改委、中宣部、财政部、国家旅游局等 14 个单位评定的全国红色旅游经典景区名录。甘肃省规划建设的 20 个 "AAAAA"级大景区中唯一的红色旅游景区。

三　红色旅游商品

甘草杏：甘草杏是选用个头均匀，肉质肥厚的新鲜杏子腌制而成的，口感酸甜，属于西北特产中的一种特色商品。甘草又具有清热解毒、止咳祛痰的功效，所以二者结合加工出的甘草杏是非常健康的天然食品。

羊肚菌：是一种表面像羊肚似的凹凸不平的菌类，因外形而得名，是天然绿色食品，营养丰富，风味独特。甘肃省复杂的地形地貌，多种多样的森林类型以及得天独厚的气候条件，才孕育了这种优良菌种。

沙棘汁：是选用优良小沙棘鲜榨而出，富含多种丰富的微量元素，维生素含量极高，胡萝卜素含量也很高。据现代医学研究结果，沙棘具有很好地降低胆固醇的功效，缓解心绞痛的功能。

黄酒：主要原料是稻米，发酵而成，作为最古老的酒之一，营养含量丰富，含有丰富的氨基酸和维生素，具有温暖身体的功效。

黑木耳：花池黑木耳对生长环境的要求非常严格，所以最近随着环境质量的下降，产量也大幅下降，直接导致供不应求，价格上涨严重。花池黑木耳泡发率高，具有食品界的"阿司匹林"之称，富含蛋白质、脂肪、粗纤维、碳水化合物等多种营养。

白瓜子：也叫南瓜子，华池白瓜子品质很高，颗颗饱满，口味正宗，粒粒香脆，老少皆宜，为日常待客必不可少的美食佳品。脂肪含量丰富，热量也高，能够及时补充人体所需能量。

四　经济效益

南梁革命纪念馆自 2009 年实行免收门票政策以来，短时间内就实现了社会效益和经济效益的双赢。南梁的知名度和影响力日渐提高，吸引着越来越多的人前来参观学习。[①] 仅仅是免费开放的第一年，该地的

---

① 魏国英：《关于成立中国八路军研究会的设想》，《中国纪念馆研究》2012 年第 1 期。

年游客接待量就比前一年翻了一番多。2014年更是突破了百万大关，到了2019年，有了更大的飞跃和发展，年接待游客量158万人次之多，相应地旅游收入也大幅提高。

华池县倾注大量心血打造南梁红色旅游产业，以景区发展带动相关第三产业的发展，旅游开发与精准扶贫相结合，鼓励引导群众开发农家乐，销售旅游纪念商品，促进生活水平的提高。对当地的群众进行相关岗位的培训，让适当的人胜任合适的岗位，减少了人才流失。

整个南梁镇以葫芦河为分界线，分为景区游览区和居住服务区。如今，南梁红色旅游小镇有多种主题的特色餐馆、旅店，全镇有一千多名人口从事红色旅游产业有关的工作，红色旅游已经完全发展为南梁镇的支柱型产业，带领着全镇人民脱贫致富。考虑到南梁镇的后续持续发展，还组建了南梁红色旅游发展有限责任公司，建立多元化投资融资机制，吸引各方投资，并开展景区的规划、投资与开发工作。同时，南梁镇还投资实施了一批脱贫产业项目，全镇的收入有大幅增加，带动就业人数有7200余人。

南梁镇在大力扶植红色旅游发展的同时，也没有忘记生态产业的发展，使得南梁镇朝着产业兴旺、生态文明、宜人宜居的现代化乡镇阔步前进。

第三节 省外优秀开发案例分析

井冈山是江西省的一个县级市，红色历史深厚，有着其他地区不可比拟的红色旅游资源，有"中国革命的摇篮""中华人民共和国的奠基石"之称。[1] 该市非常注重对这些宝贵资源的开发和保护，也取得了令人瞩目的成效。其具体做法有以下几点：

1. 围绕"一号工程"，用心打造红色旅游品牌

"一号工程"是指对反映以毛泽东同志为代表的老一辈无产阶级革命家领导中国革命斗争光辉历史的爱国主义教育示范基地韶山、井冈

---

[1] 《井冈山风景区首届中国旅游行业十大领袖品牌》，《新经济》2007年第1期。

山、延安进行重点扶持、综合提高的建设保护工程。2005年9月29日，井冈山一马当先，率先启动"一号工程"，地点选在井冈山的茨坪。井冈山"一号工程"的主体项目是井冈山革命博物馆，辅之以11个革命旧居旧址维修扩建项目。工程建设主要有：井冈山革命博物馆新馆建设以及馆内的设施设备、茨坪的毛泽东旧居维修改造和大井的毛泽东旧居维修改造、三湾旧址群的维修改造等11处旧居旧址的修护建设工作。工程要求严格，建成后能够改善井冈山的革命纪念地的宣传教育设施。"一号工程"项目对于井冈山红色旅游的发展意义重大。目前，井冈山新的革命博物馆已经修建完毕，该馆引入现代陈展手段，运用高科技手法，全方位展现井冈山斗争的革命原景。对于旧居旧址的改造工程，不仅要对人文建筑进行改造，而且各个旧居旧址周围的生态环境也要注意保护治理，使得旅游资源和生态环境结合，更完整地展现该地的历史原貌。从2005年4月开始，井冈山市行政中心"分步实施"，各部门陆续迁移至厦坪，原来的办公旧址井冈山市委市政府行政大楼则参加拍卖，开发宾馆业。根据相关数据显示，经搬迁后，茨坪的生态环境大大改善。井冈山对革命地的保护措施值得大家借鉴，目前境内有众多的保存完好的旧址遗迹，被誉为一座没有围墙的博物馆。近年来，井冈山政府提出了"展示井冈特色，打造红色旅游品牌"的新思路，寻求多种资源组合方式，打造出十多条不同主题的旅游精品线路，向游客推出了"六个一"工程，即吃一顿红军餐、走一趟红军路、读一本红军书、听一堂革命传统教育课、唱一首红军歌、扫一次红军烈士墓，给游客以全身心的体验。再加上井冈山策划举办的一系列的大型活动，大获成功，取得了强烈的反响，这些工作一起确定了井冈山在全国红色旅游中的龙头地位。[①]

2. 理顺管理体制，彰显红色景区生机和活力

管理体制的分工明确对于一个地区良好发展的重要性不言而喻，而井冈山在近几年的摸索中，逐渐理顺了各个部门的职责，井冈山自然保护区管理局、井冈山垦殖集团、井冈山市委市政府三部门井然有序，各

---

① 卢丽刚：《井冈山红色旅游资源保护与开发的现状、问题及对策》，《井冈山大学学报》（社会科学版）2010年第6期。

司其职，完全改变了以前混乱无序，各部门互相踢皮球的状态。① 井冈山市成立了门票局，统一经营，各部门共享红利，按比例和各部门所需分红，解决了利益矛盾冲突。井冈山市的做法完全做活了该市的红色旅游企业市场，使得红色旅游企业迸发出活力，促进红色景区各利益群体的和谐发展。

3. 发展"红色产业"，助推革命老区经济发展

井冈山在大力保护本地的红色资源的同时，还紧紧抓住了全国发展红色旅游事业的风口，发展"红色产业"，努力将井冈山红色文化资源通过多渠道转化为经济资源。当地人民群众和企业家也紧紧地抓住了这次发展机会，开发井冈山特色系列产品。一是"种植一盆花"，即以献血红的井冈山牡丹花为主打产品，大力培育花卉产业；二是"加工一根竹"，通过毛竹低改工程，赋予毛竹科技含量，提高产业附加值，开发竹制产品；三是"唱响一支歌"，充分挖掘当地的经典红色歌谣的内涵，让游客沉浸在歌声中品尝红军餐，感受当年红军烈士们的豪情壮志。还不断延长红色食品的产业链，推出了系列特色红色食品，共同为推进老区的经济发展助力。②

井冈山红色旅游资源保护与开发中亟待解决的问题：

1. 旅游产品缺乏参与性、体验性和互动性

新近修建的井冈山革命博物馆虽然有些产品包含了高科技的元素，部分雕塑也让游客触摸，试图提高吸引力。但总的来说，这些互动都是单方面的，尤其是绝大多数的革命遗址遗迹仍然还是以静态展示为主，游客只能用眼去看，用耳朵去听，围绕景区走一圈，感受不深刻，驻足时间也不长。目前开发的旅游产品的水平还没有赶上最先进的国际水平，仍需再接再厉。

2. 井冈山红色旅游知识产权保护不够及时和全面

首先，在开始保护的时候有一部分商标已经被抢先注册，经典的

---

① 曹萍：《论井冈山红色旅游中思想政治教育功能的实现》，硕士学位论文，湖南大学，2012年。

② 卢丽刚：《井冈山红色旅游资源保护与开发的现状、问题及对策》，《井冈山大学学报》（社会科学版）2010年第6期。

"井冈山"商标在井冈山当地政府和企业没有意识到事态的紧急性的时候早就被多家本省或外省企业抢注,进而导致了井冈山本地没有"井冈山"商标。如"井冈 jinggang"的商标被江西盐矿有限责任公司注册,该公司位于江西南昌,公司主要从事的是与盐生产和出口相关的业务,与红色旅游产业毫无关联。另外,"井冈山"商标被浙江省的一个酒行注册用来销售矿泉水。此外"五指峰""黄洋界"等属于红色景点的商标也都被抢先注册。还有些公司不只利用抢注的商标来进行生产经营活动,还通过出售该商标的所有权来谋取利益。井冈山市除了对品牌商标的保护意识不够之外,对各项产品专利的保护也远远不够,不论是外观专利还是其他实用新型专利,井冈山市都需加紧步伐,不能再把本应属于自己的知识产权拱手让人,尤其是对新兴知识产权的保护更是迫在眉睫。①

3. 红色旅游文化资源价值的深入发掘尚待加强

作为中国革命的摇篮之地,井冈山是最能体现中国共产党的伟大革命精神所在之地。体现伟大中华民族精神,是红色旅游永恒的主题。我们在研究井冈山的时候不能仅仅停留在革命斗争历史的研究上,还要把更多的心思放在井冈山精神和中华民族精神之间的渊源研究上。将中华民族精神的时代印记刻入红色旅游景点的设计创新上,只有这样,井冈山的文化品位才能达到更高层次的升华,红色资源的价值才能充分展现。②

4. 加强整合红色旅游文化资源与客家文化资源

作为客家人聚居地之一,井冈山市客家文化由来已久,民族风情独特。客家人由于政治和经济的双重原因,心里始终涌动着革命的渴望,所以客家文化对井冈山精神的形成起到了重要的推动作用,是井冈山精神形成的思想和文化基础。但是从目前的开发利用现状来看,井冈山市只注重红色旅游的发展,注重红绿结合,而忽视了对客家文化内涵的挖掘,所以整合客家文化资源和红色旅游资源迫在眉睫,相信井冈山的红

---

① 刘婷婷、肖海、卢丽刚、胡卫萍:《井冈山红色旅游资源的知识产权保护对策》,《老区建设》2008 年第 2 期。
② 卢丽刚、周琰培:《井冈山红色旅游资源的深度开发》,《求实》2008 年第 1 期。

色旅游市场一定会呈现崭新的一面。①

5. 红色旅游产业结构还需进一步改善

井冈山红色旅游产业结构有很大的需要改善的空间，不合理之处还很多，各项目之间的连贯性项目比较匮乏，游客可以自主选择参与的休闲项目和体验项目较少，有些游客的消费需求在此地得不到满足，而且在游、购、娱等方面该地区的景点与国内其他地区的景点内容同质化现象比较严重，并不能较长时间地留住游客，这大大影响着井冈山地区的旅游经济效益。

井冈山红色旅游资源保护与开发的对策和建议。

尽管井冈山在红色旅游资源的保护与开发中还有很多需要改进的地方。但是，井冈山的红色旅游资源就全国来说也是占据着重要地位的，其数量多、分布广、品位高，在当下这个构建社会主义核心价值体系的关键时期，起着意义深远的作用。② 所以，我们更要保护好该地的资源，有以下几点建议供参考：

1. 提升认识的高度，从建设社会主义核心价值体系的层面，仍需加大保护力度

社会主义核心价值体系的重要组成部分是民族精神，而民族精神又是民族文化的集中展现。伟大的民族精神已经深深地融入中华儿女的血脉之中，影响着我们的民族意识、民族品格和民族气质的形成。井冈山精神是中国共产党结合马克思主义基本原理在实践中探索形成的，也是这种精神支撑着我们开始走属于我们自己的中国特色的革命道路，直取胜利，至今仍然是社会主义现代化建设事业的坚实基础。当前，我国正处于社会转型期，人们思想观念也发生了变化，社会矛盾和敏感问题多发，迫切需要构建与之相适应的社会主义核心价值体系。以井冈山为代表的红色旅游资源，蕴含了老一辈无产阶级革命家、革命先烈的优秀革命精神，都是我们在新时期建设社会主义核心价值体系的生动素材。游客到井冈山参加红色旅游，

---

① 谢江凌：《对井冈山红色旅游资源开发的思考》，《江西科技师范学院学报》2010 年第 4 期。

② 严帆、钱诗健、毛丽红、吴鹏：《井冈山红色文化户外拓展培训的现状调查》，《当代体育科技》2017 年第 7 期。

不仅可以领略山水风光的秀美、体验民俗风情的淳朴，还能在瞻仰人文景观、缅怀革命先烈中获得强烈的民族认同。这种有教育意义的经历与当下的人们追求相符，是寓教于乐目的的实现。①

2. 对于井冈山的红色资源，我们要从行动上保护，从内涵上深度挖掘，精心打造红色品牌

井冈山红色旅游资源作为中国革命斗争历史的遗存物，是一种珍贵的稀缺资源，一旦被破坏，便没有再生的可能性，而且还具有地域限制性，这是专属于井冈山的宝藏，只有来到此地才能感受到的精神力量。资源存在与其周围的地理、人文环境密切相连，在开发利用中，现存的任何一幢建筑房屋及其环境风貌，一旦被损坏将不可复制，即使在原址重建，也只能称其为复制品，失去了本身固有的历史人文内涵和历史见证性。因此，在打算开发利用资源时，首先要考虑的问题是保护，在保护的原则下开发。这时政府要起到主导作用，积极协调各部门的工作，大家相互配合，按照"保护为主、抢救第一、合理利用、传承发展"的原则，政府部门和当地群众也要联合起来，形成一个上下联动的保护网，可以根据实际的需要，聘请专业人员进行管理，使红色旅游资源的保护工作毫无漏洞。目前，对井冈山革命精神与中华民族精神之间的渊源关系的研究方面还有待加强。针对于此，井冈山当地政府和有关部门需要在保持历史原貌，不歪曲历史事实的原则下，采取多种渠道，多种方法，深度挖掘井冈山红色文化资源中的人文内涵。②

3. 继续加强对外宣传，努力争取政策扶持，广泛吸引社会资金

随着现代越来越多的网红景点的出现，一些资源优越的景区正在遭遇"酒香也怕巷子深"的局面，如果很长一段时间没有客流量，那景区的效益就会大打折扣，也就起不到应发挥的带动经济发展的作用，所以旅游宣传对于旅游景区形象的提升非常重要，而大规模的宣传促销又少不了资金的支持。因此，井冈山应该利用媒体、网络、承包大型活动

---

① 卢丽刚：《井冈山红色旅游资源保护与开发的现状、问题及对策》，《井冈山大学学报》（社会科学版）2010 年第 6 期。

② 卢丽刚：《井冈山红色旅游资源保护与开发的现状、问题及对策》，《井冈山大学学报》（社会科学版）2010 年第 6 期。

和文艺演出等多种手段把自己本身的动人故事、魅力风光和民俗风推出去，让大家了解该地的资源，使得潜在游客变为现实中的游客。此外，井冈山还应积极争取各项优惠政策，使自己能够获得更有利的条件，获得更多的资金来促进当地的发展，同时，必须创造一个有利于投资的环境，以此吸引大量的社会资金，以参与发展旅游服务。井冈山在这方面已经有了成功的经验，即2004年井冈山吸引了桂林旅游公司的投资，并获益良好。

4. 正确处理好旅游接待能力与环境承载能力、旅游资源开发与保护的关系

井冈山的红色旅游发展早已步入正轨，进入快速发展的阶段，旅游人次逐年增长，这不仅要求旅游地配套的服务设施设备能够应对逐年增长的客流量，而且对当地的环境来说也是一个很大的挑战。所以我们在加大配套休闲设施建设的时候也要遵循可持续发展的原则，注意保护当地的生态环境，控制到访游客量不要超出环境承载力的范围。做到人与自然和谐发展，贯彻习近平总书记提出的"绿水青山就是金山银山"的两山理论的理念。要让井冈山的人民意识到绿水青山和红色遗产只有在合理地保护下才能成为取之不尽用之不竭的财富，才能永远地造福子孙后代。

5. 加强区域合作，确立大旅游发展战略，打造大井冈旅游圈

区域合作就是联同周边区域，打破行政壁垒和地区保护，共同树立大市场、大旅游的理念，形成区域旅游共同体。区域旅游合作是当前的市场经济下的大势所趋，是实现旅游可持续发展的主要依托之一。井冈山应该树立起这种意识，与周边地区合作，强强联手，突出各自的优势，在旅游大市场中脱颖而出。通过区域联动形成连锁经营，区域内的各市、区互惠互利，共享资源，互通信息，共建市场，将所在区域内的优势产品结合起来，满足旅客的多层次需求。树立大旅游的发展观，能够突破发展中的瓶颈，延长井冈山地区的产业链，简言之，就是推动井冈山的旅游业联动发展，统筹发展。

6. 以新农村建设为契机，加大红色、绿色、古色、客家旅游资源的整合力度

从井冈山要打造的"大旅游"的格局看，协同合作是必经之路，

细数井冈山周边的资源，有着丰富的"红色""绿色""古色""客家"旅游资源，政府要善于发挥自己的主导作用，对这些丰富的资源进行整合，借助新农村建设的风口，打造"红色圣地、绿色宝库、古色文化、客家风情"旅游品牌。全面展现大旅游圈的魅力，在旅游业如火如荼的形势下，找到井冈山旅游圈在市场上的一席之地。①

7. 加强红色旅游人力资源的开发与管理

当前，旅游行业的竞争已经不单单是旅游资源的竞争，人才发挥着越来越重要的作用，为景区的可持续发展提供动力。井冈山的红色旅游人才队伍较前些年已经有了很大的提高，高质量的人力资源仍然处于匮乏的状态，仍需多多引进专业的旅游策划人才和旅游营销专家。因此，为了提高井冈山的红色旅游资源配置效率，应当大力引进和培育高素质的人才。要规范培训活动，提高培训质量，建设一支业务水平高，从业素质强的人才队伍。

8. 围绕井冈山红色旅游资源，大力开发井冈山红色旅游系列产品

红色旅游目前正迎来新的发展机遇，"红色旅游+"的新路径日渐受到推崇，在此环境下，井冈山的红色旅游产品开发可以向着以下方向努力：（1）爱国主义文化修学旅游产品。自中小学全面实行素质教育以来，再加上国家对研学旅行的政策支持，这类的旅游产品前景广阔，以青少年为客源对象，开发与红色旅游相结合的修学文化旅行产品，吸引他们前往井冈山爱国主义教育基地进行观摩学习，传承我们的优良民族文化。（2）革命传统文化观光旅游产品。该类产品的目标市场是广大党团员，以及为有需要的单位进行团建提供选择，有组织地参观游览井冈山的革命遗址遗迹，在观光游览的过程中穿插各种活动，如重温入党诗词，增强各位党员的党员意识，不要忘记自己入党的初心，达到保持先进性与战斗力的教育目的。（3）军事文化考察旅游产品。此类产品的目标客源对象是军人、军事院校的在校生和军事爱好者，井冈山针对这批人的景点有黄洋界保卫战战场遗址、朱毛红军会师旧址、三湾改编旧址、"三大纪律"首次颁布旧址、新七岭战场遗址、五斗江战场遗

---

① 戴欣欣：《井冈山红色旅游产品深度开发研究》，硕士学位论文，华东师范大学，2012年。

址等地,通过高科技的方式重现当年的场景,达到军事文化教育的目的。(4)"走井冈山革命道路体验"系列旅游产品。以井冈山革命斗争为主题,以井冈山为龙头,以个人和团队的切身体验为产品特色,包括重走毛泽东率领秋收起义部队进军线路、吃红军饭、穿红军衣、唱红军歌、宿红军营地、接受红军操练、参加军事演习等一系列活动,真实感受井冈山革命斗争时期的现实生活。(5)"井冈山精神"宣教旅游产品。这类旅游产品的目标顾名思义就是传播井冈山精神,对受众人群达到教育的目的。井冈山相关部门可以通过以下途径实现这一目标,成立专门的宣讲团,与学校、事业单位和军队等部门合作,前去宣讲井冈山的革命精神;举办长期性的"井冈山精神"大型展览,使前来井冈山旅游的游客沉浸在这种伟大精神的包围之中,在旅游结束后对自己的思想有一个升华;还可以通过举办"井冈山精神"知识竞赛、"井冈山精神"歌咏比赛等,选拔胜出者进行奖励。(6)伟人成功秘诀探寻旅游产品。大井冈山旅游圈不单单是指固定的某一个区域,可以用有多个旅游圈,可以和湖南的长沙、韶山、花明楼联合,可以和本省的南昌、赣州联合,可以和福建部分地区联合,也可以组成一个大旅游圈,讲述伟人故事,体会伟人的雄韬武略,探寻伟人成功的秘诀。此外,还要针对不同的消费市场和旅游时段,制定灵活的价格策略,确保客源的稳定性。当前我国处于高速发展的时期,井冈山的社会经济也处于稳步上升的时期,形势良好,只要我们瞄准时机,抓住机遇,贯彻可持续发展的原则利用这些旅游资源,必将使井冈山红色旅游资源在社会主义核心价值体系建设的进程中发挥重要的作用。[①]

[①] 卢丽刚:《井冈山红色旅游资源保护与开发的现状、问题及对策》,《井冈山大学学报》(社会科学版)2010年第6期。

第五章

甘肃红色旅游资源开发策略

第一节　红色旅游资源开发的指导思想和原则

一　指导思想

高举中国特色社会主义伟大旗帜，全面贯彻落实党的十九大精神，以邓小平理论、"三个代表"重要思想、科学发展观、习近平新时代中国特色社会主义思想为指导，深入贯彻落实习近平总书记系列重要讲话精神特别是关于红色旅游的重要指示，紧紧把控统筹推进"五位一体"总体布局和协调推进"四个全面"战略布局，牢固树立和贯彻落实五大发展理念，以培育和践行社会主义核心价值观为根本，挖掘甘肃红色文化内涵，发扬红色传统，传承红色基因，创新教育方式，提高科技水平，改善服务质量，打造爱国主义教育和革命传统教育基地，搭建丰富群众文化生活、接受红色精神洗礼的重要平台，积极配合国家打造12个"重点红色旅游区"，30条"红色旅游精品线路"，100个左右的"红色旅游经典景区"，创新升级甘肃红色旅游经典景区体系，树立"长征丰碑、红色陇原"甘肃红色旅游新形象，积极创建国家级红色旅游创新发展基地、红色旅游研学基地，打造中国红色旅游重要目的地，推动革命老区振兴、文化繁荣、社会发展、群众脱贫致富，为全面建成小康社会、建设幸福美好新甘肃做出积极贡献。

二　开发原则

1. 突出社会效益，强化教育功能。坚持把社会效益放在首要的位置，注重培育和弘扬社会主义核心价值观，做好革命文物保护工作，深入挖掘红色旅游资源的历史文化内涵，寓思想政治教育于参观游览之中，将革命历史、革命事迹和革命精神通过旅游的方式输送给广大的人民群众，推进爱国主义和革命传统教育大普及化、常态化发展。

2. 坚持因地制宜，具体问题具体分析。在充分利用现有条件基础上，科学规划设施建设，合理确定建设内容和规模，既体现旅游应有功能，又维护原有历史氛围，保持红色旅游底色，同纪念设施相得益彰，切忌贪大求洋，力戒华而不实。

3. 加强统筹规划，促进融合发展。立足经济社会发展全局，注重与扶贫脱贫攻坚、区域协调发展、城乡一体建设相照应。依托甘肃特色红色旅游资源，促进与周边乡村旅游、民族旅游、研学旅游、生态旅游等相融合，提高红色旅游的吸引力和影响力，将历史、文化和资源优势转化为经济优势，推动经济结构优化调整，增加就业机会，提高人民收入。

4. 推进改革创新，增强发展活力。坚持改革创新，开放思维，各级党委和政府发挥主导作用，推动体制机制改革，创新工作模式，引导社会多方参与，应用信息技术、虚拟现实、增强现实技术，再现红色场景，增强旅游体验，提升红色旅游发展活力。

5. 坚持突出重点，优化发展布局。对资源相对密集、市场前景较好、基础设施较完善的红色旅游项目，应优先考虑规划发展，形成以点带面，良性循环的格局。精心打造覆盖全省红色旅游资源、与周边省区衔接的红色旅游精品旅游线，优化完善全省红色旅游布局，统筹全省红色旅游科学发展。

6. 正确处理资源开发利用与保护的关系。把旅游资源开发利用与生态环境保护有机地结合起来，保护是手段，利用是目的。为了达到可持续发展的目的，必须将环境保护与治理作为开发的前提，使革命遗物、战斗遗址、历史文献等得到妥善的保护和修缮，保持其独特的风貌。

第二节　甘肃红色旅游资源的开发模式

引入甘肃省外红色旅游资源开发例子，然后对比甘肃省看有无可借鉴之处，国内其他红色旅游景区开发的成功经验不失为对甘肃红色旅游资源开发的一种启示，甘肃红色旅游资源开发在学习、吸收的同时，应考虑当地实际状况适当地做出模式修整或模式拓展，使其红色旅游资源开发模式符合甘肃省的基本情况，与甘肃省的经济发展相协调，同甘肃省的社会变迁共进步。

一　红色+生态整合模式

对案例地的自然与人文资源进行整合，以红色文化资源为核心，进行集中包装和开发，最大限度地发挥红色旅游资源的优势推动当地旅游业发展，带动产业结构优化升级。

代表案例简介：井冈山是国家 AAAAA 级旅游景区，国家级重点风景名胜区，国家级自然保护区，中国文明风景旅游区，中国重点文物保护单位，全国红色旅游景区，中国百家爱国主义教育示范基地，中国十佳优秀社会教育基地，中国优秀旅游城市，世界生物圈保护区，世界遗产预备名录。井冈山有 11 大景区、76 处景点，460 多个景物景观，其中革命人文景观 30 多处，革命旧址遗迹 100 多处。以其著名的红色景观为主要号召力，大力发展旅游业，配合其当地的自然山水等绿色景观资源，凝聚吸引力，招徕旅游者。

核心吸引力：被誉为"中国革命的摇篮"和"中华人民共和国的奠基石"的红色文化。国内独一无二的红色文化资源使景区在开发伊始就拥有了其他景区无可比拟的优势，更是成为其旅游开发中最核心的竞争力。

产业发展：井冈山红色旅游的开发显著地带动了当地教育行业的发展，此外，还促进了交通、餐饮、住宿等服务业的发展，在带动当地区域经济发展的同时还有效促进了当地产业转型，优化产业结构。

盈利模式：井冈山景区盈利主要来源于门票收入，此外还有住宿、餐饮、实景演出门票等方面，较为多元化。

社会效益：井冈山作为"中国革命的摇篮"、爱国主义教育基地，具有无可替代的教育意义；此外，井冈山旅游业的发展不仅带动了当地经济发展，而且为当地居民提供工作岗位，增加居民收入，为老区脱贫助力，为江西井冈山市实现脱贫贡献了自己的力量。

综合评价：红色资源是景区的核心依托，周边禀赋较为优越的自然资源，也为红色旅游的发展提供一臂之力，是井冈山红色旅游取得优越品牌地位的主要推动力之一。在红色旅游发展的同时也带动了井冈山其他景区旅游业的发展，在区域旅游方面做的较好。因此，红色旅游项目的开发顺利进行的核心依托是红色资源，其次旅游是文化的载体，文化是旅游的灵魂，要对项目文化进行深入挖掘，赋予其灵魂；并随着景区的发展，不断完善基础设施、对产品进行创新开发、提升，如开展实景演出等项目，这是项目逐渐提升、延续持久吸引力的秘诀。

甘肃省可借鉴这一模式的地区：张掖市

红色+观光+民族整合模式

对张掖市的以七彩丹霞景区为代表的观光旅游资源、以甘肃省独有的三个少数民族之一裕固族作为最突出特色的民族旅游资源同红色旅游资源进行整合，三者并驾齐驱、相辅相成，最大限度地发挥张掖市独特品质的旅游资源的优势、吸引不同品位的游客，在满足不同出游喜好的游客的需求的同时，尽可能将游客引流到红色旅游中去。

甘肃省张掖市红色旅游资源概览

高台县高台烈士陵园（2009年更名为中国工农红军西路军纪念馆）

历史背景

1936年10月，中国工农红军第四方面军第三十军、第九军和方面军总部及第五军奉命向西跨越黄河作战，同年11月，过河部队称西路军。1937年元旦拂晓，西路军红五军在军长董振堂、政治部主任杨克明率领下，英勇奋战，一举攻占高台，俘高台伪县长以下1400余人。在董振堂军长的领导下，成立了高台人民政府，组织起了有一个团兵力的抗日义勇军，接收改编人员近千名。1月12日，敌马步芳、马步青集中2万人围攻高台。在6倍于己的敌人面前，董振堂动员全城军民积极组织抵抗入侵。红五军将士们浴血奋战，英勇抗击。由于敌我力量悬殊，战斗至 1 月 20 日，全城部队弹尽粮绝，除个别人员突围外，军长董振堂、政治部主任杨克明、十三师师长叶崇本、参谋长刘培基以下 3800 余人全部壮烈牺牲。据高台战役中红五军的幸存者、老红军、老将军孙毅讲：董振堂军长原本是有机会突围的，但他为了守城将士的性命不肯逃脱，誓死与自己的士兵战斗到底，董振堂军长打完了所有的子弹击退了一个又一个敌人，最后一颗子弹留给了自己。敌人把他的头颅割下来，先是挂在城头上示众，后来又送到蒋介石那儿。剩下的同志被敌人集体屠杀了，最小的仅仅 9 岁。噩耗传来，广大红军将士深感悲痛。同年，毛泽东等中共中央领导人在延安宝塔山下，为董振堂等烈士举行了隆重的追悼会。

发展历史

高台烈士陵园位于甘肃省张掖市高台县东南方位，坐东向西。陵园正门横额为朱德亲笔所题。正门背面雕刻着郭沫若亲自所题"浩气长存"四个大字。

陵园大门中有花岗岩大型英雄群雕"血战高台"。园中有红五军阵亡将士墓碑和公墓，还有董振堂烈士纪念亭，横联为"宁都豪气千秋在，高台雄风万古传"；以及杨克明烈士纪念亭，横联为"三过草地心犹壮，一死高台志未移"。

为改善教育基地的整体形象，进一步强化教育功能，把红色资源的独特优势充分发挥出来，2007 年 6 月，高台县委、县政府在多方努力下最终争取到建设中国工农红军西路军纪念馆的项目。国家批准回复该项目建设的内容主要是纪念馆、管理用房及附属设施，依据陵园整体布局结构的需要，高台县自筹资金额外增加了纪念碑、浮雕墙、大门组雕、公墓整饬等一系列建设项目，使项目总投资增加到了 3600 万元，其中：土木建设及基础设施建设 2300 万元，纪念馆耗资 1300 万元。工程于 2008 年 6 月开始建设，2009 年 7 月竣工投入使用。

改建扩大后的高台烈士陵园改名为中国工农红军西路军纪念馆。占地 8.8 万平方米，建筑以庄重肃穆、端庄简洁、恢宏磅礴的特点，突出体现出红西路军征战河西、血洒高台的悲壮历程。整体布局呈"7"字型，依中轴线由西向东依次递进排列，展览方式有多媒体景观箱、光电模拟场景、壁画、雕像、电子沙盘、图片照片、投影等。馆内亭、馆、园、廊、碑、墙、雕塑等建筑物和花坛、草地、松柏穿插环绕，布局合理，既较大程度上回顾历史又与融合了现代科技创新，是进行革命传统教育与爱国主义教育的先进基地。

临泽县梨园口战役纪念馆

历史背景

1936年12月28日，红西路军从永昌出发，向西行进。30日，红西路军先头部队红五军首先抵达临泽县城（今廖泉镇），由军政委黄超率领三十七团，四十三团留守临泽，军长董振堂、政治部主任杨克明率领红三十九团、四十五团继续西进，于1937年元旦攻占高台。1月12日，敌人先是切断了高台与临泽间的联系，又出兵牵制住驻扎在沙河堡和倪家营的红军主力，后用飞机、大炮攻击守卫高台的红军。20日中午高台城被敌攻破，军长董振堂、政治部主任杨克明等2000多名将士英勇牺牲。期间，总部得知高台危机的消息后，曾于19日派出唯一的骑兵师前往高台增援，行至明水河时遭敌伏击，损失极大，驰援行动宣告失败。随后，敌人又集中兵力开始疯狂围攻临泽城。在与敌人苦战3个昼夜后，大部突围，撤离沙河堡向总部倪家营靠拢，紧跟而来的国民党马步芳部调集骑兵旅和民团数万人将倪家营团团包围，展开进攻，鏖战40多天，红西路军毙敌近万人，但自身伤亡也很大。在伤亡严重的情况下，总指挥部决定从倪家营附近的梨园口向祁连山转移。12日，部队向东南疾进到达梨园口，红九军和妇女独立团二营担任掩护总部和大部队向祁连山转移的任务。战斗中红九军政委陈海松、红25师政委杨朝礼、红九军政治部敌工部长黄思彦、73团团长孙汉言等先后壮烈牺牲。妇女独立团在战斗中也伤亡惨重。梨园口一战后，红西路军被迫撤向祁连山深处的康隆寺（今属肃南县）。

馆内红色建筑及其特殊意义

梨园口战役纪念陈列室：陈列室内珍藏红西路军珍贵文物、书画作品、武器实物等190多件，图片资料800多份，文字资料30多万字。主要陈展红西路军在临泽县内转战的历程，再现了红西路军广大将士英勇杀敌的历史场景。

徐向前、李先念铜像：两位前辈曾在红西路军搭档，徐向前担任红西路军总指挥，李先念担任红西路军政委，都为革命战争的最终胜利做出了不朽的贡献。

中华苏维埃临泽县政府遗址：红军进驻临泽、高台后，积极宣传党和红军的方针，开展扩红建政活动，成立中华苏维埃临泽县、高台县政府，号召军民一致抗日。

倪家营红军纪念碑、汪家墩碉堡模拟型战斗遗址、汪家墩碉堡战斗遗址、梨园口战役遗址纪念碑、烈士公墓、红西路军指挥部旧址：红西路军在临泽境内转战时间长达70多天，期间红西路军军政委员会总指挥部三进三出倪家营，在国民党部队不断围攻、追击的情境下，红西路军不得不向祁连山内转移，期间大大小小的战斗发生数起，其中汪家墩碉堡战斗遗址尚存，但经过风吹雨打、漫长岁月的洗礼，遗址已遭到一定程度损坏，好在当地政府依据遗址按1∶1比例建造了汪家墩战斗遗址模型供人们参观，感受当年战斗的激烈、红军战士们的英勇。在倪家营、梨园口红军战士曾经战斗过的地方建立烈士公墓、纪念碑来埋葬、缅怀壮烈牺牲的英雄。

山丹县艾黎纪念馆

历史背景

路易·艾黎（Rewi Alley）1897年12月2出生在新西兰南岛克莱斯特彻奇市以西的斯普林菲尔德镇。1927年4月21日，路易·艾黎从新西兰来到中国，在中国生活和工作了60年，将一生精力奉献给了中华民族独立解放与国家建设事业。1929年夏，绥远遭遇旱灾，艾黎便利用假期时间在华洋义赈会帮助组织修建民生渠的工作。1932年去湖北武汉三镇参加水灾救济工作，为洪湖抗洪人民提供粮食保障。1934年他加入了首个国际性的马克思主义学习小组，并和中国共产党取得了联系。他和友人想方设法为红军购买了医疗器械和药品。1936年西安事变前夕，他不顾危险去太原，为中国共产党兑换红军在陕西缴获的地方钞票。抗日战争时期，他积极发起组织工业合作社运动（简称工合），曾前后去菲律宾、缅甸、新加坡等地为"工合"筹集资金，成为待业工人和难民生产自救、支援抗战并逐渐壮大的一股特别的经济力量，在战时提供军需民用特别是在保障中国共产党领导的抗日战争后勤供给方面做出了巨大贡献。1939—1940年，艾黎曾经两次到访延安，受到了毛泽东主席的亲自接见。截至1942年，"工合"组织在非敌占区建立了大约两千个大小不一的合作社和作坊，生产数十种民用消耗品和部分军需品。1949年9月，西北野战军进军甘肃河西和新疆，艾黎调拨山丹培黎学校所有卡车，帮助运送部队，为解放大西北做出了突出贡献。艾黎是一位卓越的教育家，创立了以"手脑并用，创造分析，联系实际"的教学思想和教育理念。从1942年起，艾黎献身于培训"工合"管理和技术干部的工作，同英国记者乔治·何克一起在陕西凤县双石铺创办了培黎工艺学校，收养了大批战争孤儿和烈士遗孤。为躲避国民党对学校的干扰和破坏，1943年该校迁到山丹县，设有近20多门专业，供学生学习和实践。学校实行半工半读、理论结合实际的教学方针，深受山丹人民群众的欢迎，为山丹工业经济的发展奠定了基础，被称为职业教育的先驱者。艾黎情系山丹，把山丹视为他的"第二故乡"，1953年定居北京后，曾先后六次访问山丹。

名人故事

1939—1940年，艾黎两次去延安并见到了毛泽东。毛泽东十分关心"工合"工作，支持"工合"在延安设办事处。1979年6月，在第四次重回山丹时，毅然决然将自己收藏已久的约4000件文物全部赠送给山丹人民。1984年，为纪念他的战友乔治·何克，艾黎在兰州同老校友携手倡导建立了山丹培黎图书馆，并为该图书馆捐赠了2400多册崭新图书。时任国家副主席王震为山丹培黎图书馆题词："学习何克的国际主义献身精神，发扬培黎学校的优良传统"。1984年12月2日，艾黎提倡在山丹建立一座山丹培黎农林牧学校，改善提升山丹农业基础条件，改进畜牧业和林业的管理方法。1987年4月21日，在纪念艾黎来华60周年之时，该农林牧校正式开学，原全国人大常委会副委员长习仲勋欣然接受艾黎委托，任山丹培校第一任名誉校长。1987年12月27日，艾黎病逝于北京，邓小平为他题词："伟大的国际主义战士永垂不朽"。

甘州区高金城烈士纪念馆

展馆简介

纪念馆固定展出《高金城烈士生平事迹》《红西路军征战河西甘州史》《中华英模事迹展》《国防教育展》《廉政教育展》等。馆藏相关图片、电文、手稿1200余幅，实物400余件。展厅分为两个展室，第一个展室为高金城烈士生平事迹,主要展示了民主爱国人士高金城在张掖救援红西路军散落将士的感人事迹。第二个展室主要描述红西路军将士在甘州大地上,面对极端严寒饥饿的困境英勇奋战,前后进行大小战斗40余次的英勇事迹。

高金城烈士生平事迹

高金城,字固亭,1886年出生于甘肃襄城县麦岭镇高庄村。从小在本县的基督教堂做杂役,中学毕业后被保送到开封英国人金存创办的教会医院勤工俭学,毕业后回到家乡行医布道。之后,受朋友邀约来到兰州白塔山下英国人开办的博德恩医院工作。自1917年起他先后在甘州、肃州创立福音堂医院。1922年,应邀参加了基督教在上海召开的会议,归途中经过开封结识了冯玉祥将军,后来在冯部任临时伤兵医院院长,战争结束后重新返回甘州继续行医。1927年,在国民党甘肃省政府的安排下,高金城被委任为平凉后方医院院长,同年9月,跟随冯玉祥将军北伐时被任命为冯部伤兵医院院长,因战事变化,医院先后改名为陕州镇守使署后方医院和甘肃郑州第二集团军后方医院,高金城任院长。1932年"'一·二八'上海军民抗击日寇侵略时,高金城由协和医院派往上海,参加淞沪抗战战地救护队,支援十九路军对日作战。淞沪抗战后他重赴兰州,在齐鲁会馆创办福陇医院。1937年8月8日,他受谢觉哉和兰州'八办'的委托来到甘州,以甘、凉、肃河西三州抗敌后援会主任"名义到甘州重开福音堂医院,先后参与营救回关押的8名红军干部和失散的300多名红军战士。随着营救工作的进展,地下党支部、甘州中心县委的成员和许多寻找到的失散红军相继离开张掖。高金城的营救活动引起了敌人的仇视,1938年农历正月初四凌晨,被马步芳驻甘州的第三旅旅长韩起功秘密杀害于其司令部,终年52岁。1951年,甘肃省人民政府民政厅追认高金城为革命烈士。

民乐县河西解放纪念馆

历史背景

1949年8月31日,中国人民解放军第一野战军发出向河西走廊进军的命令。一兵团附六十二军为左路军,自青海西宁行军北上,越过祁连山山脉向河西走廊进击;二兵团六军为右路军,绕过乌鞘岭沿腾格里沙漠边缘的大靖向西进军;三军、四军附野司炮团、战车营为中路军,沿甘新公路直达酒泉。河西战役自9月2日开始，到28日结束，历时约1个月，共歼国民党西北军政长官公署、河西警备总部、九十一军、一百二十军、第八补给区等4万余人，解放县城16座。此战役的胜利，不仅解放了河西广大地区，更重要的是为解放军进军新疆打开了通道，奠定了战略基础。解放河西，是解放战争中西部的最后一战。其中解放民乐是人民解放军继兰州战役和西宁和平解放之后在河西走廊打响的第一场战役，也是唯一的一场攻坚战，战斗场面与过程十分激烈。1949年9月15日，一兵团二军五师前卫团十四团从黑石头出发，翻越祁连山，在寒风凛冽、环境恶劣的祁连山地区，指战员们相互鼓励，相互扶持向前，先后有150多名战士被冻死在山上，为人民的解放献出了自己宝贵的生命。15日深夜十四团抵达俄博，歼敌兵站十八支队一个排。16日，十四团翻过祁连山，进入民乐县境内的扁都口，扁都口是青海进入河西走廊的重要通道，易守难攻，非常险要。但是，敌人根本没有想到人民解放军会翻过飞鸟也难越的祁连山，没有派兵防守，全部撤回民乐县城之中，仅有一些小部队在外巡逻。二军五师于16日下午三点左右顺利走出扁都口，宿营于炒面庄一带。17日凌晨两点，二军五师奉命向民乐县城挺进，拂晓赶到民乐城下，发起进攻。五师十四团三营用重机枪火力压制城墙上的敌人的进攻，用迫击炮向城内狂轰滥炸，打得敌人溃不成军。七连、八连迂回到东关一带。七连战士刘海林等扛着两箱炸药，机警的安放在城门口，躲进洞里的敌人惊慌地叫喊："解放军来了！"立即炸开城门，战士们穿越浓烟冲进城内，占领了东城楼制高点。在经历了一个多小时的战斗后，歼灭了骑十五旅旅部及骑三十二团全部，俘虏了敌三十二团上校团长黄耀中以下官兵400余人，击毙了副旅长董毅为等100余人。国民党民乐县县长张汝伟率领县府留守人员和自卫队员150余人向解放军投诚。17日晨六时，民乐县宣告成功解放。解放民乐既打开了河西走廊的门户，迅速瓦解了国民党河西守敌负隅顽抗的心理防线，使国民党河西守敌向新疆逃窜的企图成为泡影，又促使大部分河西守军下定了起义投诚的决心，奠定了新疆和平解放的基础。

肃南裕固族自治县石窝会议纪念馆

历史背景

1937年初，红西路军在经历过高台、倪家营战役失败后，被迫转移军队至祁连山区。红军进入祁连山裕固族地区后，由于英勇善战、纪律严明，深受裕固族等各族人民的爱戴和支持。在当地各族同胞的援助下，红西路军与兵力数倍于己的马家军展开了激烈的战斗。1937年3月14日，红西路军余部2000余人转入祁连山马场滩、康隆寺一带，敌骑兵紧追其后。经过几场恶战，担任掩护任务的红三十军二百六十五团全军覆没，供给部部长郑义斋、八十八师政治部主任张卿云在战斗中壮烈牺牲，妇女抗日先锋团遭敌重兵包围全部牺牲。红西路军总部认为"已战至最后""只有设法保存基干"。1937年3月14日下午，红西路军军政委员在石窝山召开紧急会议。经过反复认真研究，会议做出三项决定：一是陈昌浩和徐向前离开部队，前往陕北向党中央汇报情况；二是由李卓然、李先念、曾传六、王树声、程士才、黄超、熊国炳8人组成红西路军工作委员会（以下简称"西工委"），统一指挥部队行动，李先念负责军事指挥，李卓然担任政委；三是将西路军余部编为3个支队就地分散进行游击，具体为程世才、李先念率三十军余部5个营约1000人组成左支队，向西游击，西工委及总部的一些重要团部跟随其行动；骑兵师（高台战役后重新组建）政委张荣率特务团余部和伤病员、妇女小孩等约1000人组成中支队，就地开展游击；王树声和朱良才率五军、九军余部和100余骑兵共约700人组成右支队，向东游击，会后，徐向前和陈昌浩化装成当地百姓模样，在一个警卫排的护送下走出了祁连山，开始向陕北前进；3个支队按照人员划分，重新编队整合、配合干部，分头开展游击活动。

张掖市观光旅游资源概览

张掖观光旅游资源众多且质量高，不仅拥有亚洲最大的军马场，国务院批准建设的国家级湿地保护区坐落于此，而且拥有被美国《国家地理》杂志评为世界十大神奇地理奇观的张掖国家地质公园等众多旅游资源。

著名观光景区

西夏大佛寺：始建于西夏崇宗永安元年（公元1098年），寺内供奉释迦牟尼涅槃像，释迦牟尼呈卧状，因此又名"卧佛寺"，大佛寺卧佛身长35米，是我国室内卧佛长度之最，为历代皇室敕建的寺院。是全国重点文物保护单位，国家AAAAA级旅游景区，总面积三万余平方米。传说这里是元世祖忽必烈降生之地,别吉太后的灵柩存放于寺内。南宋末年,宋恭宗赵显被俘虏后为避祸而在此出家。大佛寺内部空间宏大,16 世纪时寺内同时朝拜人数可达四五千人。

张掖丹霞国家地质公园:张掖丹霞地貌处在祁连山北面的山脚,临泽、肃南县境内均有分布,面积约 510 平方公里,国家级地质公园、2019 年荣升国家 AAAAA 级风景名胜区,位于张掖市区西约 30 公里,临泽县城南约 20 公里,是国内唯一的丹霞地貌与彩色丘陵景观综合观景区。2005 年 11 月在中国地理杂志社与全国 34 家大型媒体联合举办的"中国最美的地方"评选活动中,被誉为"中国最美的七大丹霞"之一;2009 年被极具权威和导向性的《中国国家地理》杂志《图说天下》编委会评为"奇险灵秀美如画中国最美的 6 处奇异地貌"之一,2011 年又被美国《国家地理》杂志评为"世界十大神奇地理奇观"。

马蹄寺:国家 AAAA 级旅游景区,省级风景名胜区,国家级文物保护单位,汉传藏传佛教圣地。距离张掖市区 62 公里,位于临山薤谷马蹄河的西北岸。马蹄寺石窟群开凿于十六国北凉时期,有着约 1600 年的悠久历史。以"7 层 21 窟"之式呈宝塔型悬落于峭壁之中,惊奇险峻,令人赞叹不已。

焉支山森林公园:国家 AAAA 级旅游景区,北距山丹县约 40 公里处,是以自然环境为依托的观光游览区,景区占地面积 10215 亩。焉支山南北宽 20 公里,东西长 34 公里,平均海拔高度为 2919 米,主峰毛帽山海拔高度为 3978 米,是距离县城最近的原始森林。

张掖黑河国家湿地公园:占地面积 61622 亩,其中湿地所占面积为 25995 亩,地处张掖城区北郊,是沼泽湿地、湖泊湿地、河流湿地和人工湿地的综合体,生长的植物有 45 科 124 属 195 种,哺育了常见动物 116 种,是一片天然的生态园区,为张掖市区提供了适宜的湿气与新鲜的氧气。

文殊寺:坐落于祁连山主峰素珠链脚下的文殊山景区,是全国重点文物保护单位,国家 3A 级旅游景区。于北凉时期建设,石窟依靠山体悬凿于文殊山前山和后山的崖壁上。寺庙建于唐朝贞观盛世之际,距今约有 1500 多年的悠久历史。共计有大小寺院庙观 360 多处,石窟 70 余座,自古即被列为肃州八景之一,素有"小西天"之称。

山丹大佛寺：处于山丹县城西 5 公里的嶂高山下，又被称为土佛寺，始建于公元 425 年北魏时期。距今已有 1500 多年的悠久历史。明英宗朱祁镇曾亲手为该寺题写"土佛"二字，被制作成匾额悬挂于山门之上。每年农历四月初四，是山丹大佛寺庙会之际，正逢春风和畅之时，游人如织，车水马龙，热闹非凡。

山丹军马场：山丹军马场位于山丹县南 55 公里处焉支山下的大马营草原，地势平坦辽阔，土壤肥沃，水源充足，水质清澈，牧草茂盛，是自然形成的屯兵养马的优良牧场。每年 7—8 月，祁连山依旧白雪茫茫，而与祁连山相接的草原上却碧波万顷，马、牛、羊群星罗棋布。微风吹来，使人有种回归自然，返璞归真，如入梦境的美妙感觉。山丹军马场是全国重要的影视基地和旅游胜地。《牧马人》《蒙根花》《文成公主》《王昭君》等 30 多部脍炙人口的影视片在此选景。

祁连葡萄庄园：位于高台县南华镇，2006 年被评为国家 3A 级旅游风景区，总面积有 2158.32 公顷，庄园内有葡萄种植园、园艺科技园、葡萄酒生产工业园三大园区。

海潮湖生态度假区：位于民乐县西南部，距离县城 19 公里。旅游区东西宽度约为 2 公里，南北长度约为 15 公里，总面积 30 平方公里，海拔高度为 2400—3100 米。海潮湖生态度假旅游区由海潮坝水库游览区、沙沟休闲度假区和祁连山原始森林雪原冰川景观游览区三大景区组成，主要有海潮坝水库、海潮坝河、海潮音寺等景点。

张掖市民族旅游资源概览

张掖自古以来就是以汉族为主体的多民族地区。古代，除汉族以外，先后有西戎、月氏、乌孙、匈奴、羌、吐蕃、回鹘、党项等 14 个民族在这里生活，他们用辛勤的双手和智慧的头脑，同汉族人民一起创造了张掖灿烂悠长的文明。目前张掖市分布有 37 个少数民族。据 2000 年人口普查，少数民族人口 26959 人，占张掖市总人口数的 2.15%。其中，人口超过或接近百人的少数民族有裕固、藏、回、土、蒙古、满、朝鲜、彝等 8 个民族。其中裕固族是张掖少数民族中人口最多的一个民族，而且是甘肃省独有的三个少数民族之一，其中 98% 的人口分布在肃南裕固族自治县境内。裕固族是唐代游牧在鄂尔浑河流域回鹘的后代。9 世纪中叶，回鹘战败后，其中一支军队西迁到了甘州，也就是现在的张掖市。在历史的洪流中，这支回鹘部落逐渐融合蒙、藏等民族而变迁成了现在的裕固族。他们属于典型的草原游牧民族，住帐篷，穿长袍，饮食以牛羊肉、酥油奶茶、青稞酒为主，服饰色彩鲜艳，歌舞欢快活泼。同北方草原其他阿尔泰游牧部族一样，在漫长历史长河中，在骑马游牧天涯的生活里，歌声陪伴着裕固人的一生。在结婚典礼上他们说唱组歌，套曲，向子孙后代传承历史。在小孩剃头、剪马鬃、立帐、煨桑等重大仪式时颂词以求福祉。在放牧时他们唱着奶犊歌、牧场歌、思乡曲，这些荡气回肠的牧歌、缠绵悱恻的情歌、祭拜先祖的赞歌，都无不流露出马背上的民族豪迈旷达的文化积淀。这里民风淳朴，当游客来到裕固族风情园旅游时，裕固族人会敬客人"下马酒"，一般是三杯青稞酒，用来表达对客人的欢迎，同时还会热情地为客人献上洁白的哈达，以表示对客人的敬重。在客人离开时会敬他三杯"上马酒"，祝福他归途一路平安。来到这里的客人说，一进入这里，就能感受到西北少数民族同胞的好客之情。敬酒歌、哈达、美食、美酒，让人瞬间深刻感受到裕固族浓厚的民俗风情。

2020年5月16日，一对蒙古族青年在张掖平山湖大峡谷景区观赏壮美风景，两人依偎在一起的画面和谐美好。这组照片使无数网友深深陶醉在平山湖壮丽的美景中。该景区利用地处张掖市甘州区平山湖蒙古族乡地域优势，组织市内蒙古族、裕固族、藏族等少数民族演艺团体在景区举办文艺演出、服饰展示、篝火晚会等活动，并建成独具蒙古族特色的喀尔喀风情小镇，大打民族旅游牌，带动全市旅游产业平稳发展。

位于甘肃省河西走廊中段的张掖市，古为河西四郡之一的张掖郡，取"断匈奴之臂，张中国之掖（腋）"之意。张掖，中国第二大内陆河黑河，为其孕育出广袤的绿洲，为灿烂的河西走廊文化提供了良好的先决条件。境内有天然湿地、七彩丹霞地貌、油菜花花海、万马奔腾、裕固民族风情、巍峨雄奇的祁连山、一望无际的戈壁滩等景观。以草原、湿地、丹霞地貌等为代表的自然景观和以民族风情园、佛教寺院等为代表的人文景观，造就了张掖市天赋异禀的旅游资源。古有"一湖山光，半城塔影，苇溪连片，古刹遍地"之美誉。张掖还是一片遍洒烈士鲜血和具有光荣革命传统的红色热土，红色文化底蕴深厚，全市红色旅游景区景点和革命遗址遗迹多达46处，当前红色旅游热度正在逐步升温。

张掖市旅游资源品质的独特性不仅表现在红色旅游资源上，而且表现在以七彩丹霞景区为代表的观光旅游资源、以甘肃省独有的三个少数民族之一裕固族作为最突出特色的民族旅游资源上。张掖市旅游资源种类丰富、品质独特、富有当地特色成为促进其旅游发展的核心竞争力。

张掖市有甘州区、民乐县、临泽县、高台县、山丹县、肃南裕固族自治县六个区县，红色旅游资源遍布这六个区县。红色旅游资源分布广、数量多的特点注定它与各区县中观光旅游资源、民族旅游资源结合，这是张掖市发展旅游业可选择的优良模式之一（见表5—1）。

表5—1　　　　　张掖市六区县代表性旅游资源

张掖市六区县	红色旅游资源	观光旅游资源	民族旅游资源
甘州区	高金城烈士纪念馆	西夏大佛寺、黑河国家湿地公园	平山湖喀尔喀风情小镇
民乐县	河西解放纪念馆	海潮湖生态度假区	
山丹县	艾黎纪念馆	山丹大佛寺、山丹军马场、焉支山森林公园	
高台县	中国工农红军西路军纪念馆	祁连葡萄庄园	
临泽县	梨园口战役纪念馆	丹霞国家地质公园	
肃南裕固族自治县	石窝会议纪念馆	马蹄寺、文殊寺	裕固族风情园

政府在宣传推广时应注重表达张掖市独有三种旅游资源的特质，满足游客各种不同的旅游需求。游客来到张掖市旅游能有更多的选择，既可以看到"大漠孤烟直，长河落日圆"的壮阔，也能感受当地浓郁的异域民族风情，同时还能得到红色精神的熏陶。

企业实际运作，推出不同种类旅游资源组合产品，任游客自由选择，最大限度地发挥张掖市独特品质的旅游资源的优势、吸引各种品味的游客，满足不同游客的出行需求。

二 红色休闲度假模式

依托当地具有代表性的红色旅游资源，挖掘红色文化，将民俗文化融入红色旅游，以度假区、民宿为主要表现形式，开发集休闲、度假、会议、学习等为一体的红色旅游发展模式，吸引游客，带动当地旅游业发展。

代表案例简介：瑞金共和国摇篮景区，国家5A级旅游景区，全国重点文物保护单位，全国爱国主义教育示范基地，全国红色旅游经典景区，由叶坪、红井、二苏大、中华苏维埃纪念园（南园和北园）、中央苏区军事文化博览园等景区组成。景区内风光无限，基础设施比较完备，是全国旅游观光、培养爱国主义精神和进行思想道德建设的重要基地，是赣闽交界处规模较大的红色旅游集散中心。瑞金共和国摇篮景区，既不失其简朴的"形体"，又体现出不凡的"内涵"，旧址群、纪念园、博物馆均有各自的令人眼前一亮的特色，一处一诗，一步一景，是融观光、瞻仰、会议、休闲、度假为一体的理想场所。

核心吸引力："红色故都"、"共和国摇篮"、红军长征出发地等是瑞金红色旅游的"招牌"，当地众多的旧址、遗迹是景区的最核心支撑，即使后来有其他产业参与进来，也是景区最主要的吸引点，只是在开发过程中要注意不能因循守旧，要时刻保持创新的思想认识，以增强景区吸引的持久力。

产业发展：在旅游业的带动作用下，瑞金拓展了会议、度假等旅游形式，扩大了景区的收入来源方式，优化了产业结构，此外，景区的红色旅游的发展也正向地促进了当地教育事业的发展。

盈利模式：景区主要收入来源是门票、住宿等。

社会效益：景区的社会效益主要体现在其培育爱国情感和其作为民族精神重要基地的教育意义上，此外，也在一定程度上缓解了当地人民的就业压力，助推区域经济发展。

综合评价：瑞金存留着众多革命战争时期遗迹和旧址，红色旅游资源禀赋优异、在历史上有着不凡的意义与较高的地位。虽然红色旅游发展较好，但是在发展休闲度假方面产品不够多元化，在留住游客方面相对较差，且其市场营销做得不够完善，使得景区知名度较其他红色旅游目的地来说较小，旅游经济体量较小。

甘肃省可借鉴这一模式的地区：定西市通渭县

定西市境内的会议纪念馆在数量和历史意义上占据了独特的优势，其中岷县中共中央西北局岷州会议、通渭县中共中央政治局榜罗会议在中国工农红军长征走向、中国共产党工作方向以及重心放置上起着悬崖勒马、转危为安的重要作用。

1935年9月27日，由中共中央统率的工农红军陕甘支队抵达榜罗镇，当天晚上，在榜罗镇小学校长室，召开了政治局会议，毛泽东、张闻天、周恩来、博古、王稼祥出席了会议。会议研究了党和红军目前所处的局势以及面临的任务，经讨论后确定了今后的战略方针。改变了俄界会议关于靠近苏联创建根据地的决定，确定将中共中央的核心和中央红军长征的落脚点放在陕甘苏区，正式决定以陕甘苏区作为领导中国革命的大本营。9月28日，红军陕甘支队在榜罗小学西边的一个打麦场召开连以上的干部大会，传达政治局会议内容与精神。

1936年7月1日，红二、四方面军在甘孜会师；7月27日，经过党中央批示，成立了中共中央西北局，由张国焘担任书记、任弼时任副书记，朱德、陈昌浩、关向应、贺龙、徐向前、王震等为委员。8月9日，红二、四方面军，艰难突破有敌设防的天险腊子口成功抵达岷县。9月13日，党中央制订并提出了《静会战役计划》，决定集中红一、二、四方面军兵力于静宁、会宁地区对胡宗南部实施打击，以实现巩固和扩大西北革命根据地的目的。9月16日至18日，中共中央西北局在岷县三十里铺村召开了"岷州会议"。出席会议的有朱德、张国焘、贺龙、关向应、陈昌浩、李卓然以及红五军军长董振堂、九军军长孙玉清等。会议就中央《静会战役计划》出现了两种不同的意见，张国焘等少数人主张与胡宗南部队在静会地区作战是不占优势的，提出红四方面军由临潭西进青海，占领甘西的策略。以朱德为代表的多数同志认为党中央的决策是正确的，集中红一、四方面军精锐主力，在静会地区击败胡宗南部是完全可能的，时机紧迫，不容延误，红四方面军应立即北上，向陕甘苏区靠拢。陈昌浩等同志支持朱德的主张，会议最后说服了张国焘，接受了中央方针，制定了实施中央《静会战役计划》的《静会战役纲领》。9月18日，朱德、张国焘、陈昌浩联名向党中央报告了西北局岷州会议决定和《静会战役纲领》，10月4日拂晓前红军全部撤离岷县，迅速北上。"岷州会议"驳回了张国焘错误的"西进计划"，坚持了党的民主集中制原则，维护了党和红军的团结，对实现红军三大主力会宁会师、将中国革命的大本营转移到大西北、推动抗日民族统一战线等发挥了重要作用。

定西市除这些有着不可替代意义的红色旅游资源外，在榜罗会议旧址的通渭县还拥有优质的温泉旅游资源，并且已经进行了一定程度的开发，通渭县在接待温泉旅游、度假会议等方面已初具实力。但想要营造高品质的红色旅游体验，招徕更多的游客前来学习红色文化、休闲度假、举办会议，通渭县还需完善旅游基础设施建设，因红色旅游受季节、旅游淡旺季影响较小。

三 红色演出模式

利用当地的红色歌谣、红色戏曲等红色文化资源，加以改编，创作成演出剧目，结合现代化科技手段，推出创新性的红色演出项目，以红色演出为着力点发展红色旅游，打造红色旅游独特品牌。

代表案例简介：《中国出了个毛泽东》以毛泽东同志的革命生涯大事记为主线，将全息投影、歌舞、威亚、水火特效等多种形式有机融合，综合运用多媒体技术以及高科技立体舞台装置与山水实景巧妙结合，讲述了毛泽东同志从走出韶山踏上了民族救亡道路到带领中国人民建立中华人民共和国的奋斗历程，几乎包含中国新民主主义革命的全部历程，集中展现了毛主席以拯救天下苍生为己任的远大志向与广阔胸怀。

核心吸引力：红色文化的高尚品位和红色文化与现代化演艺技术的结合是演出的核心吸引力。这里以毛泽东故居的独特吸引力，本身就招徕了大批游客前来参观，实景演出将现代化的演出手段与红色文化结合，更是吸引游客的一大热点。

产业发展：因为演出在夜间进行，所以在很大程度上带动了当地娱乐、住宿、餐饮等夜间产业经济的发展。

盈利模式：盈利主要来源于演出的门票收益和餐饮、住宿等方面收益。

社会效益：演出具有强烈的爱国主义教育意义，通过红色演出可以让游客更深入真切地了解到那段历史，提升其爱国情怀，具有良好的社会公益性。

综合评价：现今有很多红色旅游景区已推出各具特色的红色演出项目，获得了良好的效益与评价。山水实景、多媒体技术以及高科技立体舞台装置的高度结合使得旅游演出活动已经成为景区招徕游客重要的吸引力，且这类大型实景演出一般都在晚上举行，有力地助推景区夜间旅游的发展。

甘肃省可借鉴这一模式的地区：庆阳市华池县南梁镇

土地革命战争后期，南方十几块革命根据地因王明"左"倾冒险主义错误相继丧失。以刘志丹、谢子长、习仲勋为代表的共产党人将陕甘地区的革命斗争实际与马克思主义普遍原理结合起来，与广大人民群众紧密联系在一起，创造性地实践毛泽东提出的"工农武装割据"思想，在甘肃和陕西边界地区建立了陕甘边革命根据地，并在抵抗敌人的"围剿"中不断巩固和扩大，成功与陕北革命根据地连成一片，形成陕甘革命根据地。这是土地革命战争后期全国保存最完整的一块革命根据地，为中国革命保存了力量，为党中央和各路红军的长征提供了落脚点。从此，中国革命的重心由南方转移到西北。之后在陕甘革命根据地基础上又扩大了形成的陕甘宁革命根据地，这里是八路军开赴抗日前线的出发点，是中国共产党领导全国革命的大本营，是中国革命走向胜利的战略基地。

陕甘边根据地是中国西北地区最早创建的根据地。1932 年 3 月，谢子长、刘志丹遵循中共陕西省委确定的游击战争战略，率领红军陕甘游击队，以正宁县寺村塬为中心，发动群众打土豪、分田地，组建农民赤卫军，合力成立陕甘边区革命委员会，所属各村也设立了革命委员会，从此开辟了陕甘边区第一块红色根据地。但由于"左"倾错误路线指导和敌人的强势进攻，寺村塬陕甘边革命根据地仅仅存在五个月就陷落了。1932 年 8 月，习仲勋与刘志丹、谢子长会合。12 月，红 26 军成立，开始以照金为中心创建陕甘边新苏区。

1933年4月，新的陕甘边区革命委员会在照金成立，由周冬至任主席、习仲勋任副主席，下属区乡苏维埃政府也相继建立，照金革命根据地初步形成。6月，正当照金根据地蓬勃发展之时，"左"倾错误路线执行者杜衡强命令红二十六军第二团南下渭华地区建立根据地，结果遭敌重兵围攻，红军主力丧失，刘志丹等红军领导人身陷终南山。随后，中共陕西省委被破坏，陕甘边革命根据地陷入低谷。危急关头，留守照金的习仲勋、秦武山等人于8月14日在照金陈家坡主持召开陕甘边党政军联席会议，决定成立陕甘边区红军临时总指挥部，统一领导红军和游击队坚持开展游击战争，为扭转危难局面，保护陕甘边革命根据地起到了关键性作用。照金根据地陷落后，1933年11月3日至5日，中共陕甘边区特委、红军临时总指挥部在合水县包家寨召开联合会议，会议决定恢复红二十六军，成立第四十二师；以子午岭桥山中段的南梁为中心，创建陕甘边革命根据地；建立陕北、陇东、关中三路游击区，成立三路游击区指挥部。新的正确战略与策略方针，使陕甘边革命根据地进入相对稳定的大发展时期。

1934年2月25日，在南梁小河沟四合台村召开了陕甘边区第二次工农兵代表大会，大会恢复成立了陕甘边区革命委员会，与会成员选举习仲勋为主席。5月28日，中共陕甘边区特委恢复于红四十二师党委在南梁寨子湾召开的会议上，并成立了陕甘边区革命军事委员会，张秀山任特委书记，刘志丹任军委主席。11月1日至6日，中共陕甘边区特委和陕甘边区革命委员会在南梁召集工人、农民、军人代表召开陕甘边区工农兵代表大会，决定正式成立陕甘边区苏维埃政府、陕甘边区赤卫军总指挥部和陕甘边区革命军事委员会。7日，在南梁荔园堡举行成立大会，选举习仲勋为陕甘边区苏维埃政府主席，朱志清为陕甘边区赤卫军总指挥，刘志丹为陕甘边区革命军事委员会主席。

陕甘边区苏维埃政府是中国西北最早的苏维埃政权组织。边区苏维埃政府下设土地、劳动、财政、粮食、文化、工农监察、肃反、妇女等委员会和政治保卫大队；陆续建立了华池、庆北、合水、新正、新宁、茬掌、永红、赤水、淳耀、赤安、安塞、鄜西、鄜甘、中宜、靖边、定边、红泉、赤川等县级苏维埃政权，形成了由边区、县、区、乡、村各级政权组成体系完整的红色政权。

陕甘边区苏维埃政府成立后，颁布实施了以"十大政策"为主要内容的一系列政策和法令，为加强根据地政治、军事、经济、文化各方面建设，保卫红色政权，改善人民生活，做了许多探索性、开创性的工作。广泛开展土地革命，没收地主财产分给贫苦农民。富农只没收出租的土地，优先照顾红军家属，解决了根据地大多数贫苦农民的土地问题，消灭了剥削关系，极大地鼓舞了人民群众参加革命的热情。开设集市，发行货币，与白区商贩建立商贸关系，以灵活多样的形式加强对内对外贸易，活跃了边区经济。建立列宁小学和红军干部学校，大力发展文化教育事业，提高了边区干部和人民群众的思想觉悟和文化水平。广泛开展以"劝破除封建迷信、劝戒赌博、劝戒鸦片、劝禁止婚姻买卖、劝解除妇女裹脚、劝男子剪掉辫子"为主要内容的改俗迁风活动，形成了良好的社会风气。制定了严格的廉政法规，严厉查办贪污案件，树立了工农政府清正廉洁、爱民为民的良好形象。

陕甘边区苏维埃政府是中国共产党在陕甘边界实行以民主政治建设为纲领的局部执政的积极尝试，为党在全国范围的执政做了成功示范、提供了宝贵经验。1935年6月，陕甘边革命根据地在第二次反"围剿"斗争中不断扩大，与陕北根据地连成一片，形成东临黄河、西接环县、南到淳耀、北达长城，面积3万平方公里、人口90万，建立有20多个县级苏维埃政权的陕甘革命根据地。

以刘志丹、谢子长、习仲勋为代表的西北共产党人，学习贯彻党的"八七"会议精神，创造性地实践毛泽东"工农武装割据"思想，虽远离党中央和中国革命重心，但他们勇于承担起在中国西北创建革命根据地的重任，独立自主地领导陕甘人民进行艰苦奋斗、流血牺牲的斗争，创建了以南梁为中心的陕甘边革命根据地，建立了中国西北地区首个正式的工农民主政权——陕甘边区苏维埃政府。它的故事为红色演出提供了丰富的素材，通过红色演出，可以将当年建立陕甘边区苏维埃政府的艰苦奋斗历程淋漓尽致地展现出来，追寻着关键故事的足迹，让红色精神永不磨灭。

四 博物馆模式

在红色旅游资源集中或蕴含特殊意义的地方，如革命遗址、战斗遗迹、领导人故居等地区，集中展示在革命和战争过程中所留存的大量革命遗迹和历史文物，具有文化传承性和教育性。

代表案例简介：中央苏区（闽西）历史博物馆是一座全面反映闽西革命历史、重点彰显中央苏区（闽西）特殊历史意义的综合性博物馆。占地面积约25亩，建筑面积4800平方米。主楼是楼厅式建筑，具有浓厚的民族风格，馆内共有12个陈列展厅。该馆全年免费开放，建馆20年来共接待国内外游客300多万人次，众多党和国家领导人都曾到馆视察，是福建省爱国主义教育基地、全国青少年爱国主义教育基地、闽西老区精神文明建设的重要窗口，曾获得"全国文博系统先进集体""省爱国主义教育基地先进单位"等光荣称号。

核心吸引力：闽西红色文化、客家精品文化。中央苏区（闽西）历史博物馆是龙岩市唯一一座全面、系统展示中央苏区闽西革命历史的综合性专题博物馆，着重讲述了老一辈无产阶级革命家在闽西进行的伟大革命实践史实和闽西在中国革命历史上的重要地位和历史贡献，陈列主题鲜明、内容丰富多彩、形式新颖前卫，且因为其独特的历史意义，每年都能吸引大批游客前来参观。

产业发展：博物馆本身作为展示老一辈无产阶级革命故事的平台，有利于教育产业的发展，此外，博物馆吸引的人流也带动了交通、周边餐饮、娱乐、购物以及住宿等产业发展。

社会效益：中央苏区（闽西）历史博物馆是福建省爱国主义教育基地、全国青少年爱国主义教育基地，是闽西老区精神文明建设的重要窗口，促进了当地革命传统教育及爱国主义教育。

综合评价：博物馆的免费开放为其招徕了大量的游客，虽然没有门票收入，但是人流量的增大可以带动周边餐饮、住宿、旅游纪念品等其他方面的消费，从而促进周边区域经济的发展。

甘肃省可借鉴这一模式的地区：兰州市

兰州市作为甘肃省的省会，在采用博物馆模式发展红色旅游上，相比甘肃省其他地州市有着先天优秀的地理区位优势、客源优势、交通优势、基础设施优势、配套设施优势等。其次，兰州市的红色旅游资源性质同样也是独一无二的。

解放战争时期，兰州不仅是国民党统治西北的政治、经济、军事中心，也是通往青海、宁夏、新疆的重要交通枢纽，其战略位置的重要性不言而喻。国民党代理西北军政长官马步芳明白兰州决战的胜负是其存亡的关键，利用之前修筑的"抗战工事"在兰州城外南山顶建成钢筋水泥碉堡群，部署国民党第八十二军一百师并加派青海保安一团防守东岗十里山、窦家山、古城岭、马架山，其中青海保安一团守窦家山；第八十二军二百四十八师守营盘岭（皋兰山南梁）；第八十二军一百九十师守沈家岭、狗娃山；第一百二十九军三百五十七师（受一百九十师指挥）守小西湖，把兰州鼓吹成"攻不破的铁城"。

1949年8月21日，第一野战军司令员兼政治委员彭德怀根据中共中央军委关于向全国进军的战略部署和对兰州作战的指示，发出攻取兰州的作战命令，决心集中优势兵力歼灭马步芳部主力于兰州地区。具体部署是：红十九兵团第六十三军攻十里山、窦家山，第六十五军攻马架山、古城岭；红二兵团第六军攻营盘岭，四军攻沈家岭、狗娃山。8月23日，毛泽东来电指示："马步芳既决心守兰州，有利于我军歼灭该敌。为歼灭该敌起见，似须集中3个兵团全力于攻兰战役"。根据这一指示，彭德怀调整战略部署，并决定25日发起全面攻击。

8月25日拂晓，第一野战军主力分别向兰州守敌发起总攻。沈家岭被称为"兰州锁钥"，是敌军防守的主阵地，攻下沈家岭，就等于打开了解放兰州的大门。担负沈家岭主攻任务的是一野第四军第一师第三十一团，第三十二、三十三团负责助攻。战斗开始后，由王学礼团长指挥的红三十一团二营首先发起冲锋。当我军楔入敌阵地后，敌人马上集中兵力实施反冲锋，双方展开了激烈的争夺。见久攻不下，团长王学礼命令第三营全员上阵，在侧翼红三十三团的配合下，红三十一团击退了敌人的多次反扑。由于红三十一团伤亡惨重，攻坚时刻作为预备队的红三十团也加入到沈家岭的正面战斗，终于在当天下午占领了沈家岭核心阵地。但是在激战中，红三十一团团长王学礼、副团长马克忠，红三十团政委李锡贵壮烈牺牲。至22时，第十师第二十八团和第三军第七师也相继攻占了狗娃山的全部阵地。战斗中共消灭敌人4400余人，而我军也付出了伤亡3500余人的惨痛代价。

红二兵团第六军被任命担任主攻营盘岭任务。皋兰山的主峰是营盘岭，是兰州南面的屏障，马步芳部队在这里修筑了环行峭壁三道，峭壁外壕埋有地雷，阵地上布有明、暗碉堡，火力点之间组成交叉火网。攻击部队先用强大的炮火猛烈轰击，然后由红四十六团、红五十一团从东西两面，红五十团从正面，红四十九团从纵深处四面合围困守之敌，经两小时激战，于16时全部占领营盘岭。

红十九兵团主攻十里山、窦家山。十里山是兰州东部的屏障，北临黄河、南连窦家山、西（安）兰（州）公路于此通过。窦家山位于兰州东南约十公里，山势险峻，属于易守难攻之地。25日10时30分，我军炮兵率先开火，随着敌前沿阵地防御工事大部分被摧毁，发起冲锋攻击的红五百六十六团、红五百六十五团夺取了窦家山阵地。敌军得知主阵地被我军突破，急忙组织兵力向我军展开集团式冲锋，企图夺回失守阵地。我军战士顽强守护夺取的阵地，数次击退敌人的连续反扑，于17时占领窦家山的全部阵地。至第二天拂晓，我军又占领了十里山，并到达兰州东岗镇。此次作战，共歼敌2733人，俘敌1632人，还缴获了各式各样的武器装备以及一大批军用物资。

红三军第七师从七里河迂回到西关，向敌人撤退的唯一通道黄河铁桥发起攻击。第七师第十九团三营八连在七连、九连的掩护下，迅速向铁桥进击，八连集中所有机枪、冲锋枪，以火力压制敌人，掩护突击队员冲锋。企图逃跑的敌人争先恐后地涌上铁桥，一辆弹药车被击中后爆炸起火，道路被堵，桥上一片混乱，不少士兵慌不择路跌落河中被水冲走。此时，攻上西关外城的九连依靠在北城墙，集中火力，居高临下痛击守桥敌军。八连在其火力的支援下，于午夜1时半占领桥头阵地，切断了敌军退路。同时，红三军攻入城内的部队也与守城之敌展开了激烈巷战，至26日10时许，城内残敌被全部肃清。11时许，红三军冲过铁桥，一举占领了位于黄河北岸的白塔山。至此，兰州战役胜利结束。兰州战役解放军伤亡9500余人，歼灭敌军27000余人。

兰州战役是发生在西北地区规模最大和最激烈的城市攻坚战，是解放大西北最后一次战略大决战。战役的胜利，使西北地区国民党军队完全陷入分散、孤立的境地，打通了进军青海、宁夏、河西走廊和新疆的门户，为西北地区全境解放铺平了道路。

另外，在兰州设立的八路军驻甘办事处、甘工委，团结争取国民党上层人士、民族宗教界人士和地方势力派人物，为巩固甘肃的抗日民族统一战线，促进各族人民抗日救亡运动做出了突出贡献。同时还肩负着宣传教育、收治伤病失散红军战士、运送枪支弹药、苏联援华物资、转送领导干部、通达情报等重要任务。可见，兰州在中国革命历史上的重要地位不可撼动，是一座名副其实的红色历史文化名城。

兰州市几处红色纪念馆同时配合甘肃省博物馆、兰州市博物馆等形成以博物馆为主线的红色文化展示方式，发展红色旅游，有利于促进周边经济的增长。

第三节　甘肃红色旅游资源整合开发策略

一　红色旅游资源整合开发的原则

在战略层面，资源整合就是把旅游资源系统化、整体化。近年来，甘肃省在加大了对红色旅游资源开发力度的同时，也注重红色旅游资源的整合。目前，已初步形成了以白银市会宁县为核心的红军二万五千里长征胜利会师线路、以庆阳市华池县南梁镇为核心的革命老区线路和以高台战役为核心的红西路军征战河西线路三条红色旅游线路。在国务院2004年底下发的《2004—2010年全国红色旅游发展规划纲要》中，特别将会宁长征会师地、迭部腊子口战役遗址、宕昌哈达铺红军长征纪念馆、八路军驻兰办事处、岷县"岷州会议"遗址、通渭榜罗镇革命遗址、华池陕甘边区苏维埃政府旧址和高台烈士陵园8个革命遗址和相关景区列入了全国"百个红色旅游经典景区名录"，也将甘肃的红色旅游区划入了全国12个重点红色旅游区的"陕甘宁红色旅游区"。基于甘肃红色旅游资源的开发现状与其旅游资源自身的特点，比如资源分布分散、地理位置偏僻以及资源同质化严重等，在红色旅游资源开发整合的过程中需要遵循以下几项原则。

1. 文化导向原则

旅游者主流的需求是求异，而在旅游的过程中，异质文化的吸引是使游客出游的主要动力。因此在旅游资源开发中，要选择具有特质的文化资源，通过创意开发、资源整合、合理配置、加以包装等必要的手段和方式，使资源中的特质能够有效发挥出来，获得旅游者的喜爱。甘肃红色旅游资源有着自身独特的优势，但若要挖掘其中的内涵和精髓，必须要以文化为核心。目前，甘肃许多红色旅游景区由于地理位置偏僻、知名度较低和开发深度不够等原因，陷入了低层次重复建设的恶性循环之中，旅游项目同质化严重，无法体现出其深层次的独特红色文化特质。

2. 市场导向原则

大多数旅游资源不能直接进入市场，一个良好的转化过程是必要的，这个过程就是要迎合市场的需求，将资源变成市场上需要的产品。红色旅游的市场定位以及确定游客所需要的红色旅游产品都需要大量的研究工作。前期需要深入细致的调查，研究游客的消费心理、消费需求和消费习惯，以此为依据来打造具有市场竞争力的红色旅游产品。要分析甘肃省一定地域内红色旅游资源同其他旅游资源的竞争力情况，来确定红色旅游是否可以成为主打产品。目前甘肃省对于红色旅游客源市场的开拓研究还有所欠缺，没有形成明确的市场定位，没有做到景点建设、旅游活动与旅游需求趋势有效契合，旅游产品种类单一，主题旅游路线较少。

3. 组合开发原则

一个区域往往集中了较多种类的旅游资源，但是在现代的旅游业发展中，仅仅依靠单个资源发展，其前景往往是十分有限的，整合旅游资源是必然趋势，通常有两种情况：一种是资源的配置重组，即不同类型的旅游产品捆绑在一起，共享市场；另一种是整合两种或多种旅游资源，开发出提升性产品，覆盖更广的客源市场。甘肃省的红色旅游资源多与自然生态、历史文化、民俗风情等其他类型旅游资源同时存在，可以采用灵活的形式将不同种类的资源整合起来，策划主题，突出重点，创造出符合地方实际情况的旅游发展模式。

4. 服务导向原则

旅游者在选择旅游目的地时，一般会有两个方面的考虑：一方面是追求的满足、体验的满足、兴趣的满足、感悟的满足等多方面的目的性满足；另一方面也需要生活要素的满足。因此，在资源在形成产品之前必须将旅游过程中生活要素的配置问题作为前提，例如安全保障、人际交往、导游讲解、牌示指引、饮食住宿、购物条件、休闲氛围、娱乐设施、旅游厕所等。所有生活要素的配置要以服务游客为目标，按照马斯洛的需求层次理论，先保证游客最基本的生理需求得以满足，才能谈及更高层次的需求。甘肃一些红色旅游景区的配套服务设施建设不完善，景区附近的交通状况与景区周围的住宿条件较差，缺乏完善的供水供电和供暖设施以及有效的预警机制，这些不利因素必然制约甘肃红色旅游的长远发展。

二 红色旅游资源整合开发的宏观策略

1. 科学深度开发红色旅游景区或景点

红色遗产的文化内涵是红色旅游景区的核心。游客出游的目的不仅是为了身心放松，更重要的是满足文化和精神上的需求。因此，如若深度开发，需要对红色精神进行提炼，与此同时，还要依据时代要求赋予其新的内涵。同时不仅要做好各类纪念馆或纪念碑的兴建工作，更重要的是深度挖掘红色精神的内涵，借助一些现代科技如声、光、电等，或制作精美、图文翔实的宣传册，让游客可以在不同的角度以不同方式感受革命前辈留给后人的宝贵财富。为了让旅游者能更好地体会红色文化与精神，可以在适当的时机和地点，创建以当年红军生活为背景的全真模拟村，真实再现当年红军与百姓生活、工作的场景，供游客亲身体验与参与。另外，游客通过对红色戏剧、红色影视、红色歌舞及红色文学的体会，可以更加深入地感受红色旅游的魅力。

2. 开拓客源市场，设计主题旅游路线

通过区域合作，成都—松潘—若尔盖—迭部—宕昌—岷县—临夏—兰州线和兰州—定西—会宁—静宁—六盘山线这两条红色旅游路线被列入了全国"30条红色旅游精品线"。另外，2009年国庆假期期间，甘肃省又推出了以"追忆红色革命岁月，迎接新中国60华诞"为主题的红色旅游活动，共推出了5条红色旅游线路，包括兰州—会宁、兰州—会宁—平凉—庆阳—延安、兰州—宕昌—腊子口、张掖—高台、兰州—通渭。但是截至目前，甘肃真正意义上的红色主题旅游路线依旧缺乏，与此对应的宣传和促销活动也没有行之有效。鉴于甘肃红色旅游资源的分布状况和客源市场的开发现状，可以推出以下几种切实可行的方案：一是针对自驾游市场和银发（老年）市场的休闲游。这种旅游方式线

路安排较为灵活，但比较注重交通路线的通达性及交通方式的舒适与便捷。它可以以兰州为中心，分别向东南和西北、东北方向延伸；二是针对青年和学生市场的研学游和体验游。青少年旅游不同于常规旅游，因青少年的好奇心与求知欲强烈，所以常规的"景点+导游"的方式无法对应该市场的需求。因此，应以红西路军西行路线为主线，与户外拓展训练相结合，开展体验游，同时以拜访敦煌莫高窟石窟艺术和参观酒泉卫星发射基地为主线开展研学游；三是为异地客人和国外游客设计的红黄彩游或红绿彩游等，即红色旅游、黄河文化旅游、生态旅游以及民族风情旅游。作为交通不太发达与区位条件不算优良的城市，单凭红色旅游资源吸引异地游客力量是单薄的，因此，基于区域的不同旅游资源，应以俄界会议、腊子口战斗、哈达铺整编、岷州会议等红色资源为核心，结合甘南的民族风情、陇南的绿色生态来吸引国内外游客。①

3. 整合多种旅游资源，推动全面发展

井冈山的"红绿结合"模式，延安的"红古俗结合"模式，海南的"红蓝结合"模式，东北的"红白（滑雪）结合"模式等，都是国内旅游资源整合的成功先例，为甘肃红色旅游的发展提供了良好的借鉴。甘肃自然地理景观丰富多样，是除海洋地貌，其他所有地貌类型都能在甘肃找到的独特省份，大漠戈壁、黄土高原、绿水青山、陇上草原、丹霞地貌、冰川雪山俱佳。历史文化更具特色，丝路文化、石窟艺术、历史古迹、民俗景观、民族风情兼备，为红色旅游资源与当地特色资源的整合打下了良好的基础与条件。但由于甘肃受"游长旅短"的限制，而且相近区域的革命历史同质化，难以展现甘肃红色旅游的全貌，这就有必要整合红色旅游资源所在地的多种旅游资源。河西走廊地区，红色旅游可以和生态考察游、沙漠探险游、登山旅游和西域文旅融合发展；陇南地区，可以和生态旅游及山地石耕文旅融合发展；甘南地区，可以和草原旅游、藏族风情和宗教文旅融合发展；陇中地区，可以和文化体验游、历史古迹游融合发展；陇东地区，可以和黄土风情、民俗文化和历史古迹等旅游资源融合发展。

---

① 邹品佳、王生鹏：《甘肃红色旅游资源的整合开发策略探讨》，《淮海工学院学报》（社会科学学报）2009 年第 4 期。

4. 建设和完善旅游配套设施

旅游者到达旅游地后的主要目标是旅游吸引物，但是在旅游的过程中，满足游客基本的生活需要也是必需的。由于甘肃的社会经济发展程度相对还比较落后，旅游基础设施与旅游上层设施和南方城市相比还有较大的差距，因此，为满足游客的需求，各个红色旅游地需要根据当地的条件和特色，改善服务设施。建设和完善食、住、行、游、购、娱等旅游服务体系，提升综合服务能力，还要发挥道路交通、邮电通信、银行保险、建筑、媒体、环保、教育等行业功能，推进与旅游行业之间生产或服务的合作，形成良好的互动合作机制。[①]

三 河西走廊红色旅游资源整合开发的思路

河西走廊地区红色旅游资源整合应该遵循市场经济的规律和要求，逐步打破由资源所有者和所在地组织开发的格局，纳入全国、甘肃省"红色旅游"发展和河西走廊旅游业发展的大背景之中，按照区域联动、资源整合、信息共享、优势互补、互通客源、教育培训互利互惠的原则统一规划、统一运作。具体可以通过打造品牌旅游线路和具体措施的实施，为河西走廊地区红色旅游资源整合开发提供交流和合作的平台。

1. 打造品牌旅游线路

依据河西走廊旅游资源特色、地理区位及交通条件，推出丝绸之路边塞游、西路军红色纪念游线路。一是丝绸之路边塞游。河西走廊曾是古丝绸之路上的重要通道，存有诸多历史遗迹，更有"敦煌学"这一国际显学大放异彩，旅游业界已形成得到消费者认可的丝绸之路边塞游。此线路包括武威雷台寺—张掖大佛寺—高台西路军烈士陵园、酒泉西汉胜迹—文殊山后山景区—酒泉卫星发射中心—嘉峪关长城文化旅游景点—七一冰川、敦煌莫高窟—鸣沙山—月牙泉—雅丹地貌国家地质公园，充分展示河西走廊地区浓厚的文化底蕴，让游客感受到璀璨的中华文明。以河西走廊各个城市为依托，将景点连通起来，形成丝绸之路边

---

① 邹品佳、王生鹏：《甘肃红色旅游资源的整合开发策略探讨》，《淮海工学院学报》（社会科学学报）2009年第4期。

塞游。二是西路军历史纪念主题游。河西走廊地区是西路军悲壮历史的发生地，虽然所留遗迹不多，但足以展现革命先烈英勇顽强、不畏艰险、生命不息、战斗不止的崇高精神。此线路包括武威市横梁山战役遗址、天祝草原风光、高台西路军烈士陵园、临泽丹霞地貌、临泽红西路军倪家营战斗遗址、肃南"红窝山会议"遗址、瓜州红军纪念塔，在这条线路上游客不仅能欣赏到祖国的大好河山，更能了解英烈们的感人事迹。瞻仰一次胜地，净化一次心灵，形成红西路军历史纪念主题游。

2. 具体措施

要做到此线路被消费者所认可，形成热点线路，尚需以下具体措施作为辅助。

（1）准确定位河西走廊红色旅游的整体形象，以捆绑式的联合营销展开多赢战略。旅游市场的竞争是激烈的，一个地区以怎样的形象被游客所接受是我们首先要考虑的问题。河西走廊地区的红色旅游以怎样的形象进入市场，被市场所接受与认可？如何定位？是资源整合首要的问题。应站在全球、全国这个高度，从旅游者需求的角度来考虑。首先，以中国工农红军西路军纪念馆景区为主，确定河西走廊地区红色旅游形象。高台是红西路军第五军团进入河西走廊战斗最为惨烈、死伤人数最多、也是牺牲将领最多的地方，3800余名将士在高台遭到马步芳军队的围攻，经过八天八夜的鏖战，几乎全部在战斗中牺牲，包括军长董振堂。为纪念这一悲壮历程，1957年建成高台烈士陵园。于2009年更名为中国工农红军西路军纪念馆，先后被命名为全国百家爱国主义教育示范基地、全国百家红色旅游经典景区，是全国反映中国工农红军西路军历史最全面、最具权威性的唯一一家国家级纪念馆。正因为如此，河西走廊地区作为西路军这一悲壮历程的见证地，中国工农红军西路军纪念馆作为综合性的纪念馆，在甘肃省乃至全国极具代表性。它反映了红军不怕牺牲、顽强不息的大无畏革命精神，其主题形象应该是"碧血染祁连，浩气昭日月"。围绕此主题形象，一方面需利用互联网，建立河西走廊旅游目的地宣传营销系统，将"碧血染祁连，浩气昭日月"这一形象以及西路军纪念游这一线路名气打响；另一方面，可创新开发"红色情结"系列旅游纪念品。其次，红色旅游资源的整合开发，得益的是地方政府、旅游企业，应实施联合的捆绑营销战略,将河西走廊地区的红色资源整合起来形成线路,整体营销,达到多赢局面。

(2) 在整合开发红色旅游资源的同时,将生态、休闲、民族旅游等融入其中,提高综合吸引力,丰富红色之旅内容。第一,要大力度收集历史文献和资料,使红色文化的挖掘、整理、保护、展示和宣讲等方面保持国内先进水平;第二,充分挖掘该地区的自然、民俗、文化、特色饮食等绿色、古色资源,与红色资源融合,策划出能留住客人的大型参与性、体验性活动,比如举办《长征》《东方红》等影视表演活动;红色影片免费展播、观看活动;开展"吃红军饭,重走红军路,喊红军口号(标语),唱红军歌,听红军课,扫红军墓"等活动;第三,虽然是红色教育,展示的是革命历史文化,同样要把增加旅游吸引力作为首要任务。利用现代科学技术,使展示手段多元化,如硬件设施、展示方式、红色线路和景区导游词编制、宣讲、导游培训等协调统一,使景区一落成就是高品质、强引力的精品景区。

(3) 促进"大敦煌"旅游圈、"丝绸之路"旅游带、红西路军纪念游三者的有机融合,打造河西旅游产业带。河西走廊地区是"大敦煌"旅游圈、"丝绸之路"旅游带、红西路军纪念游的交错重叠区,是目前甘肃省旅游发展水平最高,也是最有潜力的地区。河西走廊地区旅游资源开发业态、景区景点建设和旅游产业布局应以兰新铁路和312国道为轴线,以敦煌国际旅游城市为中心,打破行政或行业壁垒,依照资源优势与市场分工,开展跨区域、跨部门的合作,集中力量打造敦煌旅游目的地,通过打"敦煌牌",推动优质旅游景点、精品旅游线路、王牌旅游产品的建设,吸引更多的旅游者来河西走廊旅游,为河西走廊地区带来更为丰厚的社会与经济效益。

要跳出河西走廊范围看河西走廊红色之旅,站在更高的高度,用更宽广的视角,置河西走廊红色之旅于甘肃、全国"红色旅游"发展的大背景之中。这样,河西走廊红色旅游就纳入了甘肃省乃至全国旅游网络体系,就有了后续发展的动力与空间。①

---

① 贾芳、申建娜:《甘肃河西走廊地区红色旅游资源整合开发的思考》,《生产力研究》2013年第6期。

2019年8月，习近平总书记在考察甘肃时指出："甘肃是一片红色土地，在中国革命历史进程中发挥了不可替代的重要作用。"① 甘肃的红色文化资源，无论是在空间维度上还是在时间跨度上、无论在数量还是质量上、无论在内容还是形式上都具有独特优势，在全国红色资源宝库中占有不可替代的重要地位，是我们弥足珍贵的巨大精神财富。红色文化遗产是包括中央革命根据地、红军长征、抗日战争、解放战争时期的重要革命纪念地、纪念馆、纪念物及其所承载的革命精神的遗产资源。科学地保护与开发红色文化遗产，对于发挥红色文化遗产价值与功能，带动革命老区经济社会协调发展，具有重要的现实意义和深远的历史意义。甘肃省是中国红色旅游资源丰富的省份，在《纲要》公布的30条红色旅游精品线路和100个红色旅游经典景区中，甘肃红军长征红色旅游系列景区（点）（白银市会宁县红军长征会师旧址等）、庆阳市华池县陕甘边区苏维埃政府旧址、张掖市高台县高台烈士陵园等红色旅游经典景区名列其中。同时，在公布的30条红色旅游精品线中，进入甘肃的有：第13条"成都—松潘—若尔盖—迭部—宕昌—岷县—临夏—兰州线"和第16条"兰州—定西—会宁—静宁—六盘山—银川线"，甘肃红色旅游的基本格局已初步形成。其中以会宁为中心的红军长征胜利会师旅游线，以庆阳为主体的革命老区旅游线和以高台战役遗址为核心的红军西路军历史纪念旅游线三条红色旅游主题线路成为甘肃红色旅游大框架中的重要主线，红色旅游已成为甘肃进行革命传统教育与爱国主义教育和未成年人思想道德建设的重要内容，旅游产业的飞跃也拉动了其他相关产业的发展，提升了旅游目的地的知名度，为甘肃革命老区和革命纪念地提供了新的经济增长点和脱贫致富的新方法。因此，现阶段如何协调统筹，在保护红色文化遗产的基础上，全面科学合理地规划和开发红色旅游资源尤为重要。甘肃唯一的革命老区——庆阳市，留下许多革命历史文化遗产，尤其是华池县，刘志丹、习仲勋等老一辈无产阶级革命家，在华池县南梁镇地区建立了中国革命史上具有重要地位的陕甘边区苏维埃政府，这既是宝贵的精神财富，也是华池县发

---

① 新华网：鉴往知来——跟着总书记学历史，http://www.xinhuanet.com/politics/leaders/2019-08/24/c_1124916836.htm。

展红色旅游、推动革命老区经济发展的红色文化遗产资源。

近年来，甘肃省红色资源的整合开发思路初步形成，理论研究也已初见成效，保护、挖掘、整理工作迈出实质性步伐，但存在的问题也亟待解决，在甘肃省红色旅游资源的整合开发上还有许多工作要做。甘肃省在发挥红色资源优势方面存在以下五个方面的问题：

一是红色旅游资源虽然丰富，但发展起步相对较晚。甘肃省红色资源主要依托会宁会师、南梁革命老区，以爱国主义教育、革命遗址瞻仰、革命历史探访、红色文化资源开发为主要旅游功能。由于产业发展较晚，产业融合发展还处于起步阶段，尚未形成能覆盖全省的红色旅游产业发展模式。

二是基础设施相对落后，资金要素相对缺乏。

三是旅游发展存在分散规划、各自开发、缺乏整合，景区同质化，旅游产业结构单一、形式单调，开发水平不高，缺乏特色品牌，甚至破坏原有的历史风貌等问题。

四是红色旅游资源要素需要整合。

五是旅游产品缺乏独特而全方位的服务体验。南梁精神、会师精神、铁人精神、航天精神这些不胜枚举的红色文化等许多具有多重文化旅游价值的红色资源未得到系统开发。信息技术、物联网、大数据、自媒体、人工智能、移动终端乃至VR、AR技术等应用不足，对游客数据、旅游需求的系统挖掘也不够。休闲、养生、体验参与型的红色旅游产品较少，目前还是以参观游览为主，缺少互动性、参与性。

为了进一步发挥好红色资源丰富优势，加快甘肃省红色旅游产业发展，提出以下有针对性的对策及建议。

一要突出主题形象，打响会宁会师地、南梁革命根据地等地红色旅游品牌。统筹自然生态、历史文化、红色文化的综合开发，形成集休闲、康养、度假、观光、会议、教育为一体的综合文化旅游产品。特别要注重深挖红色文化内涵，把红色重点文化与地方特色风情融合作为主打景区景点，增添旅游景区的活力与吸引力、感染力。

二要注重"红绿"有机结合，即把红色旅游与生态旅游相结合，打造具有生态气息的红色旅游品牌。持续提升展馆展览水平，深度挖掘红色历史、文物遗址遗物、红色文化，通过多渠道、多层次、全方位、立体化的布局提升整个红色展馆的展览水平。加大统筹规划，建立高效的协调机制和市场共享机制。

三要加强区域合作，若要达到旅游业的可持续发展，打造红色旅游圈与营造融洽的区域发展关系是必然要求。现代旅游业出售的不是孤立的景点，而是线路。甘肃红色旅游的发展要以开放的理念，超前的思想来谋划，加快西部五省旅游资源整合，从宏大的角度把有意义的革命遗址、遗迹整合一并推出，促进资源共享，以主题、线路为名联合开发红色旅游精品线路市场。

胜利曙光旅游线：兰州—定西（通渭榜罗镇革命遗址、岷县"岷州会议"纪念馆）—会宁（红军会宁会师旧址）—静宁（界石铺红军长征纪念园）六盘山—庄浪—泾川—庆阳（华池南梁革命纪念馆、环县山城堡战役遗址）—延安。

巍巍丰碑旅游线：甘南迭部（俄界会议遗址、腊子口战役遗址）—宕昌（哈达铺红军长征纪念馆）—岷县（岷州会议纪念馆）—临夏（康乐景古红色政权革命纪念馆）—兰州。

铁血精神旅游线：兰州—武威古浪（古浪战役遗址）—张掖高台（中国工农红军西路军纪念馆）—铁山精神纪念馆—酒泉卫星发射基地（金塔航天公园）—玉门油田（铁人故里）—敦煌（星星峡）。

星火燎原旅游线：兰州（八路军兰州办事处纪念馆、兰州战役纪念馆）—定西—天水（红军长征强渡渭河纪念馆、邓宝珊将军纪念馆、清水县抗日救亡运动纪念馆）—两当兵变旧址—宕昌（哈达铺红军长征纪念馆）—岷县—兰州。

四要提升红色旅游文化产品品位，注重旅游资源的综合开发：首先根据甘肃省红色旅游文化内容，采纳国内成功案例，打造一些大型实景演出项目；其次整合现有的一切红色旅游资源，并且在整合的过程中增加各种旅游项目的参与性和趣味性，让游客身临其境、感同身受，从而达到教育红色内容的目的；最后利用现有的红色历史文化、自然生态和民俗文化，对红色文化与本地的民俗文化进行提炼包装，发展红色旅游文化产品。

在此基础上，各城市之间应在营销宣传、资源整合、客源招徕、产品开发等方面密切配合，互通有无，形成合力。此外，红色旅游要挖掘自身的内涵，包括革命传统文化、团队建设和文化价值等，并结合受游客欢迎的方式进行产品创新，根据旅游者需求提供个性化服务。如重温入党誓词、体验红军誓师大会、重走长征路等一系列活动，让旅游变得更具参与性、体验性。推进资源整合，打破行政区划的空间限制。可以考虑将一些红色旅游景点数量集中的城市连接起来，并与其他类型文化旅游产品与生态旅游产品相融合，形成以红色为主的综合性旅游线路。

第四节　甘肃红色研学旅行产品体系开发

红色研学旅行在研学旅行日益兴起的情况下，作为一种具有教育功能的文化旅游形式，红色研学在培养学生的思想政治素养和继承红色基因方面起着不可替代的作用。红色研学旅游基地是开展红色旅游科研活动的重要载体。以红色文化资源（包括有形资源和无形资源）为主要内容形式，按照教育，教学和旅游发展法相结合的模式，充分实现红色教育功能，政治功能和社会功能。西柏坡党性教育机构给我们分享了红色研学与西柏坡红色教育的区别，以及红色研学的关键要素。

一　红色旅游研学基地解析

1. 红色旅游研学基地与爱国主义教育基地

这两个功能和主题之间有许多交集，但爱国主义教育基础的范围更为广泛。红色旅游研学基地主要强调红色文化的内涵和形式，主要继承和发展革命精神，民族精神和中国共产党领导下形成的时代精神。要开展红色旅游研学与学习基地建设，我们需要整合和吸收现有爱国主义教育基地建设的优秀经验和成果。同时，我们要更加重视红色旅游研学与学习基地的资源整合，研学与产品开发，可持续发展和旅游扶贫，这显然是爱国主义教育基地的难点。

2. 红色旅游研学基地与红色教育

两者之间有区别。前者可以利用后者，在后者的基础上，可以视为开展和促进红色研学事业的重点。同时，红色旅游研学与学习基地不仅限于红色旅游景区（景点）的建设，还可以利用其他具有红色文化资源的场所和纪念馆建设。红色旅游景点（景点）是以红色文化资源为核心景点，以红色文化教育为主题的旅游景点。以红色文化资源为基础，将绿色资源，古代色彩资源和其他旅游开发与管理相结合。基地具有功能性，风景名胜区属于商业类型。

3. 红色旅游研学基地与一般研学旅行基地

（1）导师的要求：红色旅游研学基地由于其资源特点和政治功能，要求研学导师甚至基地的管理人员具有很高的思想政治素养。尽管一般研学旅行基地的研学导师对政治素养也有一定要求，但他们主要对专业素养有更高的要求。

（2）主题和功能：红色旅游研学基地是建立在中国共产党领导人民奋斗和革命，建设社会主义的成就和伟大精神的基础上的。它不仅具有教育功能，而且还具有社会和政治功能，特别是政治功能。这是与一般研学旅行基地不同的关键点。

（3）基地联系：由于历史事件的顺序和历史人物的活动轨迹，不同的红色旅游研学基地，特别是该地区的基地，必须有有机的联系，相互包容和资源共享。

二 红色研学的关键要素

作为爱国主义教育的重要载体，红色研学与学习是具有突出教育属性的红色旅游。它基于红色文化资源下的三个层次来进行产品研发。在研学导师的带领下，它可以提高年轻人的素质，达到继承红色精神的目的。

1. 研学小组

根据国家有关部门对研学旅行活动的规定和促进，研学旅行的对象主要是学生群体（小学—初中—职业教育—大学—研究生）。红色旅游研学基地也主要建立在学生的听众群体的基础上。其他团体在红色旅游研学基地开展研学活动，可以根据学生团体研学旅行的方式进行。

2. 研学导师

随着研学旅行的兴起，研学导师是一种新型的旅游人才。与传统的导游不同，研学导师不仅负责风景名胜区的解释，而且在教师的教育和教学中起着更为重要的作用。研学导师应掌握教育和教学的规律，并具有组织一般性课外教学活动的技能。红色旅游研学导师对思想政治素养也有更高的要求。

3. 红色资源

历史范围：鸦片战争以来，在革命，建设和改革开放的各个历史时期，大批有远大理想的人为了国家的繁荣和民族复兴，昂首阔步，勇往直前。不断地努力寻找，留下了许多宏伟而鼓舞人心的爱国诗和伟大的精神。内容层次：红色旅游研学资源分为基础层次，核心层次和扩展层次。基本级别是指各种场所、古迹、成就等；核心水平是指红色精神；扩展级别是指与红色旅游相关的资源，环境和其他元素。

4. 研学课程（产品）

原则要求：红色研学课程是根据红色旅游研学资源，根据研学对象的特点和需求，根据教育和旅游法则而开发和设计的研学旅游课程（产品），围绕红色旅游研学资源的三个功能特点。红色旅游研学基地为研学对象（特别是学生对象）提供红色旅游研学课程；对于红色旅游研学基地本身而言，此类课程是该基地本身的产品形式。产品设计：红色研学课程的开发和设计必须以红色为主题，突出红色的精神和主题，通过经验和互动的原则进行，注重空间资源的整合，注意活动的评估和评价。红色教育和红色研学相似，红色研学主要针对中小学和大学生开展，这是国家明确的。红色教育主要针对党政企事业单位的培训、参观和学习。两者的产品体系在形式上有很多相似，只是具体内容会有差异。

表5—2　　　　　　　　红色研学和红色教育的异同

	红色研学	红色教育
针对对象	中小学生、大学生	党政企事业单位
组织形式	学校组织、集体旅行、集体食宿	党委组织、一日游为主
开展方式	参观学习、体验活动	参观学习、体验活动
预期目标	爱国主义教育、吃苦耐劳	忠党爱党、为人民服务
课程体系	参观、活动、讲座多层次	以参观学习为主

在"不忘初心、牢记使命"主题教育中，全省多地党员干部在干部党性教育基地与革命圣地接受红色教育，在"红色熔炉"中加强党性建设。据不完全统计，列入全省干部党性教育基地备案目录的19个党性教育基地，共举办各类培训200余期，培训2万余人。

1921年7月，从嘉兴南湖的红船开始，中国共产党人经过了99年的艰难历程，走到了今天繁荣的景象，从一穷二白到让全世界瞩目。在这99年的光辉历程中，一代代共产党人在时代的激流中奋进，在党的革命、建设和改革开放的各个时期都留下了丰厚的红色资源。

革命先辈的崇高思想情操在每处红色遗址中都有体现；老一辈革命家的高风亮节在每件红色文物上发光发热；革命战争年代留下的精神内涵在每段红色文字中彰显。这些红色资源是无数先烈前赴后继、舍身忘我的见证，凝固着我们党为中国人民谋幸福，为中华民族谋复兴的初心与使命，是中国共产党人的精神之宝、精神之源、精神之基。我们要牢记习近平总书记的嘱托，把红色资源利用好、把红色传统发扬好、把红色基因传承好。

瞬息万变的当今世界，中国共产党人仍然面临着多重考验、多重风险、多重阻力，任何时候都不可以松懈，都要始终保持先进性。此刻，加强党员领导干部的红色教育尤为重要，达到锤炼党员干部的党性、坚定党员干部的信仰、坚守党员的本色、提升党员干部的意志的目的，使党员始终牢记务实为民的宗旨，用钢铁般的斗志走好新时代的长征路。

在"不忘初心、牢记使命"主题教育中，四川省多地党员干部在干部党性教育基地与革命圣地接受红色教育，在"红色熔炉"中加强党性建设。在"两弹一星"干部学院近距离感受"两弹一星"精神；在张思德干部学院感悟、理解、传承"两德"精神；在红军四渡赤水干部学院重温峥嵘岁月……通过这些党史党性教育基地的现场观摩教学，让党员干部切实感受到了初心使命教育，进一步深化了对习近平新时代中国特色社会主义思想的认识。

历史不会停步不前的，红色教育始终彰显着强大的价值导向力。新时代更要加强对党员干部的红色教育，将红军精神、革命精神、共产主义精神代代传承和发扬下去。

案例分析

2019年11月6日，福海县第一高级中学117名学生赴革命圣地延安红色教育基地开展了红色教育研学活动，旨在使学生接受革命传统教育，激发爱国主义情感，弘扬和培养民族精神。

第一站：11月6日下午——三五九旅烈士陵园。开展"英雄不死，英灵常在"祭奠活动。

通过庄严的祭奠活动，学生们深深地感受到就在这块不大的陵园之地，承载着中华民族近代百年最为沉重的历史，不朽的丰碑将我们民族精神中最深厚、最坚韧的大爱精神和革命英雄主义精神高高擎起。将永远与天同在，与日月齐辉！

第二站：11月7日上午——延安革命纪念馆，师生观看了中国首部大型红色历史舞台剧——《延安保育院》纪念馆内一件件朴素的物品，一幅幅珍贵的照片，再现了党中央及老一辈无产阶级革命家艰苦奋斗、自力更生的光辉岁月。《延安保育院》生动地再现了一群党的干部、红军战士以及老百姓为养育和保护革命后代所付出的母爱情怀及流血牺牲的红色演出，体现了人性的光辉和大无畏的革命精神。

第三站：11月7日下午——"枣园革命旧址"。

学生们看到了毛泽东、彭德怀、朱德等老一辈无产阶级革命家战斗和生活过的地方。那一座座狭小阴暗的窑洞，简陋质朴的设施，门前院中的石桌石凳，让人难以置信，就是在这样艰苦的条件下，在一盏盏小油灯下，一张张小矮桌上，一个又一个决定中国命运的指令从这里发出，这些深深触动了学生们的心灵，使他们接受了一次生动的爱国主义教育。

此次为期两天的延安研学之旅，在探访红色历史，寻找伟人足迹过程中，学生们认真的参观，用心去体会，亲身体验和用心领悟了伟大的延安精神。一方面，让学生身临其境感受当年老一辈无产阶级革命家不怕牺牲、前赴后继、勇往直前、坚韧不拔的革命意志，培养了学生众志成城、团结互助、百折不挠、克服困难、认真学习的人生态度。另一方面，让学生在"红色延安"亲身体验，深刻理解了延安精神的伟大革命意义。学生们深深感到这是一次有意义的旅行，有着不一样的启发。

5. 优秀研学景点

延安宝塔山、延安革命纪念馆、延安杨家岭五大领袖塑像、延安杨家岭七大会址、延安王家坪旧址、延安枣园革命旧址、董必武之女、北京开国元勋文化促进会顾问董良翚、延安新闻纪念馆、延安凤凰山旧址、四八烈士陵园、延安中共中央西北局旧址、延安中共中央西北局纪念馆、延安鲁迅艺术文学院、延安南泥湾、延川梁家河。

6. 优异研学师资

王立华大校、简振新大校、李凯城大校、石小庆老师、张宝泉老师、郝凤年老师、特色师资、青年讲师。

特聘专家

李凯城：中国管理科学学会副理事长、中国红色管理的倡导者和领军人物、红色管理培训全国知名专家、开国上将李克农之孙。

王立华：北京大学马克思主义学院客座教授、昆仑策研究院副院长兼秘书长、捍卫"狼牙山五壮士"名誉案法庭代理人、原总参政治部宣传部领导、研究员、大校。

简振新：全国红色管理培训知名专家、国防大学军事学硕士研究生、和君红色管理学习中心主任。

石小庆：其父石国瑞从1943年开始跟随在毛主席身边，做毛主席的警卫工作，1944年初成为毛主席的贴身警卫员，随毛主席转战陕北，直至进驻中南海。1955年底调离中南海，进入公安系统工作。现今，石小庆任职于中红网毛主席故事大讲堂，专讲毛主席的故事，担任毛主席身边工作人员系列座谈会专职学者。他还兼职担任中红网党员干部教育培训和青少年研学旅行服务中心副主任。

本地名师

郝凤年：知名延安时期历史研究学者、知名延安精神传播专家、延安市社科联兼职副主席。

张宝泉：中国策划研究院陕西分院副院长、延安大学文学学士、延安市延安精神研究会特邀研究员、延安文联副主席、延安评论家协会主席。

特色师资

主要有来自中国红色旅游网毛主席故事大讲堂老师、北京延安儿女联谊会女部分成员、北京纵横红色管理咨询中心的部分老师，通过讲述历史事件、回忆伟人生活点滴，为受训学员还原真实历史。

青年讲师

青年讲师主要是延安革命纪念地管理局各局属单位一级讲解员，用"讲、唱、跳"相结合的讲解方式再现当年红色延安岁月。

7. 先进研学模式

包括专题教学、现场教学、岁月回音壁、互动访谈式教学、激情教学、5D体验式教学。

现场教学：将课堂设置在革命旧址，学员在讲解员的带领下实地参观，通过旧址的实物展示、图片影像等资料了解党中央十三年在延安的历史变革，让学员身临其境触摸历史、感悟历史，触动情感，产生心灵的共鸣，提升教育实效性。

专题教学：课程贯彻学习弘扬延安精神、加强党性修养。宣教党中央在延安十三年的革命历史，扎根红色沃土，紧扣红色时代主题，寓理于史，寓教于乐，开设精品讲座，以市场需求为导向，推出多方位、多主题、多层次的精品课程，涉及工业、农业、银行、新闻、教育等多种行业，达到满足不同领域、不同行业、不同层次学员培训要求的目的。

激情教学：学员学唱陕北民歌、扭陕北大秧歌，亲身体验陕北红色民俗。

体验式教学：学员身穿红军服，急行军穿越火线、救援伤员等，体验红军在延安的生活战斗。重温南泥湾大生产岁月，开垦荒地、手挖野菜，自己做饭、自己缝衣，让学员感受到今天的幸福生活来之不易。

互动访谈式教学：延安时期老干部、老八路、老红军、革命后代等亲历者讲述老一辈革命家的故事，追忆往昔峥嵘岁月。

岁月回音壁：观看实景剧红秀《延安　延安》《延安保育院》《延安保卫战》，唤醒学员情感记忆，感悟激情燃烧的岁月。

8. 研学基地

延安南泥湾培训中心

随着中共十八大、十九大的召开，为了学习贯彻落实习近平总书记系列讲话精神，愈来愈多的党员干部来到延安这所"大学校"，了解学习党中央与毛主席在延安十三年的革命历程，再次感受延安精神。南泥湾培训中心秉承着"传承历史,开启智慧,修养党性,创新方法"的理念,以"圣地原创,传授经典,多层提升"为目标,以"学智慧、成大业、启迪人生征程"为宗旨,建立"革命历史传统教育、党员干部能力提升与党性修养、延安时期的群众路线、延安时期的领导力与管理、延安精神社会实践、新延安的5D体验"六大主题模块,植根于红色沃土,紧扣红色时代主题,寓理于史,寓教于乐,传承红色基因,将红色精神与企业管理、新经济创新创业相结合,创新教育方式,联合北京大学、中国红色旅游网、北京纵横红色管理咨询中心、中国延安干部学院、延安大学等雄厚的师资力量,打造延安服务一流的红色文化教育培训基地。

宝塔山

宝塔山延安市的标志性建筑,有着象征革命圣地的地位,在中国人民心目中具有神圣的意义。宝塔山上历史文物和革命文物数不胜数,有多处历代遗留下来的摩崖刻字,其中属范仲淹隶书的"嘉岭山"和"胸中自有数万甲兵"等题刻最为著名,是融自然生态、历史文物、人文景观、革命旧址为一体的著名风景名胜区。

杨家岭革命旧址

中共中央重要领导于1938年11月至1947年3月,曾居住在杨家岭。著名的延安文艺座谈会、六届七中全会和中国共产党第七次全国代表大会先后在这里召开;中共中央还在这里开展了全党整风运动,实行了精兵简政,发起了大生产运动,使国民党顽固派发动的三次反共计划破产,取得了抗日战争的最后胜利。现对外开放的有中央大礼堂、中央办公厅、毛泽东、朱德、周恩来、刘少奇等同志的旧居,有毛泽东和安娜·路易斯·斯特朗谈话的地方以及毛泽东种过的菜地。

枣园革命旧址

中共中央书记处于1943年10月至1947年3月坐落在枣园内,中央书记处坐落在礼堂园林中央,依山分布着五座独立的院落,分别是毛泽东、朱德、周恩来、刘少奇、任弼时、张闻天、彭德怀等中央领导人的旧居。1961年3月4日,被国务院评为第一批全国重点文物保护单位。1996年被中宣部命名为全国百个爱国主义教育示范基地之一。

凤凰山革命旧址

1937年1月13日,中共中央由保安移至延安城,党中央在延安的第一个驻所就是凤凰山。在此居住期间，中共中央领导人不仅实现了土地革命战争向抗日民族战争的战略转变，而且度过了抗日战争初期的战略防御阶段；召开了党的全国代表会议、白区工作会议、洛川会议、十二月政治局会议、三月政治局会议、六届六中全会等一系列重要会议，为下一阶段的全面抗日民族战争从政治上与组织上做了充足准备。现在，可供参观的有毛泽东、朱德、周恩来旧居，红军总参谋部旧址，防空洞等。

王家坪旧址

1937年1月至1947年3月，王家坪是中共中央军委和八路军总部的驻地，也是毛泽东、朱德、彭德怀、叶剑英、王稼祥等领导同志居住过的地方。村子以沟为界线为南北两院，南院为总政治部院，北院为总参谋部院。

延安革命纪念馆

延安革命纪念馆始建于1950年7月，是中华人民共和国成立后建设的最早的革命博物馆之一，2005年被中宣部确定为全国爱国主义教育示范基地"一号工程"中的重点建设项目之一。纪念馆正门上方有郭沫若先生亲自题写的"延安革命纪念馆"金色馆名。按照编年体与专题结合构成一套完整的陈列体系，应用声、光、电等多种高科技手段；同时添加了复原场景、半景画等。将老一辈无产阶级革命家在延安和陕北十三年的丰功伟绩、巨大贡献浓缩在11000平方米的展馆内，分为三个展厅六个单元展示。

延安北京知青博物馆

20世纪六七十年代，28000多名北京知青在毛泽东"知识青年到农村去，接受贫下中农的再教育，很有必要"的号召下，离别天安门，奔向宝塔山，到延安农村插队落户。这是继红军长征抵达陕北之后又一数量庞大的来延群体，对延安产生了深远影响。知青馆位于延安枣园路中段。2016年9月30日正式对外免费开放，展馆占地面积1.4万平方米，陈列展出面积6千多平方米，展线长达1300米，分为三个展厅六个单元展出。馆内以照片、文物、场景还原等手段展示了那段人心激昂的难忘岁月，为传播知青下乡故事，弘扬延安精神发挥重要作用。

延安新闻纪念馆

延安新闻纪念馆坐落于清凉山下，由马文瑞题写馆名，由中宣部、国家广播电视总局、新华社、人民日报社、新闻出版署等部门（单位）共同出资而建，是全国范围内唯一的新闻事业专题性纪念馆。展馆总建筑面积3000平方米，其中陈列面积占1580平方米。馆的外形是窑洞形，寓意着党的新闻事业是从延安的土窑洞里发源的。馆内共有文物180余件，宝贵历史照片、文献等各类图表资料400余幅，展馆大量运用场景还原、影响合成等展示，并应用声、光、电等现代科技展示手段，生动讲述了延安时期新中国新闻出版事业的发展历程和辉煌成绩。

西北局革命旧址

中共中央西北局组建于1941年5月，由中共陕甘宁边区中央局与中共中央西北工作委员会合并而成。中共中央西北局是中共中央在西北地区的派生机构，是西北地区党、政、军、群的最高领导机构，除统筹安排陕甘宁边区（包括伊克昭盟地区）的工作外，还要做西北各省国民党统治区的党的工作。旧址修复工作于2007年4月开始，于2009年7月正式对外免费开放，为全国重点文物保护单位。目前，这里供游客参观的有中共中央西北局组织部、宣传部、办公厅、统战部、会议室、小餐厅等旧址以及高岗、习仲勋、马明方、陈正人、李卓然、贾拓夫、马文瑞等领导人旧居。

南泥湾

南泥湾，位于延安城东南四十五公里处。抗日战争期间，英勇的三五九旅驻扎在南泥湾一边练兵一边生产，既保卫了边区领土安全，又改造自然环境开垦荒地，渡过经济难关。在那段难忘的岁月里，南泥湾军民克服了种种困难，用辛勤的双手，把荒凉的"烂泥湾"变成了陕北的"塞上江南"，从此成了自力更生、艰苦奋斗的宝贵精神，敢于直面困难的革命英雄主义与乐观主义精神为核心的南泥湾精神。为人所熟悉的《南泥湾》《七月的边区》等脍炙人口的歌曲都是在这一时期创作的。"花篮里的花儿香"的优美歌声，"三五九旅是模范"的榜样力量，穿越时空，传遍中国。半个多世纪以来，这支歌经久不衰，它高度赞誉了三五九旅屯垦南泥湾的光辉历程，颂扬了自力更生、艰苦奋斗的南泥湾精神。

梁家河

梁家河村位于文安驿镇东南五千米处，是延安市委、市政府确立的新农村建设试点村之一。文安驿镇是明清时期陕北地区规模较大的驿站和繁荣昌盛的贸易集镇。历史长河为文安驿留下了古城墙、古道驿站、文州书院、烽火台等众多文化遗址。1969年1月23日，来自北京的1300多名知青到本县落户插队。知识青年们乘坐知青专列，自京驶向陕北，途径一天一夜后，到达陕西铜川站，然后换乘汽车，翻越黄土高原上的千沟万壑来到延安，进而被安排到各县、镇、村。习近平就是这些知青的其中一个。从那时起，16岁的习近平在梁家河村开启了7年知青插队岁月。1969年初到梁家河，1975年离开梁家河，这7年的时间在梁家河留下了深刻的记忆。在当年那个激昂的岁月，在艰难困苦的环境之中，习近平同志带领百姓战天斗地、摆脱贫困的下乡生活使他得到了巨大历练，由一个稚嫩少年转变成思想成熟的青年，打磨出了其坚毅的品格，身上散发的"信念坚定、一心为民、艰苦奋斗、实干担当、敢为人先、廉洁奉公"的梁家河精神跨越时空，融入中华民族伟大复兴的中国梦。

桥儿沟旧址

是中国共产党扩大的六届六中全会会址与鲁迅艺术文学院旧址，位于延安城东桥儿沟村，1996年11月被国务院确立为第四批全国重点文物保护单位。1937年1月13日党中央在延安驻扎以后，中央党校便在这上课，1939年8月党中央认为这座舞台和殿堂更加适合文艺工作的排练与节目演出，所以将在城北的鲁艺迁至桥儿沟。期间，1938年9月29日至11月6日，中国共产党召开扩大的六届六中全会安排在桥儿沟的天主教堂内，会议持续39天，参会代表共有56人，是党的六大以来参会人员最多的一次中央全会。

四八陵园

延安四八烈士陵园是中国共产党最早的一座高规格的烈士陵地。它始建于东关机场的东北角，但在1947年被胡宗南军队严重破坏。1957年，经中央批准迁址重建在原八路军总部——王家坪的北侧，陵园安葬有"四·八"烈士及在延安牺牲和病逝的张浩、关向应、张思德等英雄烈士，"四·八"烈士陵园是当时全国32个烈士陵园之一。1946年4

月 8 日，美军飞行员兰奇上尉等四人驾驶美军运输机载着中共代表王若飞、秦邦宪从重庆冒雨返回延安向党中央汇报工作，但因为云浓雾大，飞机找不到航向，在山西兴县海拔 2000 米的黑茶山撞毁。飞机上还有出席巴黎世界职工代表大会回国的邓发，刚刚出狱的新四军军长叶挺及其夫人李秀文、女儿叶杨梅、儿子叶阿九、保姆高琼，还有贵州著名老教育家黄齐生先生等 17 人全部遇难。

9. 精品课程

（1）基础日程安排

三天课程安排表

日期	时间	课程安排
第一天	上午	1. 现场讲解：宝塔山 2. 举行开班仪式，重温入党仪式
	下午	专题教学：《党中央在延安十三年》（课程可选）
	晚上	情景教学：《延安保育院》/红秀《延安 延安》（任选一）
第二天	上午	1. 现场讲解：梁家河 2. 访谈式教学：村支书讲述习近平总书记的梁家河情结
	下午	1. 专题教学：《追忆知青岁月》（课程可选） 2. 主题研讨座谈
	晚上	夜宿梁家河，感受知青生活
第三天	上午	1. 现场讲解：学习书院 2. 专题教学：《新时代中国特色社会主义思想》
	下午	结班仪式

五天课程安排表

日期	时间	课程安排
第一天	上午	1. 开班仪式 2. 专题讲座：《党中央在延安十三年》（课程可选）
	下午	1. 现场讲解：杨家岭革命旧址 2. 现场教学：《弘扬延安精神 加强党性修养》（课程可调）
	晚上	情景教学：《延安保育院》/红秀《延安 延安》（任选一）

续表

五天课程安排表

日期	时间	课程安排
第二天	上午	1. 现场讲解：宝塔山 2. 组织仪式：重温入党誓词，增强党员意识 3. 现场教学：西北局革命旧址
	下午	1. 现场讲解：延安革命纪念馆 2. 现场讲解：王家坪旧址 3. 现场教学：《父子情深》
	晚上	激情教学：学唱陕北民歌
第三天	上午	1. 现场讲解：梁家河 2. 访谈式教学：村支书讲述习近平总书记的梁家河情结
	下午	1. 专题教学：《不忘初心 牢记使命》 2. 主题研讨座谈
第四天	上午	1. 现场讲解：南泥湾大生产展览馆 2. 体验式教学：重温南泥湾岁月
	下午	1. 现场讲解：枣园革命旧址 2. 现场讲解：为民服务讲话台 3. 现场教学：《张思德与毛泽东〈为人民服务〉的讲演》
	晚上	休息
第五天	全天	1. 现场讲解：学习书院 2. 专题教学：《新时代中国特色社会主义思想》
		结班仪式

七天课程安排表

日期	时间	课程安排
第一天	上午	1. 开班仪式 2. 专题讲座：《延安精神及其时代价值》（课程可选）
	下午	1. 现场讲解：杨家岭革命旧址 2. 现场教学：《七大的伟大意义》（课程可调） 3. 激情教学：陕北民歌、拥军大秧歌

续表

<table>
<tr><th colspan="3">七天课程安排表</th></tr>
<tr><th>日期</th><th>时间</th><th>课程安排</th></tr>
<tr><td rowspan="2">第二天</td><td>上午</td><td>1. 现场教学：壶口瀑布
2. 激情教学：《黄河大合唱》</td></tr>
<tr><td>下午</td><td>1. 现场讲解：南泥湾大生产展览馆
2. 现场教学：《三五九旅开发南泥湾与南泥湾精神》</td></tr>
<tr><td rowspan="2">第三天</td><td>上午</td><td>专题教学：《十九大精神解读》</td></tr>
<tr><td>下午</td><td>1. 现场讲解：枣园革命旧址
2. 现场讲解：为民服务讲话台宣誓
3. 现场教学：《张思德与张思德精神》</td></tr>
<tr><td rowspan="3">第四天</td><td>上午</td><td>1. 现场讲解：梁家河
2. 访谈式教学：村支书讲述习近平总书记的梁家河情结</td></tr>
<tr><td>下午</td><td>1. 专题教学：《不忘初心　牢记使命》
2. 主题研讨座谈</td></tr>
<tr><td>晚上</td><td>夜宿梁家河，感受知青生活</td></tr>
<tr><td rowspan="2">第五天</td><td>上午</td><td>1. 现场讲解：北京知青馆
2. 情景教学：《延安保育院》/红秀《延安　延安》/4D 电影《阿良的长征》（任选一）</td></tr>
<tr><td>下午</td><td>1. 现场讲解：凤凰山革命旧址
2. 访谈式教学：折正千老人讲述日本飞机轰炸延安时的情况
3. 现场讲解：抗大纪念馆
4. 现场教学：《坚定理想信念》（课程可调）</td></tr>
<tr><td>第六天</td><td>上午</td><td>1. 现场讲解：宝塔山
2. 组织仪式：重温入党誓词，增强党员意识
3. 现场讲解：西北局革命纪念馆
4. 现场教学：《习仲勋的人格魅力》（课程可调）</td></tr>
<tr><td>第六天</td><td>下午</td><td>1. 现场讲解：延安革命纪念馆
2. 现场讲解：王家坪旧址
3. 现场教学：《毛泽东与毛岸英的父子情》</td></tr>
<tr><td rowspan="2">第七天</td><td>上午</td><td>1. 现场讲解：学习书院
2. 专题教学：《新时代中国特色社会主义思想》</td></tr>
<tr><td>下午</td><td>结班仪式</td></tr>
</table>

10. 分类专项课程

（1）"逐梦前行，坚守医者本心"——针对医疗系统

（2）"重温革命历史　助力农业发展"——针对农业军垦

（3）"追寻历史初心　广博文化新篇"——针对宣传文化系统

（4）"探寻理想信念　开启金融新征程"——针对金融行业

（5）"传承延安精神，打造智慧能源"——针对能源行业

（6）"继往开来，创特色邮政"——针对邮政行业

（7）"新时代　新教育　新发展"——针对教育文化行业

课程安排可根据培训需求灵活调整

11. 特色服务及后勤保障

（1）定制旗帜、横幅、接站牌、八路军服、小马扎、医药包、培训学习资料包（内含手提袋、宣传册、学员手册、笔记本、笔、学员证、水、结业证书等）

（2）专业带班老师一站式服务，及时解决各种突发事件

（3）中心赠送特色欢迎果盘（酒店房间）

（4）提供特色民宿住宿，环境干净整洁卫生

（5）本地特色饮食：荤素搭配、均衡膳食

（6）购买保险，保障培训期间人身安全

红色旅游资源的教育功能恰合研学旅行的教育目的。研学旅行是由学校根据区域特色、学生年龄特点和各学科教学内容需要，组织学生通过集体旅行、集中食宿的方式走出校园，在与平常不同的生活中开阔视野、增长知识，加深与自然和文化的联系，增加对集体生活方式和社会公共道德的体验。研学旅行继承和发展了我国传统游学、"读万卷书，行万里路"的理念与精神，成为现代素质教育的新内容和新方式，提升中小学生的自理能力、独立精神和创新与实践能力。

研学旅行有多种不同的教育主题，并且随着研学旅行目的地的不断开发，教育主题也会紧跟着变得更加丰富多彩。而红色主题是研学旅行必不可少的，已应用于实践的主题，并且在未来研学旅行的发展中，红色主题不仅将一直保持着不可或缺的地位，而且所占市场规模会呈持续上升的趋势。

三 从国家政策文件观研学旅行发展

2013年2月2日发布的《国民休闲旅游纲要》中明确提出："在放假时间总量不变的情况下，高等学校可结合实际调整寒、暑假时间，地方政府可以探索安排中小学放春假或秋假"，并提出了要"逐步推行中小学生研学旅行"，"鼓励学校组织学生进行寓教于游的课外实践活动，健全学校旅游责任保险制度"。

2014年8月21日发布的《关于促进旅游业改革发展的若干意见》中首次明确了"研学旅行"要纳入中小学生日常教育计划，积极举办研学旅行。为满足全面实施素质教育的要求，将研学旅行、夏令营、冬令营等作为青少年革命传统教育与爱国主义教育、国情教育的重要方式，纳入中小学生日常德智体美劳教育范畴，增进学生对自然和文化的理解，培养其责任感与实践能力。本着教育为本、安全第一的原则，建立针对小学生的以乡土乡情研学为主、针对初中生的以县情市情研学为主、针对高中生的以省情国情研学为主的研学旅行体系。对研学旅行进行规范管理，保证中小学生集体出行安全。出台政策支持各地依托自然和文化资源、大型公共设施、纪念馆、博物馆、知名院校、工矿企业、科研机构打造一批研学旅行基地，逐步完善接待措施，鼓励对研学旅行给予价格优惠。

《中小学学生赴境外研学旅行活动指南（试行）》，发布于2014年7月14日。该"指南"对举办者安排活动的教学主题、内容安排、合作机构选择、合同订立、行程安排、行前培训、安全保障等内容提出指导意见，特别在操作性方面，规范了带队教师人数、教学内容占比、协议规定事项、行前培训等具体内容，为整个行业活动划定了基本标准和规则。

教育部等11部门关于推进中小学生研学旅行的意见于2016年12月19日发布。中小学生研学旅行是教育部门和学校合作有计划组织安排的，通过集体旅行、集中食宿的形式开展的研学和旅行相结合的校外教育活动，是学校教育与校外教育相衔接的新颖形式，是教育教学的重要内容，是实现综合实践育人的有效途径。研学旅行的开展，有利于学生深刻学习社会主义核心价值观并付诸实践，激发学生对党、国家、人民的热爱之情；有利于推动全面素质教育，创新人才培养模式，使得学生主动适应社会，促进理论与实践的深度融合；有助于提高人民生活质量，满足学生的旅游需求，培养学生文明旅游的意识，养成文明的旅游行为习惯。

近年来，各地积极探索发展研学旅行的路子，部分试点地区已取得卓著成效，在促进学生健康成长与全面均衡发展等方面做了重要贡献，积累了先进经验。但一些地区在开展研学旅行工作过程中，存在责任机制不健全、思想认识不到位、安全保障不规范、协调机制不完善等问题，制约了研学旅行的有效推进。当前，我国已进入全面建成小康社会的关键时期，研学旅行正处在潜力无限的发展机遇期，各地要更加注重研学旅行的快速健康发展。

从国家政策走向上来看，研学旅行的未来发展形势一片大好，而红色主题对于社会大众尤其是青少年群体有着积极的教育意义，红色历史时刻警醒着我们铭记艰苦惨痛的过去，珍惜英雄烈士为我们流血牺牲换来的现在，发扬他们无私无畏的精神来奉献社会，传承他们光荣伟大事迹到祖国的未来。红色故事是中华民族精神的核心，是以爱国主义为核心的团结统一、爱好和平、勤劳勇敢、自强不息的伟大民族精神的集中体现。红色旅游资源展示红色故事，研学旅行讲述红色故事，传播红色精神，令红色故事更容易融入游客心中，让研学旅行参与者更好地受到红色精神的熏陶。研学旅行作为红色故事与旅游者之间的桥梁，应做好红色故事的传播者，让更多的社会大众成为红色精神的受益者。

四 红色研学旅行产品开发

以旅游企业与学校双方合作为主导、以班为单位、以中小学生为主体、以红色资源为依托、红色历史故事为主线，策划有一定教育意义的让学生亲身体验参与的活动，其中穿插红色元素的点缀是必要的，多多融合红色教育产品，适当参加节庆文化日。

以兰州市为中心，兰州市既是红色旅游客源地也是红色旅游目的地。兰州市的中小学生数量在全省范围中占据较大的比例，学校及家长的研学意识也较强，因此在兰州市本地具有较大的研学旅游市场，然后由兰州再向周边地州市辐射。同时，兰州市中的红色旅游资源也比较丰

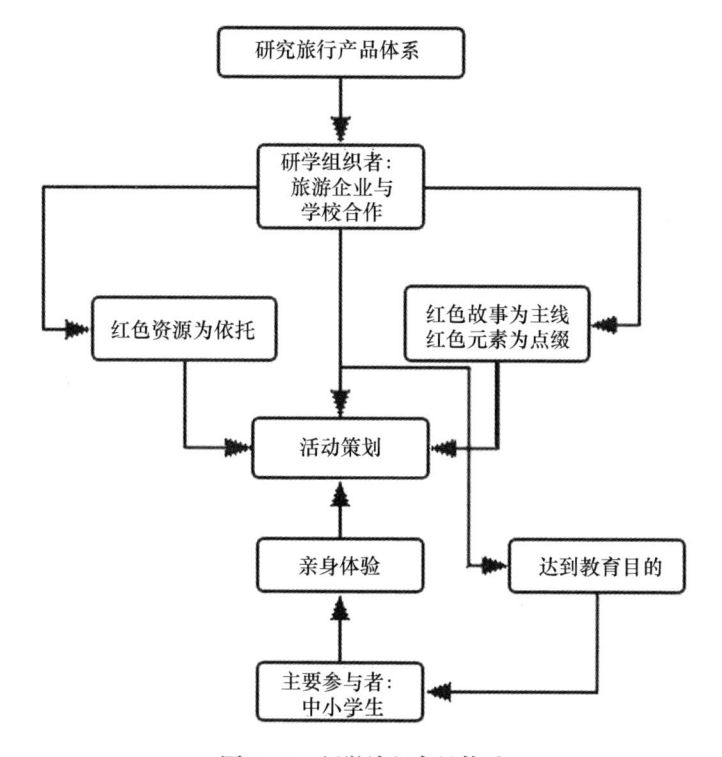

```
┌─────────────────┐
│ 研究旅行产品体系 │
└────────┬────────┘
         ▼
   ┌──────────┐
   │ 研学组织者：│
┌──│ 旅游企业与 │──┐
│  │  学校合作  │  │
│  └──────────┘  │
▼                ▼
┌──────────┐  ┌──────────────┐
│红色资源为依托│  │红色故事为主线│
│          │  │红色元素为点缀│
└────┬─────┘  └──────┬───────┘
     │               │
     └──────┬────────┘
            ▼
       ┌────────┐
       │ 活动策划 │
       └────┬───┘
            │
     ┌──────┴──────┐
     ▼             ▼
 ┌────────┐   ┌──────────┐
 │ 亲身体验 │   │ 达到教育目的│
 └────┬───┘   └─────┬────┘
      │             │
      └──────┬──────┘
             ▼
       ┌──────────┐
       │ 主要参与者：│
       │  中小学生  │
       └──────────┘
```

图5—1　研学旅行产品体系

富、可进入性较好、旅游服务设施比较完善、研学旅行可行性也较强，能够吸引本地以及周边地州市中小学在此研学。

兰州市周边距离不远的地州市拥有极其丰富的红色旅游资源，如白银市会宁县红军长征胜利会师纪念馆；定西市通渭县榜罗镇榜罗会议纪念馆、岷州会议纪念馆；甘南藏族自治州迭部县腊子口战役纪念馆；庆阳市华池县陕甘边革命根据地南梁革命纪念馆；陇南市两当县两当兵变纪念馆、宕昌县哈达铺红军长征纪念馆等都是流传至今在中国革命历史上影响重大、意义非凡的红色旅游资源。

学校与旅游企业进行商榷合作，设计安排切合学校预期效果的主题线路。前期需要做好调研工作，筛选出适合本校学生的红色旅游线路以及相应的体验活动。确保活动安全、交通安全、饮食安全等。

利用周末、寒暑假、国家法定节假日、特殊意义纪念日（如五四青年节、国家公祭日、九一八、七一建党节、八一建军节、十月一日国庆节)、红色旅游目的地节庆日等。根据假期的时间长短不一,安排行程的远近。特殊意义纪念日一般只有一天,可安排市内游;周末、三天及三天以上国家法定节假日可安排跨地州市游;十一黄金周、寒暑假可安排行程较长、活动较多的红色研学旅游。

以长征线路为主线,以各大根据地为落脚点,中间穿插各种战役和会议,组成了甘肃省恢宏的红色历史,进而给我们留下了会议纪念馆、烈士纪念堂、战役遗址、会师地、红色圣地等一大批丰富而珍贵的红色旅游资源与震撼事迹、精神丰碑。

我们研学旅行的线路跟随前人的脚步,在尊重历史的提前下尽可能地重走长征路、尽可能还原当年场景、尽力让师生感受到革命历程的艰辛与不易、尽可能全面地让师生清楚长征在甘肃省的来龙去脉。草鞋、茶缸、弹壳、军帽、军服、军功章、军事电报等红色元素在旅行活动中应安排的恰到好处。如果有条件的话,制造逼真红色场景,在浓厚的红色氛围里参观红色景区,有利于中小学生身临其境地感受,透过红色遗迹传来的宝贵精神、当年红军战士的智慧与勇敢,大大增强红色体验。达到普及历史知识、提高思想意识、教育学生的目的。

起点:兰州市;途径兰州市、甘南藏族自治州市、陇南市、天水市、庆阳市、平凉市、定西市、白银市等;终点:兰州市。可自行选择目的地组合。

以"兰州市—甘南藏族自治州—陇南市—天水市—庆阳市—平凉市—定西市—白银市—兰州市"环线为例,环线经过主要的红色旅游资源有兰州八路军驻甘办事处纪念馆、腊子口战役纪念馆、哈达铺红军长征纪念馆、红军长征强渡渭河纪念馆、陕甘边区革命根据地南梁革命纪念馆、界石铺红军长征毛泽东旧居纪念馆、岷州榜罗会议纪念馆、红军长征胜利会师地等。

主题主要分为红军长征和陕甘边革命根据地。

甘肃,是红军长征经过的重要省份之一,是各路红军长征部队到达最全、时间最长、地域最广的省份,是党中央选择以陕甘革命根据地作为红军长征落脚点的决策地,是三大主力红军的最终会师地。

会议多次影响长征走向,拯救红军于危机之中,是了解红军长征不可或缺的重要背景。再次召开的重要会议有:

俄界会议（甘南藏族自治州）

1935年9月12日，会议决定今后的战略计划是：北上红军经过甘东北和陕北，以游击战争的形式去打通与共产国际的联系，以便取得共产国际的帮助。会议还通过了《关于张国焘同志的错误的决定》。

哈达铺会议（陇南市）

1935年9月18日，会议正式对中央红军进行了改编，组建中国工农红军陕甘支队，彭德怀为司令员，毛泽东为政委。俄界会议因时间紧迫，只是原则性通过《关于张国焘同志的错误的决定》，在这次常委会上，正式决定关于张国焘问题的决议的起草由洛甫负责。22日，在哈达铺召开团以上干部会议。会上，毛泽东宣布改编后的红军陕甘支队要到陕北去。红军在哈达铺的活动，粉碎了国民党军队企图阻止红军北上的阴谋，为迅速实现三大主力红军会师创造了重要条件，开创了中国革命的新阶段。

榜罗镇会议（定西市）

1935年9月27日，会议就党和红军目前所面临的任务与形势讨论研究确定了今后的战略方针。改变了俄界会议关于接近苏联建立根据地的决定，确定以陕甘苏区作为党中央和红军长征的落脚点，正式决定将领导中国革命的大本营放在陕甘苏区。9月29日，毛泽东、彭德怀率领陕甘支队第1纵队到达通渭县城。晚上，毛泽东等人接见了第1纵队第1大队先锋连全体指战员。接见时，毛泽东激情昂扬地朗诵了翻越岷山后酝酿已久的诗篇《七律·长征》："红军不怕远征难，万水千山只等闲。五岭逶迤腾细浪，乌蒙磅礴走泥丸。金沙水拍云崖暖，大渡桥横铁索寒。更喜岷山千里雪，三军过后尽开颜"。

岷县三十里铺会议（定西市）

1936年9月16日至18日，中共中央西北局在岷县三十里铺村召开了"岷州会议"。朱德、张国焘、贺龙、陈昌浩、关向应、李卓然以及红5军军长董振堂、9军军长孙玉清等出席会议。张国焘等少数人主张红四方面军由临潭西进青海，占领甘西。以朱德为代表的多数同志认为红四方面军应立即北上。"岷州会议"否定了张国焘错误的"西进计划"，坚持了党的民主集中制原则，维护了党和红军的团结，对实现红军三大主力会宁会师、将中国革命的大本营转移到大西北、推动抗日民族统一战线等发挥了重要作用。

洮州会议（甘南藏族自治州）

1936年9月27日，中共中央西北局在洮州（今临潭）新城隍庙召开了具有深远意义的"西北局洮州会议"，研究部队行动方针。朱德、张国焘、徐向前、陈昌浩、傅钟、李卓然、萧克等出席会议。会上张国焘仍顽固坚持西进，朱德同志阐述了红四方面军不应西进，而应北上的理由。徐向前同志指出"鄂豫皖来的老同志也不愿向西走了"，他和陈昌浩、傅钟、李卓然等同志都拥护朱德的意见。在朱德和其他西北局成员及四方面军大多数领导同志的强烈要求下，张国焘难以坚持西进意见，不得不表示同意北上，与红一方面军会合。9月28日，朱德、张国焘发布了《通庄静会战役计划》，29日红四方面军再次下达了北上命令。洮州会议否定了张国焘西进青海的错误路线，避免了党和红军的分裂，促进了团结统一，为贯彻党中央关于红军三大主力胜利会师，北上抗日的战略方针提供了保证。

这些会议县现都有相应的会议纪念馆，学校既可以以学习了解会议内容为主题组织一次红色研学旅行活动，也可以把会议纪念馆当作参观战役纪念馆、革命老区等其他红色旅游资源的引入点。总之，这几大会议是师生了解红军在甘肃长征活动的必学内容。

按照会议召开时间的先后顺序进行梳理，有利于师生厘清长征历程、置身当年的场景，有助于后期研学旅行活动的有序安排。

根据红色历史，建立了一系列的红色重要纪念馆：

甘谷红军长征纪念馆（天水市）

1935年8月，红25军从鄂豫陕根据地经长征长途跋涉后进入甘肃，9日晚上，红25军抵达天水，副军长徐海东亲自率领一营部队攻城。11日，红25军主力部队翻越凤凰山，到达沿河镇，向北渡过渭河，进入甘谷渭水峪东，然后分头经五龙、甘谷牛蹄湾东部等攻占秦安县城，一小部分军队沿东梁西下，经关子镇、田家湾坡到达甘谷渡过渭河，上北山进入秦安境内。1935年9月26日清晨，红军陕甘支队副司令员兼第1纵队司令员林彪，率领红1军团先锋部队两个团在武山鸳鸯镇渡过渭河，到达甘谷礼辛镇附近。红1军团政委聂荣臻、参谋长左权率领红1军团主力3个团北渡渭河后，经过安远镇到达礼辛镇宿营。红1军团和军直侦察连、警卫连经甘谷苏家湾于9月27日抵达通渭。红3团从礼辛镇出发抵达榜罗镇，其余部队经过安远、礼辛镇一带于当日到达榜罗镇。

1936年9月25日，军长王树声与政委詹才芳率红四方面军第31军第93师离开通渭县向岷县方面西进。该师一部从秦安王铺进入甘谷，经过姚家山、马家岘、史家川抵达安远镇。当天，在该镇与国民党保安大队相遇，队长刘继清带领200多名保安人员负隅顽抗，在我军强烈的攻势下敌军退守西堡子。25日晚，红军行至张家山一带驻扎。26日晨，红军重返安远镇，经过赵坡、温家岘、王家川抵达礼辛镇，进攻中堡子未克，一名红军连长不幸中弹身亡，当晚红军从礼辛镇离开到通渭毛家河宿营。1936年10月4日，红军总司令朱德、总政委张国焘、红四方面军总指挥徐向前率部队进入甘谷、武山、通渭三地区交界地带，一部向甘谷西部游击。11日上北山到达礼辛镇。左纵队的右路军经过上、下店时派出一个营的部队经大卜峪、向东北方向前进，准备经甘谷西三十铺北进，行至杨家坪、魏家坪、滴水坪交界处时，遭国民党王富德骑兵团某连（当时驻关子镇）阻击，激战持续了3小时，最终击毙了敌军连长，敌军见此状况败退，红军重返下店子宿营。10月10日，途径羌甘峪进入武山，左纵队的行军路线追赶主力部队。红二方面军从古坡入境，分两路经洛门与磐安在礼辛镇会合。在进军礼辛镇的途中红军遭敌机6次轰炸，伤亡50多人。红二方面军从礼辛镇出发后，继续北上。

甘谷红军长征纪念馆自开馆以来，以节庆为重要契机，多次举办较大规模的宣传活动，显著增强了干部与群众的国防意识与爱国热情，获得了良好的社会公益效果。

界石铺红军长征毛泽东旧居纪念馆（平凉市）

1935年8月12日拂晓，程子华、吴焕先徐海东率领红25军从秦安安伏镇出发，经魏店乡梨树梁，向静宁进发。8月14日凌晨，从张家小河红山嘴上山，沿西岩寺山进抵八里铺稍事休整，补充给养。时常遇到敌机扫射，红军分开各自做好隐蔽，未有伤亡。红25军随后进击静宁县城，毙伤敌数十名。当时驻守静宁县的国民党新1军第11旅旅长刘宝堂，一边关闭城门，把群众当作筹码防守，一边急电请求兰州驰援。而且横贯陕、甘两省的交通要道，西兰公路也被红25军拦腰阻断，打乱了国民党军围堵红军的计划，有效地配合了红一、红四方面军的行动。1936年9月14日至10月25日，西征的红1军团行至静宁单家集、界石铺以北地区，在这一地区驻防四十二天，照应二、四方面军北上会师。9月16日，中共静宁县委与县苏维埃政府在单家集成立，由蒲耕钟任县委书记，红1军团1师党委领导，下辖4个党支部，共有35名党员。马云清出任苏维埃政府主席，下辖10个区苏维埃政府（其中静宁县境内7个，隆德3个）。同日，二、四方面军接到中革军委指示，红1军团特别支队抢占静宁界石铺，切断敌西兰公路交通与电话线，为三军会师创造了有利条件。

腊子口战役纪念馆（甘南藏族自治州）

俄界会议后，红军沿达拉河向东北方向的旺藏寺（红军称瓦藏寺）进发。1935年9月16日，红二师四团按照党中央关于打通进军甘肃道路的指示，发起了腊子口战役。腊子口的突破是红军进入甘南的关键。腊子口战役的胜利打开了红军北上甘肃的大门，宣告了蒋介石妄图凭借天险堵截红军阴谋的又一次破产。正如聂荣臻主帅战后所言："腊子口一开，全盘皆活。"

徽成两康战役纪念馆（陇南市）

1936年7月5日，红二方面军在四川甘孜成立，由红二、六军团与红三十二军组成，贺龙出任总指挥，任弼时出任政治委员。9月1日，红一方面军力在哈达铺集结兵力，目的是执行中共中央制定的战略方针，9月7日，红二方面军总指挥部在哈达铺研究确定成（县）徽（县）两（当）康（县）战役计划，8日发布《第二方面军基本命令》，并发电报致朱德、张国焘，任命第六军为左纵队，第二军力及第三十二军为中纵队，11日全部出兵，于18日分别袭取两当、凤县和成县、徽县；9月17日，红六军进军至徽县麻庄，然后分兵两路，红十八师进取徽县；红十六师与红十七师进军两当。18日，红十八师离开永宁出发后占领了徽县。当日凌晨，在打入两当县保安队内部我军的地下工作者配合下，红十六师与红十七师攻占两当，之后红十六师与红十七师又向东攻击陕西凤县，但久攻不下，部队随后返回两当。中路纵队红二军第四师与红三十二军的攻击目标是成县。部队11日出动，途径理川、间井，于12日到达礼县的上坪、洮坪，14日经过红口、茨坝，进入西和县羌席乡江口，于17日到达成县之纸坊镇等地，之后发起攻打成县的战斗，18日攻下成县。18日，红军主力穿越夹庆沟去武都隆兴，经过甘泉与望子关等地。19日攻下康县县城，随后东进，对陕西略阳县施压。随后，第六师第十六团与第十八团从略阳进军徽县，第十七团驻守康县。9月11—20日，红二方面军只用了10天时间便行进了700余里，长途跋涉，英勇作战，相继攻取成县、徽县、两当、康县四座县城，取得了成徽两康战役的最终胜利，为建立陇南临时革命根据地奠定了重要基础。

遵照中共中央关于在陇东南地区创建临时革命根据地的指示，成徽两康战役胜利后，红二方面军在占领区建设起了临时革命根据地。组建了地方武装游击队14支，队员接近万人。各级苏维埃政府、农会和游击队组织带领群众斗地主、打土豪、筹粮筹款、参军参战，开展轰轰烈烈的革命斗争。在红军的宣传教育和榜样力量影响下，接连有2000多名优秀儿女加入了红军队伍。成徽两康地区成为中国共产党同国民党反动派斗争的新战略区域，使红二方面军获得了物资和兵源补充，为实现三大主力红军会师奠定了坚实基础。

红军长征强渡渭河纪念馆（天水市）

1936年10月8日，贺龙、任弼时率领红二方面军翻过礼县分水岭进入武山，沿谢家庄、双碌、包家庄、李子沟、马皇寺、中坝，抵达温泉柏家山一带驻扎。9日，兵分两路北上。右纵队沿聂河出沟至甘谷磐安镇，渡过渭河，北进礼辛，12日抵达通渭。左纵队翻越东梁山，经湾儿、观儿、史家庄、金刚寺、郭家庄、文家寺，到达武山县洛门附近，在西旱坪、上堡子地区击退了国民党保安团，攻占了洛门镇。白天，有敌机轮番轰炸，为安全起见，当天夜里，红二方面军左纵队趁夜色掩护在渭河两岸间拉起绳索，当地百姓帮助红军渡过渭河。

成县红二方面军长征纪念馆（陇南市）

1936年8月25日至9月1日，红二方面军各军团接连抵达哈达铺。根据中央关于速出陕甘交界地区、建立根据地的指示，在哈达铺制定了《成徽两康战役计划》。红二方面军分左、中、右三路分别向陇南、天水、陕南进军。9月17日到达成县之纸坊镇等地，随之发起攻打成县的战斗，18日拂晓成功攻下成县。19日，红二方面军总指挥部召集群众在县城举办关于成立成县工农县苏维埃政府的大会，会议选举陈中元为主席，李学森、米健等为委员。红军撤退后，成县工农苏维埃政府解散。1936年9月下旬，红军集中了红32军，红2军团4师10团、12团，6师16团、18团在成县抛沙镇五龙山预设阵地，阻击国民党军队的进攻。9月25日，国民党第3军王均部12师从武都经太石山到西汉水（犀牛江），红32军在此凭借天险犀牛江阻击敌人长达3天。27日，撤离到小川在孟家山、孟家崖、红嘴山一带继续阻击敌人，28日引诱敌人来到五龙山。王均部到达抛沙镇后，抢占了牛斜山，与红军对垒。中午，两军鏖战，国民党军以5门钢炮、两架飞机为火力掩护，强渡抛沙河，猛攻红6师18团。18团坚守阵地，多次击退敌军进攻，战局非常危险。此时，红4师12团政委杨秀山率部队迂回到敌后发起攻击，敌侧背两面受击，无力冲锋，退守牛斜山。一天多的激战后，红军胜利钳制了敌军，为主力集结争取了宝贵的时间，30日得到命令撤出战斗，在红川与其他红军集合后向徽县东进。1936年下旬，国民党军队南北夹击在陇南地区的红二方面军，为了能够迅速摆脱敌人，10月1日，红二方面军发电报致中共中央，请求放弃成（县）、徽（县）、两（当）、康（县）地区北上。10月2日，中共中央回电同意放弃成、徽、两、康地区迅速北上。10月3日，红二方面军在徽县命令部队集结向北转移，北上会合红一、四方面军。10月15日，贺龙、任弼时、关向应、刘伯承率红二方面军抵达会宁地区。

红军渡河战役纪念馆（白银市）

1936年10月11日，中共中央与中革军委制定并发布了《宁夏战役计划》，计划指示红一、四方面军联合攻取宁夏，达到打通国际通道目的。为此，红四方面军决定以第30军作为渡黄河先遣军，负责造船。为阻截红军渡过黄河，蒋介石紧急调配军队，命令河西马步青骑5师在靖远的黄河北岸防守。第1旅马禄部守卫北湾线，旅部设立在北湾。第2旅韩起禄部守卫中和堡与三角城，旅部设立在三角城。红30军渡河先锋连的战士在机枪与迫击炮的掩护下成功登上对岸并摧毁了敌军的4座碉堡，歼敌1个连，缴获了两艘一次可供五六十人渡河的大木船，不幸的是，一排排长李国忠在炸毁敌人碉堡时壮烈牺牲。25日凌晨，红30军以迅雷不及掩耳之势，一举击溃马步青部韩起禄河防部队，消灭虎豹口渡口守敌韩起禄部多数敌人。红30军263团成功渡过黄河，然后控制了渡口，接应大部队顺利过河。胜利消息传来，振奋了全军将士。然而国民党部队关麟征第25师突然开抵靖远，形势出现不利于我军的逆转，负责监视靖远城国民党守军并看守渡口的红5军不得不放弃虎豹口渡口，将船只运送到位于下游的三角城渡口，当天夜里，红30军89师全师渡过黄河。随后，红5军、9军与方面军直属机关也于10月30日前全部渡过黄河。

龙池湾战役纪念馆（陇南市）

1936年秋，由贺龙与任弼时率领的红二方面军长征途中两次分3路经过礼县。红16师在礼县罗家堡龙池湾附近被国民党中央陆军第3军王钧部包围，展开了一场激烈战斗。埋伏在杜家窑、高楼、罗堡地区的敌人射击红军。担任前锋的红16师在毫无准备的情况下，仓促应战。红军先头营在营长的带领下，奋不顾身，打掉了距红军最近、威胁最大的敌人火力点，但敌人仍据守险要地形。红军先头营过稠泥河后，很快深入到刘家斜坡一带，试图迅速占领山头控制制高点掩护主力突围。埋伏在罗家坟附近的敌人，拼命向冲上山坡的红军扫射，大批红军倒在血泊中。红6军团军团长陈伯钧、政委王震、参谋长彭绍辉紧急磋商后，立即命令红16师掩护主力突围。红16师在政委晏福生的带领下，3营猛攻敌人密集的刘家斜坡，剩余的几个营从刘家窑一带由西向北突击。在将要冲上山坡攻下敌阵时，突然3架敌机冲向红军阵地狂轰滥炸，许多红军战士接连倒下，先头营教导员牺牲，营长负伤，敌人在飞机的掩护下更加凶猛。危急关头，晏福生带领一个连冲到前沿阵地，卫生队和后勤人员也投入了战斗。一阵激烈的枪战后，红军击溃了敌人的第一道防线。为了尽快突围，军团部又派模范师增援红16师。模范师的两个连先后攻占了毛牛墩、簸箕湾敌军的两个机枪火力点，摧毁了敌阵，冲破了敌人的最后一道防线。军团长陈伯钧、政委王震、参谋长彭绍辉亲自指挥红军主力迅速突围，经山梁（将军梁）向北转移。主力红军突围后，政委晏福生指挥的红16师担任掩护任务，与守敌进行了激烈的战斗。不幸的是，在攻击敌人最后一道防线的时候，敌机将晏福生政委的右臂炸伤，与部队断了联系。龙池湾战斗中红6军伤亡惨重，有100多名红军指战员英勇牺牲。后来，在礼县草坝、红河地区百姓的帮助下，晏福生最终脱离危险，在通渭追赶上了红四方面军，与主力部队会合。1955年被中央军委授予中将军衔。

山城堡战役纪念馆（庆阳市）

1936年10月，三军在会宁会师后，蒋介石调配国民党军第1军、第3军、第37军与东北军的第67军、骑兵军第5军，从会宁到隆德线，分4路由南向北向红军发起攻击，企图在靖远、海原地区消灭红军。为挫败国民党军的进攻，根据中共中央和毛泽东的指示，红军前敌总指挥部决定集中主力对胡宗南第1军进行毁灭性打击。11月20日，国民党军第78师占领山城堡地区。21日下午，红军开始攻击，红15军团与红1军团第2师向山城堡西北之哨马营方向进攻，以断其后路，剩余各部红军向山城堡逼近。黄昏，红1军团第1、第4师和红31军一部在国民党第232旅变换阵地的时候向山城堡发起猛烈攻击，在一夜的战斗后，歼灭了大部分敌人。此役，消灭了胡宗南部78师232旅及234旅两个团，因此，国民党军不得不停止了对陕甘革命根据地的进攻。这一战役是长征的最后一战，也是第二次国内革命战争的最后一战。这一战斗的胜利对实现国共合作抗日起到了重要的作用。

红军长征胜利会师纪念馆（白银市）

1935年9月至10月，红25军、红一方面军长征后率先抵达陕甘革命根据地。1936年5月至7月底，以红一方面军第1军团、红15军团（由红25军、红26军整编而成）组成了西方野战军发动西征，开辟了纵横400余里的新根据地，并与陕甘老根据地连成一片，红军和地方武装都得到了扩充。同时，对东北军、西北军和其他国民党军队的统战工作也取得了新的进展，为迎接红二、四方面军北上做好了军事上的准备。

根据中共中央要求红二、四方面军北上甘肃的指示，8月至9月，红二、四方面军先后发起岷洮西固战役与成徽两康战役，建立了甘南和陇南两块临时革命根据地。至此，红二、四方面军与红一方面军形成了南北呼应之势。会师进而形成了打通国际路线的有利态势。

1936年10月7日，王宏坤率领红四方面军第4军10师两个团率先到达会宁，顺利与红15军团第73师会合，揭开了三个方面军会师的序幕。8日，红四方面军第4军第10师与红一方面军第1军团第1师在会宁青江驿、静宁界石铺地区会师。9 日，红军总司令朱德，总政治委员、中共中央西北局书记张国焘，红军前敌总指挥部总指挥兼红四方面军总指挥徐向前，红军前敌总指挥部政治委员兼红四方面军政治委员陈昌浩，率红军总部与第 4 军、第 31 军在红一方面军第 1 军团第 1 师师长陈赓、政治委员杨勇与所属部队及当地百姓的接应下到达会宁县城。10 日傍晚，红一方面军 1 军团第 1 师、第 2 师，红 15 军团第 73 师与红四方面军各部队的代表共计五六百人，在会宁县城文庙大成殿内举行了会师联欢大会，规模盛大，场面令人激动。朱德在会上宣读了中共中央、中央军委、中华苏维埃政府《为庆祝一、二、四方面军大会合通电》。

与此同时，红二方面军分左右两个纵队渡过渭河，越过西兰公路，向会宁方向快速挺进。15 日至 17 日，红二方面军总指挥贺龙、政治委员任弼时、副总指挥肖克、副政治委员关向应率领总指挥部与第 2 军、第 32 军先后从通渭进入会宁县南部的侯家川谷头岔一带作暂时休整；陈伯钧、王震率领第 6 军抵达会宁县东部的青江驿与红四方面军第 9 军会师。18 日，红二方面军总指挥部与主力部队向会宁县东部的老君坡一带行进，与红一方面军第 1 军团第 2 师肖华率领的红 5 团胜利会师，并在老君庙举办了会师联欢活动，为表达热烈的欢迎之情红二师把大批物资作为礼物送给红二方面军。22 日，红二方面军在将台堡（时属甘肃静宁县，今属宁夏西吉县）与红一方面军胜利会师。

三大主力红军会师，党和军队达到了空前统一，象征着革命大团结，标志着长征胜利结束。会师，是西北成为中国共产党汇聚的地方与全国抗日力量中心的预示，为即将面对的全民族统一抗日做了有效准备。

尽量按照战役发生、红军长征经过时间先后顺序汇总，但有些地方发生战役、红军长征经过不仅一次，这点需注意。研学旅行活动主办方可以依托这些红色旅游资源举行"重走长征路"、挖野菜、野外生火煮饭等活动，在确保安全的前提下，尽可能体验当年红军长征的艰辛。

老一辈革命者在甘肃辛勤耕耘，努力奋斗甚至不惜付出宝贵的生命，建立根据地，为中国革命积蓄力量、保存实力，以南梁为中心的陕甘边革命根据地是土地革命战争后期全国硕果仅存的完整根据地，为党中央与各路长征红军提供了落脚点,是后来八路军主力奔赴抗日战场的出发点。

陇南根据地纪念馆(陇南市)

1936年8月30日,中共中央制定并发布了《红一、二、四方面军行动方针的意见》,指示红二方面军迅速向陕甘边界挺进,攻破国民党军队王均部防线,首先占领成县、徽县、两当、康县、凤县、宝鸡地区,然后再与王均部决战。为贯彻执行中共中央发布的战略方针,红二方面军总指挥部于9月7日制订了成(县)徽(县)两(当)康(县)战役计划。9月11日,红二方面军分三路纵队进军陇南。17日,4师攻占成县县城。18日,16师、17师进入两当县城。19日,总指挥部与4师进驻徽县县城,6师攻下康县县城。随后,4师、16师、17师接连占领了凤县与略阳的部分地区。红二方面军仅用10天时间就胜利地完成了成徽两康战役计划。之后,第6师第16团与第18团从略阳行至徽县,第17团驻守康县。就在红二方面军休息整顿之际,9月底,因为在静会战役计划时张国焘延误时间,使胡宗南部乘机从北、南、西三个方向向红二方面军逼来,红二方面军陷入前后受敌的危机中。红二方面军在分析局势后,在10月4日分成了两个纵队,撤离成徽两康地区向北转移。红二方面军撤退时,敌人已抢先攻占了成县,进而威逼康县。为了摆脱敌人重兵云集的压力,争取时间渡过渭河,部队行动仓促,致使分散在康县境内发动群众的6师17团来不及收拢,遭敌人包围,全部损失。在党的组织建设方面,1936年9月成立了以徽县为中心活动地区的中共甘陕川省工委,① 下辖中共两当县工委。在政权组织建设方面,9月19日,成县苏维埃政府成立;20日,两当县苏维埃政府成立;21日,徽县苏维埃政府成立。从9月19日至21日在成县、两当、徽县、康县先后成立了各县苏维埃政府。康县苏维埃政府成立之时,驻留康县的红二方面军6师17团在县城召开群众大会,选举崔怀清为主席、孙占奎、焦管管、李殿臣为委员。红二方面军在军事斗争和建党建政方面做出了卓有成效的工作,开辟了不仅与陕甘宁苏区相呼应,而且与甘南临时革命根据地也相呼应的陇南临时革命根据地,是中

---

① 由甘泗淇任书记。

国共产党同国民党反动派斗争又一块战略区域。广大群众在苏维埃政权领导下，打土豪、分粮食、分财物，为红军积极捐款捐物、筹集粮草，踊跃参军。据不完全统计，红二方面军在陇南期间，筹集到粮食多达100余万斤，白银10000余两，布匹40000余尺，猪、羊千余头（只）骡、马、驴数百匹，衣服3000余件。有一万多名陇南儿女加入了抗日义勇军、抗日救国会、抗日游击队、农民协会等团体。其中，参加红军的就有2000多人。

陕甘边区革命根据地南梁革命纪念馆（庆阳市）

土地革命战争后期，南方十几块革命根据地由于王明"左"倾冒险主义错误接连丧失。以刘志丹、谢子长、习仲勋为代表的共产党人将马克思主义普遍原理与陕甘地区的革命斗争实际相结合，紧紧依靠和团结带领广大人民群众，创造性地实践毛泽东关于"工农武装割据"思想，在甘肃和陕西边界地区创建了陕甘边革命根据地，并在反"围剿"中不断巩固和扩大，与陕北革命根据地连成一片，形成陕甘革命根据地。这是土地革命战争后期全国"硕果仅存"的最完整的一块革命根据地，为党中央和各路长征的红军提供了落脚点。从此，中国革命的重心由南方转移到西北。在陕甘革命根据地基础上扩大形成的陕甘宁革命根据地是八路军开赴抗日战场的出发点，是中国共产党领导全国革命的大本营，是中国革命走向胜利的战略基地。

陕甘边根据地是中国西北最早创建的根据地。1932年3月，谢子长、刘志丹根据中共陕西省委确定的游击战争纲领，率领红军陕甘游击队，以正宁县寺村塬为中心，发动群众打土豪、分田地，组建农民赤卫军，选举成立陕甘边区革命委员会，所属各村也成立了革命委员会，开辟了陕甘边区第一块红色根据地。但由于"左"倾错误路线的干扰和敌人的强势进攻，寺村塬陕甘边革命根据地仅仅存在五个月就失陷了。1932年8月，习仲勋与刘志丹、谢子长会合。12月，红26军成立，开始创建以照金为中心的陕甘边新苏区。

1933年4月，新的陕甘边区革命委员会在照金成立，周冬至任主席、习仲勋任副主席，所属区乡苏维埃政府相继建立，照金革命根据地初步形成。6月，正当照金根据地蓬勃发展之时，"左"倾错误路线执行者杜衡强令红26军第2团南下渭华地区建立根据地，结果遭敌重兵围攻，红军主力丧失，刘志丹等红军领导人身陷终南山。随后，中共陕西省委被破坏，陕甘边革命转入低潮。危急关头，留守照金的习仲勋、秦武山等人于8月14日在照金陈家坡主持召开陕甘边党政军联席会议，决定成立陕甘边区红军临时总指挥部，统领导红军和游击队坚持开展游击战争，对于扭转危难局面，巩固陕甘边革命根据地起到了关键性作用。照金根据地失陷后，1933年11月3日至5日，中共陕甘边区特委、红军临时总指挥部在合水县包家寨召开联席会议，决定恢复红26军，成立第42师；以子午岭桥山中段的南梁为中心，创建陕甘边革命根据地；建立陕北、陇东、关中三路游击区，成立三路游击区指挥部。新的战略和策略方针，使陕甘边革命根据地进入大发展时期。

1934年2月25日，陕甘边区第二次工农兵代表大会在南梁小河沟四合台村召开，恢复成立陕甘边区革命委员会，选举习仲勋为主席。5月28日，红42师党委在南梁寨子湾召开会议，恢复中共陕甘边区特委，成立陕甘边区革命军事委员会，张秀山任特委书记，刘志丹任军主席。11月1日至6日，中共陕甘边区特委和陕甘边区革命委员会在南梁召开陕甘边区工农兵代表大会，决定正式成立陕甘边区苏维埃政府、陕甘边区革命军事委员会和陕甘边区赤卫军总指挥部。7日，成立大会在南梁荔园堡举行，选举习仲勋为陕甘边区苏维埃政府主席，刘志丹为陕甘边区革命军事委员会主席，朱志清为陕甘边区赤卫军总指挥。陕甘边区苏维埃政府是中国西北最早的苏维埃政权组织。边区苏维埃政府下设土地、劳动、财政、粮食、文化、工农监察、肃反、妇女等委员会和政治保卫大队；陆续建立了华池、庆北、合水、新正、新宁、荔掌、永红、赤水、淳耀、赤安、安塞、廊西、廊甘、中宜、靖边、定边、红泉、赤川等县级苏维埃政权，形成了由边区、县、区、乡、村各级政权组成的完整红色政权体系。

陕甘边区苏维埃政府成立后，颁布实施了以"十大政策"为主要内容的一系列政策和法令，为加强根据地政治、军事、经济、文化等各方面建设，保卫红色政权，改善人民生活，做了许多探索性、开创性的工作。广泛开展土地革命，没收地主财产分给贫苦农民，富农只没收出租的土地，优先照顾红军家属，解决了根据地大多数贫苦农民的土地问题，消灭了剥削关系，极大地鼓舞了人民群众参加革命的热情。开设集市，发行货币，与白区商贩建立商贸关系，以灵活多样的形式加强对内对外贸易，活跃了边区经济。建立列宁小学和红军干部学校，大力发展文化教育事业，提高了边区干部和人民群众的思想觉悟和文化水平。广泛开展以"劝破除迷信、劝诫赌博、劝诫鸦片烟、劝禁止买卖婚姻、劝妇女放足、劝男子剪辫子"为主要内容的移风易俗活动，形成了良好的社会风气。制定了严格的廉政法规，严厉查办贪污案件，树立了工农政府清正廉洁、爱民为民的良好形象。

陕甘边区苏维埃政府是党在陕甘边实行以民主政治建设为内容的局部执政的积极尝试，为党在陕甘宁边区乃至全国范围的执政做了有益示范，提供了宝贵经验。1935 年 6 月，陕甘边革命根据地在第二次反"围剿"斗争中不断巩固和扩大，与陕北革命根据地连在一起，形成南到淳耀、北达长城、东临黄河、西接环县的局势，面积达到 3 万平方公里、人口 90 万人，创建了有 20 多个县级苏维埃政权的陕甘革命根据地。

陕甘宁边区陇东分区纪念馆（庆阳市）

1937 年 10 月至 1946 年 4 月，八路军 129 师 385 旅旅部及其 770 团作为留守部队，奉命进驻庆城县。385 旅旅部驻防在庆阳，770 团团部驻防在庆阳驿马关。385 旅驻守庆阳的 8 年时间里，生产、训练、战斗并行，开垦荒田，修筑加固城池，与国民党反动派开展了有理有节的斗争。1939 年 1 月，国民党中央制定并实施"溶共、防共、限共、反共"政策，国民党陇东驻军与地方保安队勾结，向 385 旅多次发起进攻，挑起武装摩擦。385 旅在旅长王维舟和副旅长耿飚带领下作反摩擦抗争，给予敌军有力回击，在取得了镇宁事件的胜利之后，迫使敌方与我方谈判，保证了边区的安定。在日常训练和武装摩擦期间，386 旅为了打破国民党对陕甘宁边区的经济封锁，开展了大生产运动。770 团在团长张才千、政委宋学华的带领下，来到荒凉的大、小凤川，在 2 年的时间里共开荒 34000 多亩，饲养大牲畜 14 万头，养羊 68.7 万多只。不仅保障了部队供应，还提供粮食支援前线。385 旅在开荒种地的同时，先后办起了光华制造厂、造币厂等 13 处工厂，解决了边区的日常供应。

陕甘红军纪念馆（庆阳市）

陕甘红军起源于太白收枪后创建的南梁游击队。1930 年 10 月，刘志丹率领仅仅29名骑兵便消灭驻扎在合水县太白镇的国民党陇东民团军第24营，进而创建了南梁游击队。1931年9月，活动在南梁的游击队接连受到陇东军阀苏雨生部的袭扰后受挫，刘志丹来到合水县平定川倒水湾，对赵连璧、杨培盛、贾生财等率领的三支武装进行了整编，重建了南梁游击队。10月下旬，陕北游击支队渡过黄河行至南梁地区，与南梁游击队在林锦庙会师。1932年初，在正宁县北柴桥子村部队改称号为"西北反帝同盟军"。2月12日，在正宁县三嘉塬确定编制为中国工农红军陕甘游击队。1932年12月24日，中国工农红军陕甘游击队转移至陕西省旬邑县马栏镇转角村，正式被赋予编制为中国工农红军第26军第2团。1933年5月，敌人对红2团和照金革命根据地进行"围剿"，杜衡强令红2团向渭华地区南下，不料遭敌重兵围堵，战士们在终南山被打散。1933年11月3日，陕甘边特委和红军临时总指挥部召开包家寨会议，决定重新恢复红二十六军。8日，红二十六军正式恢复于刘志丹、王泰吉在合水县莲花寺召开的陕甘边红军全体军人大会上，并成立第四十二师，下辖红三团和红四团（骑兵团），共计500多人。1934年2月至5月，陕甘宁三省国民党军阀集结1万余人的兵力对陕甘边革命根据地发动了第一次大规模的军事"围剿"。由刘志丹率领的红二十六军主力部队与各游击队默契配合，将战斗转至外线，连战连胜，共歼敌3000余人，使敌人的"围剿"计划破产。红26军不断壮大，相继组建了红一团、红二团和西北抗日义勇军，主力达到5个团3000余人。1935年春，国民党集结了4万兵力，对陕甘边和陕北两块苏区策划发起了第二次大规模的军事"围剿"。红二十六军、红二十七军在西北革命军事委员会的统一指挥下，连战连胜，彻底粉碎敌人的第二次"围剿"行动，陕甘边与陕北根据地连成一片，形成陕甘革命根据地。1935年7月，蒋介石亲自担任"西北剿匪"总司令，集结兵力10万之众，向陕甘革命根据地发起了第三次"围剿"行动。9月，红二十五军长征到达陕北，与红二十六军和红二十七军胜利会师。9月18日，在永坪镇红二十五军、二十六军、二十七军合编为中国工农红军第十五军团。11月6日，红军陕甘支队与红十五军团在甘泉县象鼻子湾胜利会师后，恢复了红一方面军，下辖红一军团和红十五军团。21日至24日，在毛泽东的亲自指挥下，红一方面军在陕西富县直罗镇全歼敌一〇九师及一零六师一个团,胜利挫败了敌人发起的在陕甘根据地的第三次"围剿"行动。1936年2月,红军主力开始向东行进。3月中旬,红15军团主力编为左路军,北上逼近太原,策应了右路军红1军团在晋南的战略行动。5月14日,中共中央下达西征战役的任务,红十五军团从靖边县新城堡出发,向西北行进,接连攻下靖边、同心、安边、盐池、豫旺等县城,开辟了大片新区。西安事变和平解决后,红15军团进驻陇东驿马关地区。1937年8月25日,陕甘红军分别编入八路军115师、120师、129师。1937年9月3日的平型关战役是红15军团改编为344旅后的第一仗,此仗的胜利,挫败了日军的嚣张气焰,振奋了全国人心,提高了共产党与八路军的威望。红26军主力(即红15军团第78师)相继改编为:八路军344旅687团第2营和688团第2营、八路军344旅689团、八路军第4纵队第四旅、新四军第十旅(兼淮海军分区)和独立旅,在华北、华中敌后战场,英勇抗日,谱写了新的辉煌篇章。红二十七军主力(即红十五军团第八十一师)改编的八路军120师直属炮兵营、辎重营奉命留守,保卫陕甘宁边区。解放战争时期,由原红26军主力发展沿革的部队进军东北,先后改编为东北野战军第2纵队第5师和第6师、第四野战军第39军第116师和117师。由陕甘红军发展而来的西北野战军第4纵队警备第1旅、警备第3旅,后来改编为第一野战军第4军第10师和第11师,在陕甘宁边区保卫战和解放大西北的征程中,浴血奋战,建立了不可磨灭的功勋。

中华苏维埃共和国关中特区纪念馆(庆阳市)

1930年10月,刘志丹发动太白收枪后,创建了南梁游击队。1932年1月初,依据陕西省委的指示,在正宁县北柴桥子村南梁游击队与陕北游击支队合并编制为西北反帝同盟军,2月12日,在正宁县三嘉塬细嘴子锦章村西北反帝同盟军又被改编为中国工农红军陕甘游击队。3月,红军陕甘游击队以寺村塬为中心开创了陕甘边根据地,揭开了陕甘边区工农武装割据的序幕。1933年11月3日至5日,陕甘边区特委和红军临时总指挥部在合水县包家寨召开联席会议,作出了恢复红26军、成立42师、建立以南梁为中心的陕甘边革命根据地的决定。1934年10月,陕甘边革命根据地党委和南区革命委员会在正宁南邑成立。1935

年10月,南区苏维埃政府在正宁正式成立。1935年11月,中共中央决定在陕甘边南区建立关中特区党委和苏维埃政府。1936年1月下旬,贾拓夫、习仲勋受中共中央派遣来到陕甘边南区,主持召开了关中特区成立大会,关中特区党委和苏维埃政府成立,贾拓夫任党委书记,主席秦善秀,副主席张邦英、习仲勋。1936年3—4月,国民党在红军主力东征之时乘虚而入,调集东北军6个师的兵力对关中特区发动了大规模的围剿。在敌人的进攻下,关中特区失陷,根据中央指示,习仲勋、汪锋等少数干部率领游击队依靠群众就地坚持对敌斗争。5月,根据中共中央指示,习仲勋被调往甘肃环县参加西征作战。8月,关中特区党政组织转入地下。9月,在反"围剿"斗争取得胜利的形势下,中共中央派习仲勋、张策、郭秉坤返回关中特区领导苏区工作。9月下旬,习仲勋在淳耀县槐庄子主持召开会议,恢复了关中特委和特区苏维埃政府,习仲勋任特委书记,霍维德任苏维埃政府主席。1937年10月,关中特区更名为关中分区,关中特区苏维埃政府改名为关中分区抗日民主政府。关中分区第一次党代会在新正县马家堡召开,会议选举习仲勋担任中共关中分区党委书记。1939年5月,关中分区抗日民主政府专员霍维德调往延安后,习仲勋兼任专员和新正县县长。1941年7月,关中分区第二次党代会在新正县三区上墙村召开,选举习仲勋连任关中分区党委书记。1941年,关中分区为了贯彻"三三制"原则,在分区和各县进行选举试点,摸索实际经验。1942年以后,"三三制"原则在关中分区得到了全面贯彻落实,使抗日民主政权得到了巩固,提高了广大群众的民主觉悟。

按照根据地现所在地级市进行归总,根据地内不仅面积大、可供参观学习的资源众多,而且保留下来的能够帮助恢复、再现当年的根据地内活动的基础设施比较完善,可利用这一优势策划举办一系列别开生面的红色教育活动,如忆苦饭、忆苦思甜、编制草鞋、草帽等,当然这是在不破坏当地景观的前提下。

笔者按一定顺序对会议、战役、大事记进行梳理,实际操作时,主办方应尽量按照红军在甘肃长征的时间顺序进行研学旅行活动安排,以至于师生更容易理清长征历程、置身当年的场景,但也要考虑实际情况合理规划线路。通过研学旅行师生可以清楚地了解到红军在甘肃的行程,历经的坎坷、红军长征道路的蜿蜒曲折,以及挽救红军长征乃至中国革命的大事记、历史转折点。物有甘苦,尝之者识;道有夷险,履之者知。看红色景区、读红色书籍、听红色故事、唱红色歌曲、传红色基因、做红色传人。

实例1:

每日甘肃网7月4日讯,据兰州晚报报道,2019年7月1日,定西市安定区黑山初级中学全体师生走出校园,来到有浓厚文化积淀的李家峡景区,开展了"体验家乡美景、唱响红色旋律、牢记青春使命"为主题的师生徒步研学旅行活动。

研学当天,师生们在工作人员的引领下,通过集体旅行、集中活动、集中野外就餐的方式欣赏家乡秀美风景,近距离感受改革开放对家乡产生的巨大变化,在与日常生活不同的活动中开阔视野、增长知识,拉近与自然与文化的距离,培养学生对集体生活方式和社会公共道德的理解,加强中学生的自理能力、独立精神和创新与实践能力。师生们在研学旅行的过程中,重走长征路,徒步往返行走30公里,重温长征精神。在研学旅行的过程中,师生们还开设了爱国主义教育课堂并举办了唱响红色经典歌咏比赛,引导全校师生继承革命传统,传承红色基因,发扬民族精神,践行社会主义核心价值观。

感悟1:

深秋的清晨,有那么一点儿冻人。一出门,就与刺骨的寒风撞了个满怀。但这也阻挡不了我们心里对研学旅行的期待。期盼着大巴车的快点到来!

随着朝阳的升起,大巴车也跟着到来。大家在导游和老师组织下有序上了车,开启了参观革命纪念馆"八路军驻陕办事处"的旅程。

长达两个小时的路程后我们到达了"八路军办事处"。下车后,讲解员带领我们来到了周恩来、朱德、刘少奇等革命前辈生活和工作过的地方。我们的革命伟人在这些普通简陋的农家小院里,尽管生活简朴,粗茶淡饭,却在领导革命战争中取得了一次又一次的胜利。一张张宝贵的历史照片,一件件珍稀的革命文物,一个个感人的历史故事,使我们真切领悟到了周恩来、刘少奇、彭德怀等老一辈无产阶级革命家与革命先烈为共产主义的远大理想和革命事业鞠躬尽瘁的精神!通过这次研学旅行，我感受到了革命伟人的艰辛历程，了解了革命历史，作为一名小学生，我们要打下良好学风基础，发扬艰苦奋斗精神，珍惜我们现在来之不易的美好生活！

实例 2：

2018 年 6 月 12 日，兰州车站 1 站台。"环西部火车游·美丽铁路" Y701 次列车满载着兰州市五十四中学的 550 名师生，从兰州出发，向着河西走廊一路驶去，开启了为期 3 天的研学之旅。据悉，这趟列车是全国首列"研学旅行专列"。

为了让广大中小学生不局限于课堂与学校，让他们走向社会、开阔眼界、了解社会、发散思维、了解世界，2016 年 12 月，教育部与中国铁路总公司等 11 个部门联合印发了《关于推进中小学生研学旅行的意见》，提出将研学旅行纳入中小学教育教学范畴，学校将根据教育教学计划合理安排小学四到六年级、初中一到二年级、高中一到二年级学生开展研学旅行活动。

中国铁路兰州局通过与兰州市中小学校、社团、教育主管部门、第三方教育机构等的协商洽谈，最终与地方教育机构达成共识并顺利合作。

此列"环西部火车游·美丽铁路"研学旅行专车，精心挑选适合教育学生的博物馆、人文景区、红色旅游资源所在城市作为停靠站，让学生感受人文气息，行有所获。在丝绸之路的精华路段河西走廊，同学们在领略大漠风光的同时，将深入学习丝绸之路的文化；在嘉峪关关城，同学们踏上城楼，感受边塞文化和长城文化；在张掖丹霞世界地质公园，同学们欣赏丹霞胜境，领略大自然的鬼斧神工；在张掖湿地公园，同学们在大自然中徜徉，唤起环保意识；在张掖大佛寺，同学们乘坐"时光机"，回到那个通商鼎盛、丝路繁华的年代，打开璀璨辉煌的汉文化及西夏文化大门。

"此次研学之旅将锻炼我们的自理能力和团队精神，了解我们悠久的历史文化，激发我们爱国热情和强国之志，激起我们努力学习的欲望，培养我们自强自理能力。"搭乘"环西部火车游·美丽铁路"专列的研学之旅五十四中学同学们告诉记者，他们将承诺在研学活动中用认真的态度、严明的纪律圆满完成此次研学任务。

感悟 2：

传承红色基因，了解海洋强国。7 月 15—21 日我参加了团中央举行的全国青少年北戴河研学活动。在此次研学活动中我收获很多，不仅开阔了眼界，获取了知识，还结交了许多异地的朋友。

在 7 天的研学中，有丰富的活动，有破冰活动，团队素质拓展，聆听海洋专题讲座，海边玩耍，参观李大钊纪念馆以及其故居，参观山海关老龙头，畅游海底世界，等等。在这些活动中我明白了做任何事情不能只从一个角度考虑问题，要学会打破常规，从另一角度看问题。我还明白了团队的重要性，一个人可以做 60% 的事情，剩下的 40% 需要通过团队合作来完成。

在参观李大钊纪念馆后，我看到了先前青年们的爱国热血，五四运动激发了全国青年们内心压抑的爱国热情，他们为中华人民共和国的成立奠定了坚实的基础。

听完教授讲的海洋主题讲座，我感受到海洋强国的重要性，海洋中的能源十分丰富，这对我国资源不足的现状会起到很大的帮助作用。维护领海主权，保卫我国安全，是重中之重，因此海洋对我们是十分重要的。

参观李大钊纪念馆，聆听老前辈讲红色故事，传承红色基因，做新时代社会主义接班人。总之一句话这次研学旅行十分有意义，肩负历史重任，把红色基因传承下去，不忘党和团中央的殷切期盼。

五　红色教育产品开发

红色教育指在以红色作为时代精神内涵的象征、务实的落脚点在于教育。呼唤有志青年忧国忧民、挑战自我、超越自我、挑战极限、奉献社会的崇高精神。同时，革命老区也需要与时俱进，实现跨越式的大发展。当年奉献出无数红军战士以及将军和元帅的革命老区正在涌现新一代风云人物，而且还在呼唤更多各方面的紧缺人才。红色教育将以红土地教育下一代，以哺育人才建设红土地，在烈士鲜血染红的土地上滋养绿色生命，实现革命老区与人的可持续发展。

红色教育和红色研学相似，红色研学主要针对中小学和大学生开展，这是国家明确的。红色教育主要针对党政企事业单位的培训、参观和学习。两者的产品体系在形式上有很多雷同，只是具体内容会有差异。红色教育产品以红色景区为依托，面向党政企事业单位，依据保留下来的红色遗迹设计策划开展对应的红色教育活动，招揽四面八方慕名而来的游客。历史上的红军根据地不仅面积大、可供参观学习的资源众多，而且保留下来的能够为现世利用帮助恢复、再现当年根据地内活动的基础设施比较完善，红军战士当年生活、奋斗过的地方在根据地内大部分都有体现，游客置身根据地内容易想象当时场景，体会到红色根据地所传达的教育意义。

听取红色历史故事、宣传英雄事迹、参观战斗遗迹、讲解革命征程、观摩红军遗物、领略前人智慧是红色景区设置红色教育产品所必要的。

现庆阳市华池县南梁镇就是当年陕甘边区革命根据地的所在地，是甘肃省红色旅游资源开发利用的比较好的地方之一，但目前景区采用的多是橱窗、实物、照片等静态方式陈展，好一点的会采用影片回放等动态方式，但形式和内容多半比较单一，缺乏吸引力，难以追赶日益变化的游客需求。因此，迭代红色旅游形式，开创新式红色旅游产品是不可阻挡的趋势。在合适的红色旅游资源所在地创建红军村——红色原生态情境体验村也许正是迎合这一趋势较好的方式方法之一。而现在的庆阳市华池县南梁镇正为创建红军村提供了良好的资源基础。红军村里可设置以下场地：红军训练场（枪械触摸、打靶体验、刺刀训练、模拟格斗、掷手榴弹、埋雷扫雷）、警卫室（设置岗位，留影纪念）、司令部（战地地图、电报机体验）、红军学校（来访游客做个短暂的学生听取战略战术透析）、军民鱼水池（红军与当地居民的鱼水情体现，可以文化墙的形式呈现）、宗祠大戏台（以话剧形式展示红军故事）、炮兵营（填弹装弹体验）、兵工厂（弹壳纪念品）、阵地（战斗情景再现）、医院（可作为景区的医务室，以革命时战地医院为装修风格）、苏区红军生活体验基地（党政机关干部吃苦教育培训基地）、若干居民、水车（淘沙淘金）、中央工农戏剧社和工农红军学校俱乐部等。

红色景区不仅可以设置在景区范围内的红色教育活动，也可以陪伴游客走出景区，走向居民区，拜访、关爱当地红军老人，听他们讲述红色历史故事、体会红军长征的不易，红军老人向我们展示军功勋章、感受红军战士当年的精气神。因在红色旅游的影响下，这种红色旅游形式下的主客交互行为内容与观光旅游、康养旅游、体育旅游、乡村旅游、城市旅游等各种旅游形式下的主客交互行为相比可以说是较为和谐、较有意义的。红色旅游景区管理者应敏感清楚地认识到这一点并充分利用好这一优势，为游客创造优质的旅游体验，旅游业的开展不会对当地社会造成不良的影响，反而可以得到当地居民的支持与拥护。这一举两得的措施是当地政府或红色景区管理者不应错过的地方。

红色教育产品不同于旅游企业以营利为目的向大众推出的旅游产品，它是以教育为主要目的，肩负着崇高的社会责任。并且不同于旅游私企需时刻掌握旅游市场动向（以市场为导向），依据游客需求变化不断调整企业产品开发方向和营销策略来招徕与满足游客，红色景区自身拥有较大的教育产品规划设置自由，依托景区所特有的红色历史遗迹、红色历史故事、具体的红色精神、对革命征程的不凡意义（以资源为导向）来开发出符合景区实际发展状况的教育产品，在游客招徕与营销宣传上面不必太过花费心力。景区自身有较大的产品开发自主权并不代表景区完全不需考虑在意游客对红色旅游产品的体验需求与游历感受，景区方面仍需充分掌握到访游客的旅游目的地评价与意见反馈。像张掖市高台县的红色旅游资源极其丰富、红色历史故事感人至深、红西路军在河西走廊的战役征程悲怆壮烈在中国革命历程中留下了浓墨重彩的一笔，开发现状虽不如会宁、南梁那样来访游客量已形成一定的规模，但张掖市的红色旅游随着习近平总书记的视察、红西路军的故事越来越广为人知，游客量也会以肉眼可见的速度兴起。当地著名的红色景区中国工农红军西路军纪念馆管理者已敏感地察觉到这一机会，在原有陈列展示形式的基础上又初步开发了 VR 情景体验、红军饭、红军服、红军歌曲等新型教育产品，为将来的红色旅游形成规模、建立体系打下基础。这是一个值得肯定的好的开始，但接下来教育产品开发仍有很长的路要走。红色景区的教育功能恰合各党政机关、开展红色旅游的旅游私企的"心意"，而"你若盛开，清风自来"，因此，对于张掖市这种红色旅游开发还在起步阶段的红色景区（甘肃省其他地区还有许多类似的红色旅游资源品质优良，但开发程度不高），吸引游客前来、获得游客好评、达到教育目的的旅游产品是它们需要着重发力的地方。无论目前张掖市红色旅游开发现状如何不成规模，但毫无疑问的是，它已经接待过且正在接待着来自本地和外地的团体游客或散客，对这些游客通过调查问卷、深入访谈等方式进行他们对已推出的景区旅游产品意见搜寻、对待推出的景区旅游产品建议征求，这样就为改进现有旅游产品、开发新型旅游产品指明了方向。

红色教育产品是红色旅游资源的灵魂，红色旅游资源是红色教育产品的载体，在以资源为导向的基础上，再充分考虑游客的需求是处理好两者关系的关键，红色教育产品体系才能以红色旅游资源为依托，发挥出它应有的教育功能！

第五节　甘肃红色节庆旅游产品开发

一　红色节庆旅游产品开发案例

节日是文化身份认同的重要载体，在共同文化记忆中涌动着深厚的家国情怀。公共性是节日文化的共有属性，团结和谐是节日文化的明确追求。在现代化变迁中传承发展节日文化，更好凝聚全社会和谐奋进的精神力量。

红色旅游目的地以当地政府、民间组织为依托，通过举办节庆，利用其独特的红色文化，以旅游节庆为引爆点，提高区域知名度，带动地方红色旅游发展。

省外案例

从2004年至今，中国湖南已经连续举办了14届红色旅游文化节，并将此打造成了全国红色旅游的重要品牌，也是湖南一张著名的文化名片。2018年，"伟人故里、激情山水、红色平江"成为中国（湖南）红色旅游文化节的主题。

中国（湖南）红色旅游文化节不仅有开幕式，而且还有一系列配套活动，即"红动潇湘"万名党员扶贫自驾平江行活动；重走红军路；精准扶贫行——百名将军后代平江扶贫行动；中国（湖南）红色旅游商品创意大赛；闪闪的红星——红色教育主题夏令营活动；"红色故里、富美平江"主题摄影采风活动。每年都会吸引大批游客前去参加，获得了巨大的经济效益。

近些年，井冈山、瑞金、宁夏等地也都举行了形式丰富的红色旅游文化节，并取得了良好的社会效益、经济效益与环境效益，实现了红色旅游与节庆文化的完美融合。

核心吸引力：湖南红色旅游知名度、红色旅游文化节品牌。湖南是很多伟人的故乡，本身的红色旅游知名度就很高，中国（湖南）红色旅游文化节由政府主导，已经成功举办14届，每年都吸引了大量的游客前去参加，已经成为当地的一个红色旅游品牌。

产业发展：红色文化旅游节的举办拉动了当地会议、住宿、娱乐、购物、餐饮等产业发展，同时旅游节的发展也为当地农产品销售、手工业、加工业带来了崭新的良机，促进了当地一、二、三产业的融合，延长产业链，促进产业融合。

盈利模式：主要由餐饮、购物、娱乐、住宿等方面构成。

社会效益：旅游节的举办促进了湖南省旅游业发展的同时，也带动了旅游节举办地的经济发展；此外，旅游节的举办对湖南省红色文化的宣传、红色主题教育都有一定的促进作用。

综合评价：旅游节庆活动在吸引众多游客参加、获得巨大收益的同时还可以在很大程度上提升当地的名气，并为其长久发展之路做好铺垫。红色旅游景区在开发过程中也可以定期举办一些节庆活动，以吸引游客，聚集人气。

省内案例

白银市会宁县举办的红色旅游文化节在带动当地红色旅游产业发展的作用上已崭露头角，而且未来这一节庆仍有很大的进步空间。

会宁，中国工农红军三大主力在这里胜利会师。红色，是历史给这个地名烙下的最鲜明的印记。多年来，会宁全县人民在县委、县政府的带领下，传承"坚定信念，艰苦奋斗，团结一致，敢于胜利"的会师精神，拼搏奋进写春秋，风雨无阻铸辉煌，描绘着脱贫攻坚的生动画卷，让往日的古城蜕变成今日的红色圣地。

1. 主要做法

近年来，县内大力宣传倡导市场思维、开放思想、科学技术、法制观念这四种思想，切实实践"加强创新驱动、培育工作亮点"主题活动，同心协力、踏实肯干，将红色旅游基地、绿色产业基地与金色教育基地培育成会宁县富有吸引力的"三大基地"，并着力发展全膜种植、草畜牧业、工业经济、红色旅游"四大产业体系"，快速推动产粮大县、梯田化县、草畜强县、西北教育名县、全国红色旅游名城、国家历史文化名城"四县两城"建设。

中国工农红军的三军会师为给会宁留下了独一无二的红色资源。为深入挖掘红色文化内涵，会宁县委、县政府举办红色旅游节等大型节庆活动。科学发展旅游业，将红色资源优势转化为经济优势。从2006年开始，会宁每两年举办一次红色文化旅游节，逐渐形成由甘肃省旅游局与白银市政府联合主办，由全国红色旅游领导小组办公室指导的高规格品牌节会。历届红色文化旅游节的亮点不断出现，越来越丰富的内涵使其有越来越大的影响力。

2. 举办旅游节基本情况

2001年10月会宁县举办了首届以"隆重、开放、发展、特色"为主题的红色旅游节。本次节日为庆祝红军三大主力会宁会师暨长征胜利65周年，各方领导、来自省内外的78家旅行社、旅游公司、景区管理机构相关人员及周边县区万余名游客参与了节会。以招商引资为主要目的，举办了当地知名土特产品展、旅游商品销售和招商引资项目洽谈等活动。组织各大中专院校师生及各界群众4万余人以组团旅游与自助游相结合的形式，沿5条旅游线路游览红色圣地，为会宁红色旅游的蓬勃发展创造了良好开端。

2006年举办了第二届红色旅游节。以红军长征胜利70周年为重要契机举办了"红色旅游研讨会"，节会以"红军从这里走过，三军在这里会师"为主题，邀请丁衡高上将、聂力中将、长征经过省市旅游局局长及全国红办相关领导、旅行社经理及多家新闻媒体参加，节会达成了"会宁宣言"，对全国旅游节庆文化造成了一定的轰动效应。

2008年9月举行了第三届红色旅游节，以"走进红色景区，传承红色文化，建设红色圣地，构建和谐会宁"为主题。主要举办了红色旅游、绿色产业、金色教育及会宁籍博士论坛等不同主题分类论坛，节庆主办方邀请了甘肃省民族歌舞团助兴演出并开展了"缅怀英烈，激励后辈，传承会师精神"万人签名活动，举办了摄影、刺绣、剪纸、皮影艺术、旅游商品展销等活动，同时举办了商贸洽谈、招商引资、旅游开发合作等签约仪式，为会宁红色旅游产业化、规模化、正规化发展奠定了良好基础。

2011年8月举行了第四届红色旅游节，以"走进会师圣地、传承长征精神"为主题，在旅游节庆期间，举行了长征胜利景园改扩建工程竣工剪彩仪式，会宁教育展览馆开馆仪式，旅游纪念品、红色摄影、红色剪纸、地方特产展示展览，景点门票优惠签约仪式及踩线出发仪式等。有农民展示书画的机会，有对全省八个红色旅游景区管理人员、讲解员的培训课程；邀请各地多名知名专家学者，开展了会宁教育发展论坛与会宁草畜产业发展论坛；邀请各地有投资意愿的企业家来会宁调研考察，并介绍相关项目，组织签约商贸洽谈活动中确定的投资项目，显著改善了会宁红色旅游的基础设施，提升了服务水平。

2013年8月举行了第五届红色旅游节，以"做强特色产业、打造红色会宁"为主题。举办了红色旅游发展论坛，以期进一步宣传推介会宁红色文化旅游产业项目；同时邀请知名高校的专家举办了会宁博士论坛，针对不同学科特点进行讨论交流；会宁在会宁亚麻论坛上被评定为"中国亚麻之乡"。为纪念毛泽东同志诞辰120周年，举办了"西雁杯"全国书法大赛，为铭记胜利会师这一神圣的历史时刻，摄制了纪录片《大会师》并进行了首映，为提高红色景区工作人员的积极性，举办了全省首届纪念馆讲解员讲解大赛活动，将会宁红色旅游时代内涵的丰富程度提高了一个层次。

2015年8月6日举行了第六届红色旅游文化节，以"传承红色基因，打造旅游强县"为主题。由省旅游局与白银市人民政府联合主办，这次旅游节一直持续到了10月，内容丰富多彩。在8月6日举办的甘肃省第四届戏剧红梅奖大赛活动，在10月15日举办的"薪火相传·再创辉煌"长征精神红色旅游火炬传递活动，这两大亮点必将为盛会增光添彩。

2018年5月5日晚举办了第十届红色旅游节，在此节上成立了长征沿线红色旅游城市联盟大会，这不仅是会宁红色旅游文化发展史上的一件盛事，而且是长征沿线红色旅游城市大家庭中的一件喜事，此联盟大会的成立构建起长征沿线城市"资源共享、优势互补、合作共赢、共同发展"的合作机制，推动长征沿线城市互为客源地、互为旅游目的地，为重走长征路的发展搭建了一个专业的交流平台，架起区域旅游发展新桥梁，提高红色旅游资源的名气与美誉。重温长征精神，传承红色基因，充分发挥旅游业在扶贫攻坚中的不可替代的作用，推动革命老区与红色旅游地社会经济进一步发展。

截至2018年底，会宁县坚持以节会为媒，以圣地传情，先后成功举办了红军会宁会师五十、六十、七十、八十周年大型纪念活动，举办了七届甘肃会宁红色旅游节，中央电视台"心连心"艺术团两次来会宁慰问演出，火箭军政治部文工团、中国文联、中央文明办、国家旅游局在会宁举办了一系列主题活动。在会宁红色旅游文化节发展纪实中不难看出，它所承揽的活动在持续升级换代，发挥的作用也逐渐增强、产生的意义不断深化。随着会宁红色旅游节的活动内容越来越丰富，它在宣传红色文化、搭建产销平台、招商引资、组织参与红色旅游活动、扩大会宁红色旅游知名度和影响力上扮演着越来越重要的角色。

二　红色节庆旅游产品开发现状

红色文化旅游节庆不仅能挖掘红色文化内涵、提高游客消费水平、促进区域经济发展等作用，而且甘肃发展红色文化旅游节庆活动具有独一无二的红色教育资源、稳定增长的客源市场与政策的大力支持等先天优势。但也存在教育功能不明显、"体验性"不强、品牌影响力较弱等问题。

1. 活动类型较多，但教育功能体现不充分

近年来，有些活动只注重表面形象，真正参节游客数量少，"有节无游"的问题严重，节庆活动的教育功能没有充分体现。旅游者为旅游节庆的重要群体，红色旅游节庆活动是对人们进行红色教育的有效手段。尤其作为红色圣地，还应起到展示中华民族自信、自强、乐观心态的作用，点燃爱国主义热情，增强民族认同感，引导游客树立正确的国家观、

民族观、历史观、文化观、宗教观。甘肃红色文化旅游节庆的活动内容还需充分体现甘肃人敢为人先、不滞于物的个性特征，展示国家和甘肃的综合实力，体现国家富强与人民安定，游客能够从中汲取精神力量。

2. "体验性"特征不突出

甘肃节庆活动的体验性不强，特别是与主题相关联的互动环节内容较为单调，仅靠"红色文化"这个主题不能吸引大量的旅游者，还需要采取多种措施渲染浓厚红色文化节日气氛，让游客深刻感受到红色文化的精神内涵，遵循市场规律，将市场营销学、经济学、管理学、传媒学、社会学等相关知识运用其中，精心设计出旅游产品后推向市场。旅游节庆产品是增强体验的一种特殊形式，如武汉国际旅游节，其举办以"亲民娱民，为群主办节；呼朋引客，提升城市旅游功能"为主题。该节从2002年起，每年举办一届，已经举办了十七届，显示出旺盛活力，受到国内外旅游者的欢迎。因此，甘肃红色文化旅游节要从形象建设、资源开发、产业融合、区域合作、宣传营销等多方面入手，创造游客主动参与的机会，在活动开始之前，进行前期调查游客需求然后做对应的策划研究，对市场需求内容与量级进行全面了解。

3. 小型活动居多，节庆品牌尚未形成

目前，甘肃省内节庆多以由政府主办的小型活动，且部分节庆活动又为单位或团体等自行组织，市场性不突出。仅仅凭借红色旅游资源，将红色文化作为节庆主题，并未形成连贯性的、系列活动，会陷入典型的"小而散、小而弱"的困局。因此，若要对社会、经济产生明显的影响，需打造出知名的旅游节庆品牌。

三　红色节庆旅游产品开发策略

由于旅游节庆涉及的环节多、组织工作复杂，政府的主导作用仍不可或缺，应建立由省政府主导、省旅游局主办的节庆协调运作机制，将工作重心转移到整体把控、资源整合、招商引资、市场宣传、政策扶持、组织协同等方面，具体的方案策划与计划实行外包给专业公司。政府从把控整体的高度上运用各方力量并把它们汇聚成一股力量，帮助企业成为节庆举办的主体，按市场经济规律配置节庆资源，逐渐形成多方协作机制，如政府搭台、企业唱戏、社会参与、多方收益的市场机制。

政府应通过举办大型旅游节庆活动建立旅游宣传平台，应确立一批省级精品节庆（提高层次，纳入国家重大旅游节庆目录），对省里确定的精品节庆给予大力支持，集中全省核心力量精心打造。省内各地市也应培育一批地方节庆，组成甘肃节庆体系。同时，对旅游节庆发展过程中可能出现的问题进行备案，并提出一套科学的解决方案。

1. 时空布局合理化

甘肃旅游节庆安排应注重时空合理性。旅游节庆活动的开展弥补了某些旅游资源本身的季节性，因而增强了该地旅游的可持续性。甘肃省节庆管理协调机构在策划旅游节庆活动时，应将节庆活动均匀分布在一年四季的各个时段之中，而且要注意节庆活动举办时间上的无缝衔接，构建四季节庆体系，营造持续的旅游气氛，不断提供就业机会，拉动市场内需，使旅游"淡季不淡"。在节庆旅游开发时，对资源进行整合，使节庆活动在空间上实现集群发展、分工明确。通过甘肃省内部协调沟通实现空间布局联动化，打破行政界限，明晰利益关系，共同推动节庆旅游。同时，在全省对节庆统一规划管理的基础之上，发掘地方特色，形成优势互补、各具特色的节庆地域分工格局。

2. 操作模式市场化

节庆活动的市场化、产业化是由各种社会力量的参与自觉形成的，政府只是起辅助作用。凡是成功举办的节庆旅游活动，无一不是满足了市场需求。举办节庆旅游活动采用市场化机制，利于促进活动的市场功能开发。在办节操作中，把节庆旅游当成一个独立的旅游产品来开发，要有品牌意识，并重视节庆的群众自发与参与性、活动内容的观赏与娱乐性；首先要充分了解游客的品位喜好与偏爱活动，然后再决定节庆的主题、内容和形式。要充分发挥市场作用，将商贸活动多多加入到旅游节庆中来，同时应遵循资金来源多元化、活动承办诚信化、办节操作规范化、活动内容市场化等规律和原则。

3. 节庆效益双重化

成功举办的旅游节庆应能够同时承载文化与经济。在举办的旅游节庆活动中，应体现出多姿多彩的文化形式与博大精深的文化内涵，没有了文化内涵，节庆就会浮于表面形式上，缺乏较快、较好的发展前景；而没有经济交易的节庆是没有活力的，发展道路必然会越来越窄，最终失去竞争力。若把节庆活动比喻成一个生命体，那么当地的传统文化就是其血脉、基因，这也是节庆活动需要传达的朴素氛围，如果节日不能以某种方式上恰当反映当地人的内在与灵魂，那么它带给游客的感受将是残缺的、混乱的、空洞的。目光不仅仅只关注节庆所带来的利益和影响，才能将节庆办成一个受游客欢迎的节日庆典，才不至于使节庆失去应有的氛围，使节庆变得浮于表面流于形式。甘肃省在举办旅游节庆活动时，应改善过度注重经济效益的短视行为，把眼光放长远些，高度重视文化保护问题与文化动力转化成经济动力的问题。

4. 节庆参与大众化

避免"领导坐台、明星跑台""旅游搭台、招商唱戏"的表面工程，要从民众中来，到民众中去；坚持办大众化的节。只有了解游客需求，才能开展群众喜爱的活动，才能吸引游客与当地群众高度参与，这样才能聚焦目光、招徕游客，进而使人们能够真正感受到节庆旅游的独特魅力，正如西班牙的奔牛节，奔牛节的意义并不在于所安排的156个活动，而在于游客能够亲临其境融入其中感受节庆的人文氛围，在于节庆活动把所有游客都能团结连接在一起，让游客参与进来。在具体操作上有以下几点建议：一是避免"节庆搭台，商贸唱戏"的做法，符合大众口味，对游客造成吸引力，再逐渐扩大其他方面的影响力；二是节庆旅游中需要设置一些由公众展示的项目；三是尝试让社区参与建设，吸纳运用社区之力，呼吁市民广泛参与；四是广集思路，在旅游节的筹备及举办过程中，多方渠道搜集群众对旅游节的建议与意见；五是要坚持接地气，攒人气，以游客喜闻乐见的方式吸引游客的注意力，令游客乐意把时间花在节庆旅游上。

5. 节庆主题特色化

活动主办方一定要充分了解节庆举办地的地域特色，包括文化特色与民族特色、时代特色，然后将特色融入活动中来，成为节庆里的亮丽风景线。在确定节庆主题与内容之前，应正确评价当地旅游资源与文化背景，以此分析应以怎样的产品与服务来配置活动安排，达到满足市场需求，得到游客喜爱的目的。在确定主题时，要涵盖比较宽泛的文化主题（如历史文化、宗教文化、饮食文化等），在安排活动内容时，应有包容的意识，要使不论怎样文化背景的游客都能感受到身在其中，不被排斥。在确定大体主题与内容之后，也应在合适的地方注入新鲜元素，在不同活动、不同主题、不同特色的交融碰撞中摩擦出新的思想火花，使每届参加的游客都能获得不同的体验和感受。

6. 节庆培育品牌化

节庆活动是一款潜力无限的旅游产品，若要使其全部的潜力发挥出来，需要政府主导、大力培养与精准宣传，打造品牌，实施品牌化战略，提高节庆的知名度与美誉度。不仅要在形式与组织上更新方式方法，而且要在规模与内容上不断探索新思路，以"新"聚集人气，以"新"铸就品牌，年年都给游客焕然一新的感觉，使节庆活动的品牌价值不断溢出。甘肃省应充分利用红色资源独特、历史文化悠久、旅游政策利好和产业信誉优良等方面的优势，打造品牌化、多元化、系统化的节庆旅游产品，进一步规范节庆旅游产品的发展，不仅要提高产品的质量，还要从根本上提升其档次，增强其竞争力。在节庆举办时间内，以市场为导向，围绕节庆主题，通过整合当地资源、文化等各方面要素，向国内外市场进行大力推介，以逐步形成一批不同类型的、高端市场和大众市场协调发展的知名节庆品牌。[①]

第六节　甘肃红色旅游线路设计

一　"重走长征路"红色体验之旅

长征是在中国工农红军第五次反围剿失败后被迫实行的一次战略转移，时间为1934年10月到1936年10月，目的是摆脱国民党军队的包围追击，最终以红军三大主力在甘肃会宁胜利会师为标志，昭示着万里长征结束。

长征经过14个省，翻越18座大山，跨过24条大河，是人类历史上的伟大奇迹，行程约二万五千里，红军坚强的意志与伟大的精神令世人瞩目。

甘肃，是红军长征经过的重要省份之一，是各路红军长征部队到达

---

① 程金龙、赵威：《河南节庆旅游的开发策略研究》，《安徽农业科学》2009年第12期。

最全、时间最长、地域最广的省份，是党中央选择以陕甘革命根据地作为红军长征落脚点的决策地，是三大主力红军的最终会师地。

从1935年8月红二十五军进入甘肃，到1936年10月实现三大主力红军的大会师，在历时一年多的时间里，中国工农红军第二十五军，第一、二、四方面军先后占领了甘肃10余座县城及36个县的部分乡村，行程3500余公里，进行过泾川四坡村战斗、腊子口战斗、岷洮西固战役、成徽两康战役、通庄静会战役等重大战斗、战役；召开过俄界会议、哈达铺会议、榜罗镇会议、岷县三十里铺会议等重要会议，做出了向陕甘苏区挺进的抉择；开辟了甘南和陇南两块临时革命根据地；最终实现了红二十五军到达陕北与红一、二、四方面军的大会师，宣告了伟大长征的胜利结束。红军长征在甘肃的历史是一曲壮丽的史歌。

中国工农红军二十五军是长征期间进入甘肃的第一支红军部队。1935年8月2日，从鄂豫陕根据地出发长征的红二十五军由程子华、徐海东、吴焕先同志率领经陕西凤县进入甘肃东南部，当天攻占两个县城。此后，红二十五军攻克天水北关和秦安，隆德等县，渡渭水，泾水，经陇东庆阳，合水等县，于9月初出甘肃到达陕北苏区，和陕北红军合编为红十五军团。红二十五军在甘肃的长征，支援了党中央和红一方面军的北上，给正在粉碎国民党第三次围剿的红二十六，二十七军以有力支援，巩固了陕北苏区。1935年9月，由党中央和毛泽东同志率领的退出江西中央革命根据地的红一方面军经过长途跋涉到达四川北部的巴西，包座一带。9月6日，先头部队红一军团到达甘肃俄界，9月11日，党中央率领三军团和军委直属纵队由迭部县境内的达拉沟一带进入甘肃南部与红一军团会合。

红一方面军北上进入甘肃后，为了解决由于张国焘分裂党和红军所造成的危局，1935年9月12日，党中央在俄界召开了政治局紧急扩大会议，着重讨论了红军今后战略方针问题，同时揭发批判了张国焘分裂红军退却逃跑和军阀主义等反党错误。毛泽东同志在会上作了《关与四方面军领导者的争论及今后战略方针》的报告。根据毛泽东同志的报告俄界会议做出决定：北上红军经过甘东北和陕北，首先在接近苏联的地区创造一个根据地，休整部队，壮大红军然后再以更大规模，更大力量进取陕甘广大区域。俄界会议通过了《关于张国焘错误的决定》，会后，中央发出了《为执行北上方针告同志书》。俄界会议重申了党的北上抗日的正确方针，正确地指出了"去甘东北和陕北"，为红一方面军指明了前进方向。会议批判了张国焘分裂党和红军的罪行，为以后战胜张国焘的分裂阴谋，最后完成长征奠定了基础。俄界会议后，红军首战腊子口。腊子口位于岷山脚下，地势十分险要，在当地有"要过腊子口，如过老虎口"的说法。为了堵截红军北上，甘肃军阀鲁大昌以两个团的兵力在这里构筑碉堡、工事，妄图凭借天险封锁红军北上的道路。9月17日，担任前锋的红一军团红四团对腊子口守敌发起了进攻，经过激烈的战斗，击溃守敌，攻克了天险。当时红一军团《战士报》关于突破腊子口的捷报这样写道："这是战略上的胜利，是赤化整个陕甘胜利的开始"，这一胜利证明党中央路线的绝对正确。腊子口战役体现了俄界会议的正确决定，它的胜利证明了党中央北上方针的无比正确，给张国焘南下分裂阴谋以有力的回击。同时，也打开了红军北上的大门，宣告了蒋介石妄图凭借天险堵截红军阴谋的又一次破产。"

此后，北上红军翻越岷山，于9月22日到达甘肃岷县哈达铺。从此红一方面军脱离了雪山草地地带。这是红军长征的一个重要转折点。是遵义会议以后红军长征取得的又一次胜利，也是红军长征在甘肃取得的具有战略意义的胜利。党中央为贯彻俄界会议的决定，在哈达铺对红军进行了整编，正式组成了中国工农红军陕甘支队。由彭德怀任司令员，毛泽东任政治委员，全军共七千余人。哈达铺整编使全军明确了北上陕甘苏区的方向，进一步增强了党和红军的团结统一。同时，部队物质状况得到改善，体力得到恢复，为红军走完长征中的最后一段里程做了思想上、物质上的充分准备。9月27日，陕甘支队到达通渭县的榜罗镇。在这期间，党中央进一步明确和了解了陕北红军和陕北苏区的情况，于是在榜罗镇召开了中央政治局常委会议。决定改变俄界会议所确定的战略方针，做出了把红军长征落脚点放在陕北的正确决策，正式决定以陕北作为领导中国革命的大本营。此后，陕甘支队在党中央的率领下翻越六盘山，过陇东，出甘北，于1935年10月19日到达陕北吴起镇，与红十五军团胜利会师。会师后，陕甘支队和红十五军团合编为红一方面军。红军长征，是一次伟大的战略转移。这次战略转移的落脚点放在哪里，这是关系到长征的成败和中国革命前途的重大问题。党中央到达甘肃后确定了把陕北作为中国革命的大本营。万里长征,千回百折,革命终于找到了理想的落脚点和出发点,这在中国革命史上具有十分重大的意义。它对于粉碎蒋介石的反革命阴谋,巩固和发展红军长征所取得的胜利成果;对于保存和发展革命力量,巩固陕北革命根据地,推动和领导全国的抗日战争;对于粉碎和最后战胜张国焘的分裂阴谋,完成和实现党的北上抗日的战略方针,以及领导各路红军最后完成长征等都发挥了极其重要的历史作用。从俄界会议到榜罗镇会议,这是继遵义会议以后,进一步把长征初期消极被动的战略退却,变成了奔赴抗日前线的积极伟大的战略进军,而成为红军长征在甘肃境内发生的具有深远历史意义的最重大的历史事件。

"重走长征路"是当代人了解认识铭记长征历史、重温传承发扬长征精神的绝佳途径。会议多次影响长征走向,拯救红军于危机之中,是了解红军长征不可或缺的重要背景。战役是红军战士突破敌军障碍、挥洒热血、群情激愤的时刻,是长征过程中的高潮部分。根据地供红军战士休养生息、调整状态、统筹安排下一阶段的长征转战计划。以长征线路为主线,以各大根据地为落脚点,中间穿插各种战役和会议,组成了甘肃省恢宏的红色历史,进而给我们留下了会议纪念馆、烈士纪念堂、战役遗址、会师地、红色圣区等一大批丰富而珍贵的红色旅游资源与震撼事迹、精神丰碑。沿途会议纪念馆、战役纪念馆与根据地可以作为长途跋涉的驻足点,被称为关键点当之无愧。

长征沿线各省经过沟通洽谈可组织"重走长征路"接力活动,"革命的火种"再次在中国大地上传递,甘肃省内有长征经过的地州市也应做好协调工作,将"重走长征路"的线路串联、无缝衔接起来。

以毛主席的文学作品为主线也不失为"重走长征路"的一条好的线路。中国工农红军的伟大长征,被比作是"地球上的红飘带"。红军将士们在艰苦的行军与作战间隙创作的诗词,则是镶嵌在这条红飘带上的璀璨宝石。其中,毛泽东创作的长征诗词尤为光彩夺目。长征时期,毛泽东主要创作了《十六字令三首》《忆秦娥·娄山关》《七律·长征》《念奴娇·昆仑》《清平乐·六盘山》《六言诗·给彭德怀同志》等多首诗词。毛泽东在长征中所创作的诗词,富有执着、激情、刚毅的革命乐观主义精神,激励鼓舞着长征中的红军将十。毛泽东的诗词不仅生动地描述出红军长征的曲折，更艺术地表达了红军历经千辛万苦终涅槃重生的激动之情。红军在湘江之战中虽突破了国民党军设置的第四道封锁线，但同时也付出了惨重的代价。千钧一发之际，毛泽东提出中央红军停止北上、向敌军力量比较单薄的贵州转移的建议，当时并没有得到支持。后来经过通道、黎平、猴场三场会议的细致讨论，中共中央决定向黔北前进，建立川黔边根据地。毛泽东在行军途中，写下了许多脍炙人口的诗词。望着连绵的山岭，写下了《十六字令三首》：

其一：

山，快马加鞭未下鞍。惊回首，离天三尺三。

其二：

山，倒海翻江卷巨澜。奔腾急，万马战犹酣。

其三：

山，刺破青天锷未残。天欲堕，赖以拄其间。

三首小令刻画了湘江之战后红军面对的紧急局势。"快马加鞭""惊回首""奔腾急""天欲堕"，仅此几字，便将大战一触即发的紧张之况描绘得淋漓尽致。但"万马战犹酣""赖以拄其间"，笔锋一转，就把红军将士激昂的战斗欲望与勇猛的作战表现跃然纸上。

攻下娄山关、夺取遵义城后，中央政治局举行遵义会议，结束了"左"倾教条主义在中央的错误领导，开始树立毛泽东在中共中央和红军的核心地位。红军在遵义战役中歼敌2个师8个团，挫败了国民党军队，鼓舞了红军。遵义会议后，毛泽东写下了《忆秦娥·娄山关》：

西风烈，长空雁叫霜晨月。霜晨月，马蹄声碎，喇叭声咽。雄关漫道真如铁，而今迈步从头越。从头越，苍山如海，残阳如血。

一句"雄关漫道真如铁,而今迈步从头越",是毛泽东对中国革命道路的冷静思考,表明党和红军在经历过千辛万苦,渡过生死存亡之际后开启了新的征程。

1935年9月27日,红军抵达甘肃通渭榜罗镇。由毛泽东主持召开的中共中央政治局常委会议(榜罗镇会议)决定把红军长征的落脚点放到陕北,发展和巩固陕北革命根据地,把陕北作为领导中国革命的大本营。

9月28日,在通渭县城东文庙街小学召开的中国工农红军抗日先遣队全军排以上干部会议上讲话时,毛泽东即兴朗诵了自翻越岷山后就在心中酝酿的诗篇,《七律·长征》:

> 红军不怕远征难,万水千山只等闲。五岭逶迤腾细浪,乌蒙磅礴走泥丸。金沙水拍云崖暖,大渡桥横铁索寒。更喜岷山千里雪,三军过后尽开颜。

这是毛泽东在长征时期创作的唯一一首律诗,于1935年10月定稿。毛泽东以极度简练的诗句和恰当巧妙的比喻,把红军长征的艰难历程串在一起,回顾了二万五千里长征中的重要节点,歌颂了红军的伟大精神。"更喜岷山千里雪,三军过后尽开颜"是全诗的画龙点睛之处,代表着在长征途中毛泽东的心境由焦急忧虑转换为欣慰喜悦。《七律·长征》是毛泽东长征诗词的巅峰之作,既记录了长征的珍贵历史,也赞扬了中国共产党和红军的崇高革命精神。这首诗被埃德加·斯诺在《西行漫记》中引用,使毛泽东诗词作品第一次与世界读者见面。

之后,毛泽东又创作了《念奴娇·昆仑》《清平乐·六盘山》两首词,展示了"太平世界,环球同此凉热"的大局观和"今日长缨在手,何时缚住苍龙"的伟大理想抱负。

毛泽东为彭德怀创作的《六言诗·给彭德怀同志》,高度评价了彭德怀为党和人民革命事业创下的丰功伟绩,树立了彭德怀有勇有谋、威武雄壮的伟岸形象,同时体现了毛泽东与将帅之间的难分难舍、相互信赖之情。

二 南梁精神红色记忆之旅

20世纪30年代初,刘志丹、谢子长、习仲勋等革命前辈在南梁及周边地区开展游击活动,逐渐建立起了陕甘边区苏维埃政府。南梁地区各类红色遗迹众多,主要有大凤川军民大生产基地、寨子湾刘志丹、习仲勋旧居、抗大七分校旧址、列宁小学旧址等。

1929年,刘志丹、谢子长、习仲勋等同志在党的统领下,到陕甘边地区普及革命真理,开展以游击形式为主的武装斗争。1930年至1933年,先后组建中国工农红军陕甘游击队、中国工农红军第二十六军。1934年初,陕甘边区革命委员会在南梁附近的四合台通过选举成立,同年11月4日至6日,陕甘边区苏维埃政府和革命军事委员会在南梁荔园堡召开的工农兵代表大会上成立了,习仲勋先后当选为陕甘边区革命委员会和苏维埃政府主席,刘志丹当选为革命军事委员会主席。

在陕甘边界经过刻骨铭心、不屈不挠的奋斗,中国共产党创建了以南梁为中心的陕甘边革命根据地,开辟了中国西北第一个工农民主政权——陕甘边区苏维埃政府。

以南梁为中心的陕甘边革命根据地是在地理位置上远离革命中心、在革命力量上远离党中央的情况下创建的。在相继丧失南方各个革命根据地后,党中央和各路红军被迫长征,实行战略转移,陕甘边革命根据地成为中国共产党唯一一块保存完整的根据地,为党中央与红军长征提供了落脚点,而且是之后八路军奔赴抗日前线的出发地。在党史上它被称为"国内二次革命后期我党硕果仅存的一块革命根据地",是后来的陕甘宁边区的重要基础,在中国革命史上具有独特的地位,为全国革命胜利做出了突出的贡献。

在创建根据地的过程中,边区军民前赴后继,浴血奋战,粉碎了敌人的多次进攻和"围剿",壮大了革命力量,使根据地由华池扩展到甘肃庆阳市的合水、庆城、正宁、宁县和陕西的旬邑、彬县、淳化、耀县、三原、铜川、宜君、黄陵、富县、甘泉、保安、安塞、定边、靖边等十八个县,数万平方公里的广大地域。

老一辈革命者在甘肃辛勤耕耘,不懈努力奋斗甚至不惜付出宝贵的生命建立根据地,为中国革命积蓄力量、保存实力,以南梁为中心的陕甘边革命根据地是土地革命战争后期全国硕果仅存的完整根据地。这里曾为共产党人储存力量，助推中国革命走向胜利；这里曾为中华人民共和国的诞生创造过历史性的贡献。硝烟散去，尘埃落定，留给这里的是中国共产党人为了民族与百姓的解放与独立而艰苦奋斗、初心不改的宝贵精神财富与用鲜血铸就的红色印记。

三　长征胜利会师之旅

1936年10月，中国工农红军第一、二、四方面军在会宁胜利会师，是长征胜利结束的标志，是革命力量大团结的典范，是中国革命走向胜利的转折点。

在跋涉了二万五千里、历时两年艰难困苦的长征中，红军共有八次会师，为了解各路红军战略转移的重要节点，理清长征全过程清晰的脉络，认识长征路上的历次会师是至关重要的。

第一次会师：红二、红六军团在贵州木黄会师。

1934年8月7日依中共中央、中革军委的安排，红六军团以湘赣苏区为起点开始向西进军。红六军团在9月上旬溃败了敌军八个团兵力发起的攻击，成功渡过湘江继续向西行进。1934年10月23日，红六军团主力部队抵达黔东印江县木黄。24日，由贺龙、关向应率领的红三军主力军及李达率领的红六军团一部从芙蓉坝、锅厂到达木黄，两军胜利会师。红三军在红六军团到达黔东之前已于1934年5月到达，到达后与群众打成一片，轰轰烈烈开展土地革命，创建起革命武装和政权，建设了黔东苏区。10月26日，胜利会师的两支部队在四川省酉阳县南腰界隆重举行了会师大会。会师大会后，中革军委电令红三军，恢复红二军团番号，红三军与红二军两军团同时行动，由红二军团指挥部统一指挥，贺龙担任军团长，任弼时担任政治委员，关向应担任副政治委员。此次会师，红六军团胜利完成转移任务，起到了为中央红军的战略转移先遣探路的作用。随后，红二、红六军团从南腰界出发，此时，中央红军从敌火力中突围，为策应中央红军的战略转移，红二、红六军团向湘西发起攻击，并开辟新的湘鄂川黔苏区。

第二次会师：北上抗日先遣队与红十军在江西重溪会师。

有一支以北上抗日先遣队，是由红七军团组成的，这支部队接连转战于闽、浙、皖、赣四省几十个县，行军距离长达3200多里，连续作战，深深插入敌人内部，打败了国民党军队的数次攻击与围剿。1934年10月，北上抗日先遣队突破了敌人两道封锁线后抵达闽浙赣苏区，在11月初方志敏等领导的红十军在江西葛源以北重溪同方会合。接着，部队进行了整编。中革军委于11月4日电令，北上抗日先遣队与驻扎在闽浙赣苏区的红十军及地方武装整合，成立以刘畴西为军团长、乐少华为政治委员、方志敏为军政委员会主席的红军第十军团，继续担任抗日先遣队的任务。

第三次会师：红一、四方面军在四川懋功会师。

1934年10月，中央红军开始长征。虽然连续突破了敌人设立的四道封锁线，但我军力量也损失严重。12月18日，中共中央政治局在黎平举行会议，会议上毛泽东提出的正确建议被采纳，中央红军改变与红二、红六军团在湘西会合的原本计划，向贵州北部进发。红四方面军在打赢嘉陵江战役后，在1935年5月初继续向西行进以掩护中央红军突围。就在中央红军成功翻越夹金山之时，红四方面军一部一举占领懋功，并向前推进至达维。1935年6月12日，红一方面军先头部队红一军团第二师第四团与红四方面军第九军第二十五师第七十四团在夹金山与达维之间的地区胜利会师。6月18日，中央从达维出发到达懋功。红一、四方面军胜利会师后，在县城的天主教堂召开了干部大会，并在城隍庙举行了联欢会。根据中央指示，红军两大主力会师后，需加强部队建设，相互学习，交流分享建军和作战经验。红一方面军抽调一批精干干部加入到红四方面军充实领导力量。红四方面军抽调部分精锐部队加入到红一方面军增强战斗力量。同时，互相参观访问学习，加强了两部队之间的团结和军队之间的革命友谊。懋功会师彻底粉碎了蒋介石妄图消灭红军的计划，壮大了红军的力量。

第四次会师：红二十五军与陕甘红军在陕西永坪的会师。

中央红军长征后，依据中共中央、中革军委的指示，红二十五军在1934年11月离开鄂豫皖苏区，开启长征征程。红二十五军接连进入桐柏山区和伏牛山区，但发现在这两个地区创建苏区困难比较大，于是又转至陕南地区，建立了鄂豫陕苏区。1935年7月，得知中央红军与红四方面军在川西会师后决定北上，为策应主力红军的行动并与陕甘红军会师，红二十五军决定向西行进。红二十五军于 1935 年 9 月初进入陕甘根据地。红二十五军于 9 日到达陕西永宁山，与中共陕甘党组织建立了联系。红二十五军于 9 月 15 日抵达陕西延川县永坪镇。16 日，刘志丹率领红二十六与红二十七军抵达永坪镇，三个军在永坪镇胜利会师。9 月 17 日，中共鄂豫陕省委与西北工委召开联合会议，会议决定红二十五军与陕甘红军第二十六、第二十七军合并整编为第十五军团，由徐海东担任军团长，程子华担任政治委员，刘志丹担任副军团长兼参谋长，红二十五军改编为第七十五师，红二十六军改编为第七十八师，红二十七军改编为第八十一师。9 月 18 日，盛大的军民联欢大会在永坪镇举办。这次会师显著增强了红军的力量，巩固了陕甘苏区，为迎接中共中央与红一方面军主力的到来创造了有利条件。

第五次会师：陕甘支队与红十五军团在陕西甘泉会师。

中央红军与红四方面军在懋功会师后，红军战斗力与综合实力大大增加，并在两河口会议上讨论确立了北上川陕甘的战略决策。1935 年 8 月 3 日，红军总部制订进军甘肃南部的夏（河）洮（河）战役计划，在战役打响之前，中央红军、红四方面军被编成左右路军，党中央、中革军委跟随右路军。当右路军历经千辛万苦，耗时数日越过环境恶劣的草地后，在焦急等待左路军来会合之时，张国焘却以各种借口要求右路军南下，不愿北上。为贯彻北上的战略方针，中央率领红一军、红三军和军委纵队不得不先行北上，首先力克天险腊子口，然后翻越岷山，最后占领哈达铺。在哈达铺，北上的部队正式改编为中国工农红军陕甘支队。9 月 27 日，中国工农红军陕甘支队攻占通渭县榜罗镇。1935 年 10 月 19 日，由中央率领的陕甘支队到达陕甘根据地的吴起镇（今吴旗）。11 月 2 日，中共中央率领陕甘支队先头团进驻陕甘边苏维埃政府驻地甘泉县下寺湾同红十五军团胜利会师。11 月 3 日在富县以北地区召开欢迎中央红军到陕北大会。同日，中华苏维埃共和国中央政府决定成立中国工农红军西北革命军事委员会，西北军委宣布恢复红一方面军番号，红十五军团编入红一方面军建制。红一方面军司令员彭德怀，政治委员毛泽东（兼）。红一方面军下辖红一军团和红十五军团。尔后，红一方面军总部和红一军团即从下寺湾地区向甘泉以南道左铺地区红十五军团驻地开进。徐海东、程子华等在红十五军团驻地受到了毛泽东、彭德怀的接见，并被亲切勉励。两军会师后，立即对国民党军的"围剿"进行反击，打赢了榜罗镇战役，有效巩固了陕甘苏区，大力配合了全国红军的行动。

第六次会师：红二、红六军团与红四方面军在四川甘孜会师。

1935年11月19日，红二、红六军团从湖南桑植出发，开始长征征途。红军历经了四个月的转战，在1936年3月下旬的时候来到贵州西南的盘县、亦资孔地区。1936年6月3日，红六军团到达理化以南甲洼地区，同前来迎接的红三十二军会师。红四方面军第三十军经过道孚、炉霍到达甘孜。6月30日，贺龙、任弼时、关向应率领二军团到达甘孜附近的绒岔与红四方面军第三十军先头部队会师。7月1日，红二、红六军团齐集甘孜。7月2日，红二、六军团与红四方面军在甘孜召开庆祝会师大会。7月5日，中革军委电令，红二、红六军团合并组成中国工农红军第二方面军，由贺龙担任总指挥，任弼时担任政治委员，萧克担任副总指挥，关向应担任副政治委员。下属的第二、第六军团保持原番号，另将第三十二军编入红二方面军建制。此次会师，抵制了张国焘的错误路线，维护了全党全军团结，促进了三军会师，对中国革命新局面的开创具有重要意义。

第七次会师：红一、四方面军在甘肃会宁会师。

红二、红四方面军在甘孜会师后，张国焘希望红二方面军站在他这边，但红二方面军领导人坚决反对。在中共中央和朱德、刘伯承、任弼时、贺龙等优秀无产阶级革命家的大力争取下，两军最终共同北上。1936年7月上旬，红二军与红四军从甘孜出发，经过阿坝、包座等地区，途中翻过了雪山，越过了草地，于8月抵达甘肃南部。红四方面军于9月上旬控制了漳县、渭源、通渭等广大地区；红二方面军于9月中旬占领了成县、徽县、两当、康县等广大地区。就在此时，张国焘又提出西渡黄河的主张，经朱德和红四方面军一些领导人的抵制和斗争，加之在兰州以西渡河困难，张国焘被迫同意继续北上。为接应红四方面军北上，红一方面军派出部分兵力，先后占领将台堡、界石铺和会宁等地。1936年10月7日，红四方面军第四军一部到达会宁，与红一方面军第七十三师胜利会合。10月8日，红四方面军的先头部队第十师，与红一方面军的第一师在甘肃会宁的青江驿、隆德的界石铺胜利会师。

9日，红军总部及红四方面军总指挥部进入会宁城。为了避开敌机的袭扰，红一、四方面军于10月10日黄昏在会宁文庙举行了规模盛大的庆祝会师联欢大会。

第八次会师：红一、二方面军在将台堡会师。

1936年10月22日，由红二方面军的总指挥贺龙、政委任弼时率领的总指挥部抵达隆德将台堡（今隶属于宁夏），与红一军主力会师。在将台堡红一军与红二军召开了热烈的联欢大会，庆祝胜利会师。邓小平等同志被中央委派前来慰问，并传达了瓦窑堡会议精神和毛泽东的《论反对日本帝国主义的策略》的中心思想。10月24日，中央书记处向共产国际报告说："三个方面军已胜利会合，我们正在对三个方面军大力进行政治教育，保证整个红军在民族抗战新阶段中担负组织者与领导者的责任与任务。"

红军三军的会师，标志着中国工农红军长征任务的胜利结束，将国民党顽固派围剿红军的计划彻底破灭，当时蓬勃发展的抗日救亡运动被进一步推动，为抗日民族统一战线的形成奠定了基础，中国革命的新局面从此开始。

而会宁因红军三大主力在此胜利会师而远近闻名，是一定要参观的红色圣地。就像毛主席所说"不到长城非好汉"，不到会宁也非胜利。

1936年10月上旬，先行到达会宁的红一方面军在团长韦杰、政委夏云飞的率领下一举攻下会宁，把红旗立在了会宁城头，为迎接即将到来的二、四方面军及三军会师奠定了基础。中国工农红军一、二、四方面军于1936年10月中旬在会宁胜利会师，红军各军团等7万多名将士在会宁休整达22天。红军会宁会师是长征史上的丰碑，标志着长征的胜利结束，是中国革命重心成功地从南方长江流域成功转移到西北黄河流域的标志，是中国革命走向胜利的转折点，将革命力量汇合到一起，象征着革命的大团结，促进了抗日民族统一战线的形成。会宁红军会师旧址是全国重点文物保护单位，是全国首批百家爱国主义教育示范基地之一。作为中国工农红军长征中"四大聚焦点"之一的会宁与瑞金、遵义、延安等革命老区同列为全国著名的红色旅游胜地。

在1986年红军会师五十周年庆到来之前，组织修建了由邓小平亲笔题名的、风格独特的会师纪念塔，由刘华清题名的会师联欢会会址、由徐向前题名的红军会师革命文物陈列馆、会师门、将帅碑林等五处主要景点构成的会师园。同时，为了纪念在慢牛坡和大墩梁英勇牺牲的红军烈士，会宁分别在慢牛坡和大墩梁战役现场为红军烈士建造了纪念碑。1996年，在红军会师六十周年庆之际，由清华大学建筑学院规划设计，在省级森林公园桃花山上修建了以模拟、微缩长征路上具有代表性和历史意义的22处景点，用万分之一时间走完万分之一长征路、由刘华清题写园名的"长征胜利景园"，景点生动地再现了二万五千里征程的艰险悲壮。

会宁旅游文化的氛围已经形成。红军三军会师不仅在中国革命史册上翻开了光辉的一页，留下了大量的革命遗址和文物，而且形成了"艰苦奋斗、自强不息、同心同德、百折不挠、团结胜利"的长征精神。会宁现为国家重点爱国主义教育示范基地、国防教育基地、国家安全教育基地。来会宁缅怀先烈、接受革命传统教育和观光旅游的游客数量逐年增加。兰州大学、甘肃武警总队等单位已经确立了会宁作为他们的爱国主义教育基地。自保持党员先进性教育活动以来，会宁成为甘肃实践"三个代表"，坚持"两个务必"，保持共产党员先进性教育活动的重要阵地，如甘肃、青海、宁夏等200多个单位的党员干部在会师塔下进行了宣誓，现在每年有受教育者和来访者超过15万人。同时，针对青少年思想道德教育问题，具体开展了以"农家一日生活"为主题的传统教育旅游活动，让游客和广大青少年逐日在农民中，体验"面朝黄土背朝天""粒粒皆辛苦"的农民生活，感受中华民族千百年来的农耕文化，我们劳动人民是如何改造自然来促进时代的进步，如何通过艰苦奋斗为中国革命和社会主义建设的胜利做出贡献，开展"知10种粮食，知22种农具，吃农家饭"活动，为城市游客提供"小饭"，为儿童和青少年提供补充精神"营养"，增进城乡人民之间的相互交流，加深城乡人民的感情。经过多年的发展，会宁红色旅游已经初具规模，开展红色旅游的氛围已经形成。

为了进一步开发利用会宁的红色旅游资源，加强爱国主义教育，我们在市场调研和聆听专家专题讲座的基础上，结合会宁实际，提出建议如下：

1. 充分发挥会师旧址龙头基地的作用，打造旅游精品线路

要按照创建国家4A级旅游景区的标准要求继续完善会师旧址的基

础设施，优化服务环境，把会师旧址建成会宁县、全省乃至西北红色旅游的龙头基地，充分发挥其在红色旅游中的龙头基地的辐射带动作用。精心打造三条精品旅游线路，发挥会师旧址的龙头作用，以县城为旅游中心，辐射到其他景点，融红色、绿色、金色、古色旅游于一体，改善景区的交通、通讯、服务的基础条件。（1）"会师旧址—桃花山—西岩山—农业科技示范园区—大墩梁烈士陵园—西宁城遗址"。（2）"会师旧址—桃花山公园—西岩山庄—河畔红园—慢牛坡烈士陵园"。（3）"会师旧址—桃花山公园—西岩山庄—铁木山—马明心教堂—郭蛤蟆城遗址"。

2. 突出特色，增强红色旅游产品的内在魅力

红色旅游与其他主题性旅游的不同之处主要在于红色旅游过程中以富含教育意义的红色文化为主线。独具特色的红色旅游产品是红色景区吸引游客、留住游客、引导游客消费的一大关键，深挖文化内涵，提高思想品位，创新开发手段是打造旅游产品精品的重要举措。要培养专业人才，专门对红色革命历史文化内涵进行研究，找寻其典型性，探究其感染力，把它们以喜闻乐见的方式输送给游客。根据游客的审美观念和消费心理，创新红色旅游宣传、推广、展示和解释的方法和手段，采用现代艺术设计理念，提高红色旅游的观赏性、趣味性和参与性，使红色旅游产品更贴近时代、游客和市场。例如，可以设立一些体验式和参与性的旅游项目，以提高旅游产品的体验。例如，展览结束后，可以设立一个游戏厅，通过色彩鲜艳的动画、绘画、拼图和电脑游戏，吸引大量青少年和游客用手和头脑工作。纪念品将给予正确的完成者，让他们有一个军事经验和红色传统教育在一个轻松和娱乐环境下的过程。它可以创造丰富的内涵和令人兴奋的旋律红歌，安排红色艺术节目还原历史事件，在重点红色旅游景点表演，用舞台艺术、肢体语言和场景向游客展示红军长征史和中国革命斗争史的经典场景。

3. 要注重产品创新，提高红色旅游的竞争力

红色资源是旅游产品的重要支撑。要将红色资源转化为旅游产品，必须从旅游的角度注重产品创新。在红色旅游发展中，跨越了单一的观光模式，将"红色旅游"融入一个新的旅游产业体系中。红色和绿色（生态旅游）是相连的，红色、金色和彩色（教育、文化、时尚旅游）

相互作用。比如立足会宁教育名县的赞誉和"三苦两乐"精神，新建会宁教育成果展，利用图片、史料、图表，实物、艺术品、模型、幻影成像，电子触摸屏等声、光、电现代化高科技的布展手段，来反映历史的会宁教育和现当代的会宁教育，并选取一些典型事例来反映博士们的成长经历以及典型的家庭苦供、学生苦学、教师苦教的实例，生动再现会宁"三苦两乐"办教育的精神。再比如建设青少年培训接待中心，发挥爱国主义教育的功能，吸引更多的周边地区的广大中心小学来会宁接受爱国主义教育。依托全国少工委甘肃省小记者辅导站，由小学生向中学生延伸，组织兰州乃至全省小记者来会宁，通过青少年培训接待中心集中培训后，参观采访会师旧址，分送到周边学校实地参观教学，参观绿色小杂粮产品加工企业，深入农家体验会宁学生的学习生活。产品创新，要深度挖掘红色文化、红色精神，不挖掘文化是没有感染力的，要政府主导和市场运作有机结合，探索新内容，开发新模式。从而，形成一种多层次的，适应旅游市场需求和现代革命教育需要、且有时尚感的产品网络，构筑融观念创新、体制创新、文化理念创新、营销创新、产品创新、管理创新、技术创新、服务创新于一体的"红色旅游创新体系"。

4. 加快"三个整合"，强化建设管理

要按照全面整合旅游资源、旅游体制、旅游产业的大要求，把"三色"旅游资源有机组合，开发出复合型旅游精品。一是建设一个红色主题公园。与红军长征胜利景园现有红色微缩景观相结合，封闭前山，建设红色主题群雕等红色景点，实施桃花山，上水绿化工程，把桃花山建成一个寓红色教育和休闲娱乐于一体的公园。二是建设土特产品开发中心。立足会宁小杂粮的特色优势，按照市场化、旅游化的方向，建设会宁土特产品开发中心，集中展销土特产品，为游客提供丰富的会宁土特产品，要求所有有关的企业积极参与。三是建设西岩山休闲山庄。通过招商引资，在西岩山上建设休闲度假村，增设娱乐休闲服务设施；利用红十五军团七十三师在会宁保卫战时遗留下来的战壕和工事，建成会宁保卫战模拟战场；同时，建设小杂粮生态园。四是建设一条索道。在桃花山和西岩山之间建设一条索道，将两山紧紧地连接起来，使其成为会宁县一个新的旅游亮点。

5. 提升质量，综合发挥红色旅游文化产业的效益

质量是影响红色旅游综合效益和可持续发展的根本因素，必须下大气力狠抓红色旅游的质量。一要完善配套设施，优化旅游产品。首先，要加强县城的建设及城市主干道的拓宽、亮化和美化，县城的主要街道可以用红军长征过程中具有重要纪念意义的地名来命名。其次，应完善宾馆、特色餐馆及参与性的游乐、娱乐、文化体育等配套设施，严格按照旅游行业的标准来规范餐饮、住宿、出租等服务业务，打造诚信企业，树立诚信服务，塑造革命圣地公民的良好形象。充分发挥旅游业的龙头作用，不断延伸旅游产业链，带动交通、娱乐、饮食等与旅游相关的其他产业同步发展。同时，结合新农村建设，按照"统一标准、统一管理"的要求在会师镇的南十里铺、柴家门乡的鸡儿川等基础条件较好的村，集中建设2—3处农家乐。二要继续挖掘红色文化底蕴。继续挖掘会宁传统文化与会师文化的结合点，建立起会师精神与传统文化相结合的价值体系。以民间手工艺为载体，开发系列红色手工艺纪念品；开发以红军长征史料等为主的教育型红色旅游产品，通过音像制品、画册、书籍编辑成册，使其成为凝集革命历史和革命精神的有形载体；进一步加大对红色文物的征收力度，向人民群众征集当年红军留下的革命文物。组织总结现有文物，邀请文物专家进行鉴定，增加国家一、二级革命文物数量，提高文物品位。三要把引进和培养高素质人才作为改善旅游资源配置状况、提高资源配置效率的重要任务。注重提高旅游专业人员的综合素质，加强职业道德和服务技能的培训，不断提高管理水平和服务质量，实现红色旅游服务向专业化、标准化、艺术性和人性化方向发展。

6. 加强宣传促销，开拓客源市场

要采取多种形式搞好会宁红色旅游的整体形象宣传，提高知名度。一是通过承办各种重大节会，举办红色旅游推介会。二是成立会宁红色旅游旅行社团。加强与省内外旅行社团的交流合作，按照市场化运行的规律，组建2—5个会宁旅行社团，以促进会宁旅游业的发展，同时，加快导游队伍的发展、培训等工作。三是加强红色旅游区域合作，走开放性旅游发展的路子。与省内外红色旅游景区建立战略联盟，大力发展合作伙伴关系，逐步在国内主要旅游点城市设立旅游办事机构，努力建

立双方的产品链联盟和市场开发联盟，共同开拓红色旅游客源市场。会宁的红色旅游事业正在酝酿中。我们只需要进行仔细的研究和开发，科学的规划，标准化的管理和灵活的推广。我们相信，在不久的将来，会宁的红色旅游事业必将在全国打造响亮的品牌。

第七节　甘肃红色旅游特色商品开发

一　红色旅游特色商品的概念

旅游商品是旅游者在旅游地购买，并在途中使用、消费或者携带回使用、赠送、收藏的以物质形态存在的实物。主要包括旅游纪念品、旅游工艺品、文物古玩及其纺织品、土特产品、旅游日用品等。有特色的旅游商品往往代表着一个地区特色风情、传统文化，其本身带有强烈的地域信息与纪念意义的商品，拥有广阔的市场前景。目前甘肃省红色旅游的发展势头十分强盛，但在景区售卖的商品大部分仍以传统工艺品、食品和纪念品为主，与其他主题的旅游景区相比，缺乏具有红色元素的特色商品。[①]

二　红色旅游特色商品开发原则

1. 明晰主要客源的消费偏好，有针对性地开发

要细致调查和分析客源市场，了解不同的人口学特征、旅游者的心理特点，有针对性地开发红色旅游区特色商品。目前甘肃省红色旅游的客源有三种类型：一是有明确政治教育目的的集体考察，这一集体的出行经费主要由公费支持，对象是党员干部、公务员、事业单位工作人员等；二是为进行革命传统教育与爱国主义教育、思想政治建设的学习团体，对象以大中小学生为主；三是一些从革命战争年代走过来的老一辈无产阶级革命家或离、退休老干部。其中前两种类型的游客数量多、积极性高、购物潜力大，是需要重点研究的对象。

2. 结合具体景区的不同特点，加强体验式开发是指商品的开发必

[①] 王晖：《红色旅游特色商品开发的原则与策略》，《商场现代化》2008 年第 2 期。

须注重创新

当前红色旅游在全国各地盛行，但目前学术界对于红色旅游特色商品的理论研究较为缺乏。为防止低水平同质化产品出现，应该根据各红色旅游景区的主题与特色，采用巧妙新颖的方式，将民族风情、地方文化、自然生态、特色动植物等元素融入旅游商品的制作中，推出吸引游客眼球、满足游客喜好的红色旅游特色商品。例如有的景区有打靶体验，便可以设置配套的制作弹壳纪念品活动，极易得到游客接受与欢迎。

3. 坚持红色旅游文化本色，开发与景点相匹配的商品

红色旅游是指以中国共产党领导人民在革命战争时期形成的纪念地、标志物为载体，以其所承载的革命历史、事迹和精神为内涵，组织接待旅游者开展缅怀学习、参观游览的主题性旅游活动。其本意了解历史、缅怀先烈，使游客陶冶情操、提高素质并带动革命老区经济发展。但在部分地区，一些开发者一味地追求商业利益，肆意篡改甚至践踏红色文化，有报道说：在毛泽东亲手创办的农民运动讲习所里售卖麻将桌；遵义的餐馆里出现了所谓的"长征文化套餐"，其中一道菜"一渡赤水"即为红烧鲢鱼，寓意当年红军战士"一渡赤水"。这些严重歪曲历史意义的"创意"，虽然在短时间内造成了商业噱头，但其丢弃了红色文化的本色，必不能长远。

三 红色旅游特色商品开发策略

1. 重点推出符合主题的商品

红色旅游商品必须与景区的红色主题相关联，不能没有依据地设计，否则就失去了文化根基。我国红色旅游资源可细分的类型多种多样而且数量庞大，各红色旅游景区都有着独一无二的代表人物、珍贵文物和典型事件，可以形成各有千秋的不同旅游主题。目前，已确定了全国12个不同主题的红色旅游区，以此为基础上再结合地方其他方面特色又可以确定一些细分主题，特色商品的设计便有据可依。这类商品"表面"可能与普通商品无异，但其却有着丰富的内涵。

2. 积极发展不同用途的商品

目前红色旅游特色商品的形式大多是手工艺品与小纪念品，局限性

较强，为改善这一情况，其形式可以延伸到日用品、礼品及文化艺术产品等各种用途。利用当地特产，结合现代的生产工艺制造红色服饰、食品、装饰品等用品或藏品。做军人不仅仅是年轻人的梦想，而是各个年龄阶段都梦寐以求的。许多小伙子曾期望穿上军装；一些经历过战争的中老年人对军人的尊敬情感强烈；结合这些特点，根据红色旅游需要，制作并售卖符合需求、适合各个年龄段游客的红军服、绑带、挎包、红军鞋等，定会受到游客欢迎。

3. 出售限制购买条件的商品

从国家政策来看，国家旅游局启动的"红色旅游"工程准备用五年时间，在全国范围内重点建设以十大"红色旅游基地"、二十个"红色旅游名城"、一百个"红色旅游经典景区"，在数量如此庞大的红色旅游景区情况之下，要防止各景区推出的红色旅游特色商品同质化严重的问题，设立体现景区特征的专门出售红色旅游特色商品的经营店，并且按照游客在景区的不同经历过程，赋予其不同含义，推荐他们购买相应的商品。日本在这一点上已开辟了良好的先行案例。钥匙圈纪念品在日本各景区都有售卖，但此类纪念品各不相同，吊牌的正面是富有代表性的名胜古迹建筑物，如金阁寺、唐招提寺等，背面是简易的旅游图，独一无二，富有特点。最具有代表性的是富士山的钥匙圈：在一千米、两千米、三千米海拔高度购买的钥匙圈各不相同，旅游者若没能爬到三千米，不能买到三千米专属的钥匙圈纪念品，虽然这个纪念品价格要比一般的钥匙圈贵许多，但因代表着旅游者特有的成就感及自豪感，几乎所有爬上三千米的游客都不惜花费高价买上一个作为"不到顶峰非好汉"的纪念品。

4. 开发有利于身心健康的商品

红色旅游是在中国新的时代下为了配合革命传统教育与爱国主义教育而出现的新兴旅游形式，是开展爱国主义教育与革命传统教育的有效方式，其目的在于使游客洗涤心灵、强化体魄。红色旅游区特色商品的正确开发要考虑到这一目的，例如在"重走长征路""战地重游""参观伟人故居"等活动中，穿插既能再现当年情境，又有助于当代人放松身心、亲近自然的元素，如红军帽、布衣、布鞋、水壶以及用野菜、杂粮食品等。

5. 积极借助外力研究创新商品

我国很多红色旅游资源分布在地理位置比较偏僻、经济发展程度不高的地区，这就导致底子薄、基础差，因而缺乏相应的特色商品理论与实际研究。因此，要广借外力。例如，在筹集资金方面，广泛调集社会各方力量，利用优惠政策吸引投资；在人才与技术引进方面，可分别采取校企技术合作与委托生产的方式解决；在外形设计方面，可以通过各种激励方法面向广大群众，特别是向大、中、小学生征集创意，游客往往会倾向于购买自己参与设计的商品。

6. 注重培养红色旅游品牌商品

消费者在消费时专注的是品牌，而不是生产者，建设商品品牌至关重要。但我国旅游商品制造业尤其是一些小规模的旅游商品生产企业的品牌意识淡薄，没有明确的研发和生产目标，盲目模仿的情况频频出现，使一些千篇一律的甚至粗制滥造的工艺品、纪念品充斥旅游商品市场。我国的制造业能力不弱，通过标准化的流水线作业，中国的旅游工艺品、纪念品已在全国各地都有身影出现，甚至国外许多知名旅游景点销售的商品都是中国制造的。趁此红色旅游兴起的大好时机，相关政府部门或私营企业应当树立品牌意识，为应对这一庞大需求，培育一批既高端知名又具有纪念性、感染力、亲和力的红色旅游名牌商品。[①]

四 红色旅游特色商品开发——以甘肃省华池县南梁镇为例

现在的甘肃省华池县南梁镇是刘志丹、习仲勋无产阶级革命同志在20世纪30年代建立的陕甘边革命根据地所在地，后来陕甘边根据地与谢子长领导的陕北革命根据地连在一起，称为西北革命根据地。2004年被列入全国首批百个红色旅游经典景区。为推动红色旅游起步，庆阳市政府从整体把握上建设南梁红色小镇，区域内包括华池南梁革命历史陈列馆、军民大生产基地纪念馆、山城堡战役遗址纪念园、刘志丹太白起义纪念园、环县山城堡战役遗址纪念碑等以南梁陕甘边苏维埃政府旧址为核心的8个主要红色旅游景点。完善了旅游服务基础设施，改善了旅游服务上层设施，在旧址基础上开发建设了新型景点，集中力量打造

---

① 王晖：《红色旅游特色商品开发的原则与策略》，《商场现代化》2008年第2期。

了一批质量高、名气大的优质景点。

庆阳南梁作为红色革命种子的孕育地之一，有丰富的红色文化底蕴，进而催生出许多珍贵的红色旅游资源，吸引来大量游客。据统计知悉，每年旅游旺季的平均每日游客量达到三千余人，每年旅游淡季的平均每日游客量达到千余人。但是，庆阳市的相关部门对红色旅游特色商品的理解也还不是十分到位，对于其蕴含的巨大经济效益未能有效开发，没有创立红色旅游特色商品品牌的意识，红色旅游特色商品的开发缺乏创新理念。因而导致了缺乏代表性的旅游纪念品、纪念品种类单一等问题。南梁供游客选择的旅游纪念品大都是民俗手工艺品和土特产品这两种，比如香包、剪纸、皮影、白瓜子、杏脯等或当作礼品赠送亲友或自己留作纪念，而这类纪念品也大都存在缺乏特色、实用性差、美感淡薄等弊端。因此，需要根据景区主题，结合地方的其他物产和文化资源，将它们结合起来并融入艺术，注重创新，为南梁红色旅游纪念品的开发开辟一条符合当地实际的合理发展道路。

1. 推陈出新，创立庆阳南梁地区红色旅游纪念品，打造品牌效应

让历史与时代共存，在文化背景下发展与时代紧密相连的创新设计。在实践创新中，作品可以通过"取其精华，弃其糟粕"和"推陈出新，革故鼎新"来提升魅力，这是打造品牌设计的关键，也是红色旅游设计的要求。旅游市场非常广阔，红色旅游纪念品的销售市场也非常广阔。无论是从革命历史文化的传承与发展还是现代社会红色旅游可以为我们带来的经济效益都需要我们去突破，去改变习惯性思维，跳出圈子。目前，南梁地区纪念品的开发仍停留在文物的复制上。随着现代社会的快速发展，人们接受新事物的能力也进一步增强。单一的文物复制品不足以吸引人们的注意力，因此建立了"南梁记忆"品牌，即南梁的红色旅游纪念品。改变旧的观念和计划创新，改变纪念品的种类，使群众愿意接受和进一步推广纪念品，使游客了解南梁，热爱南梁，通过口碑的方式进一步推广我们的品牌效应。

2. 为不同的消费群体定制不同的纪念品

由于每个游客的购买能力有限，根据不同的消费群体，应结合南梁区红色旅游文化资源的特点，以文化为导向，以功能多样性和定制不同种类的旅游纪念品，比如，儿童最喜欢的南梁英雄脸谱、手工娃娃、邮

票书签，年轻人喜欢跟随、挂饰、杯子等。通过抽象图形元素，结合南梁康达大学七个分校、南梁革命纪念馆和南梁英雄纪念碑的原始形状，绘制了春夏秋冬四季的明信片和书签。与传统景观作为图像元素的明信片相比，简单大方的图形和强烈的对比色更突出了时代的气息，吸引了更多的消费者购买。对于一些来南梁参观的青少年，可以设计棒球帽、T恤和书包，上面印有吉祥物"南南"。一方面，他们将是时尚，美丽和体面的统一服装的旅游团。即使游客回去，他们也可以继续穿，而不会造成任何浪费；另一方面，它可以在旅行中给游客留下美好的回忆。为老年人设计自己最喜欢的南梁图案服装、帽子、手工编织鞋垫、草鞋等。红色旅游纪念品涵盖了这些人的生活阶段，研究范围是为下一代爱国主义教育平台进行的，使红色文化的南梁发出了光芒，同时这些具有现代审美价值、价格优惠、工艺精湛的纪念品将吸引团购欲望。当前庆阳市的相关部门对红色旅游特色商品的理解也还不是十分到位，对于其蕴含的巨大经济效益未能有效开发，没有创立红色旅游特色商品品牌的意识，红色旅游特色商品的开发缺乏创新理念。首先把开发弘扬庆阳南梁地区红色文化主题的商品放在工作首位，应着力设计与推出与红色文化主题相吻合的旅游商品，培养一批品高质优，富含灵魂与内涵且精美的红色旅游特色商品。庆阳南梁地区是红色革命老区，对于红色革命老区来说，红色革命是亘古不变且极其重要的主题文化的元素，只有具有代表性的、具有本土特色的，高水平高质量的红色旅游工艺品、纪念品才能够得到来往游人的认可，才能够激发游客的购买欲望、收藏欲望，通过不断创新从而带动市场经济满足市场需求，打开市场走向世界。

第八节　红色教育受众与红色旅游产品多元化发展专题研究

本节以发生在中国工农红军西路军纪念馆的红色教育与红色旅游为研究对象，通过对纪念馆工作人员的半结构访谈发现：（1）中国工农红军西路军纪念馆内的红色教育受众以团体组织为主，这些团体又多以党性教育、公司团建为目的。（2）馆内红色教育受众的政治面貌、职业等人口特征构成不均衡；植根于红色旅游定义，从游客感知理论与感官角度入手，采用问卷调查方法获取数据并分析红色旅游对游客的教育效果及游客视角下优秀红色旅游产品的类型与特点，研究发现：（1）红色旅游显著提升了游客对景区红色文化的认知程度。（2）高度感官参与、体验性强的红色旅游产品更加受到游客欢迎。

一 引言

红色教育分为广义红色教育与狭义红色教育。广义红色教育是指以国内外一切先进的人物事迹或某种伟大精神及其载体为主题，使受教育者受到情感教诲与行为激励的活动。狭义红色教育是指教育者以中国共产党领导中国各族人民在革命和建设实践中所形成的伟大精神及其载体，有目的、有计划、有组织地开展使受教育者受到熏陶与启发的活动。① 本书所论述的有关红色教育的内容都是在狭义红色教育的范畴下展开的。红色教育就是对受教育者进行革命传统教育与爱国主义教育，坚持尊重历史、缅怀先烈的原则，结合相关节日与纪念日，对学生开展富有意义的"红色教育"。② 其中，革命传统教育是使受教育者继承和发扬无产阶级在革命斗争中形成的革命精神、优良作风和高尚品德的教育。爱国主义教育是指树立热爱祖国并为之献身的思想教育。③ 自此，笔者把"受教育者""学生"统称为"红色教育受众"。显然，前面所涉及的红色教育受众在政治面貌、职业职务上并无特别限定，而作为活动内容更加具体，教育目的更加明确的红色教育的一种——党性教育在活动地点选址，教育受众的政治面貌、职业职务要求上明显要比革命传统教育与爱国主义教育更加严格。党性教育是由习近平总书记提出的政治理论，是党员教育的重要内容之一。④

当今社会对革命传统传承的意识增强，爱国主义思想形成热潮，全

---

① 刘党英：《红色教育：大学生思想政治教育的创新途径》，《信阳师范学院学报》（哲学社会科学版）2006年第2期。
② 李振东、王姣艳：《当前大学生红色教育中存在的主要问题及对策》，《甘肃农业》2007年第10期。
③ 徐艳萍：《利用红色资源加强青少年革命传统教育》，《当代青年研究》2008年第5期。
④ 陈荣武：《党性教育的时代诉求与实践路径》，《思想理论教育》2016年第1期。

面从严治党重大战略有序部署,红色教育以多种方式展开,而红色旅游以其不可比拟的教育宣传功能优势在众多红色教育方式中脱颖而出。红色旅游是指以中国共产党领导人民在革命战争时期形成的纪念地、标志物为载体,以其所承载的革命历史、事迹和精神为内涵,组织接待旅游者开展缅怀革命先烈、参观游览的主题性旅游活动。[①] 本书以发生在中国工农红军西路军纪念馆的红色教育与红色旅游为研究对象,研究发现中国工农红军西路军纪念馆的红色旅游对红色教育的贡献存在"美中不足"的特点,其中"美"在于红色旅游显著提升了游客对景区红色文化的认知程度,不足的地方是馆内红色教育受众多以团体组织形式为主进行党性教育、革命传统教育、爱国主义教育、公司团建,游客的政治面貌、职业、年龄、收入、学历、客源地等人口特征构成不均衡。屡见不鲜,受发展模式、市场定位与资源禀赋等因素的限制,这是大多数红色景区的"通病"。若要改善这种情况也并不是无计可施,开展红色研学旅行便是可供红色景区考虑的良好选择。研学旅行是由学校根据区域特色、学生年龄特点和各学科教学内容需要,组织学生通过集体旅行、集中食宿的方式走出校园,在与平常不同的生活中拓展视野、丰富知识,加深与自然和文化的亲近感,增加对集体生活方式和社会公共道德的体验。[②] 红色旅游与研学旅行都是确切的概念,而红色研学旅行则是在研学旅行前面加了"红色"这个限定词,因其商业化运作,红色研学旅行对红色旅游产品数量与质量的要求更高。

红色研学旅行不仅可以扩大红色景区的客源市场,而且能够优化游客的人口特征结构,使景区的红色教育受众不再局限于党员干部、公务员等。尽管游客以团体组织出行依然是主流形式,这是符合红色景区发展实际的,但红色教育受众多元化发展是可以通过红色旅游产品的多元化来实现的。不同人口特征的游客对红色旅游产品的偏好程度不同,但

[①] 尹晓颖、朱竑、甘萌雨:《红色旅游产品特点和发展模式研究》,《人文地理》2005年第2期。

[②] 陆庆祥、程迟:《研学旅行的理论基础与实施策略研究》,《湖北理工学院学报》(人文社会科学版)2017年第2期。

高度感官参与、体验性强的红色旅游产品普遍更加受到游客欢迎①，因此红色景区应结合自身情况开发出更多高度感官参与、体验性强的红色旅游产品，以此吸引尽可能多的红色教育受众，延长旅游地生命周期。②

二 研究设计

1. 研究对象

本书以发生在中国工农红军西路军纪念馆的红色教育与红色旅游为研究对象，中国工农红军西路军纪念馆前身是高台烈士陵园，始建于1954年，在调查过程中得知，高台烈士陵园的建设过程充满艰辛与坎坷，但高台县人民政府因其对英雄们的深切缅怀力排众议，力克万难终于为牺牲在高台的烈士"安了家"。2007年6月，凭借县政府的超前意识为高台烈士陵园争取到了建设中国工农红军西路军纪念馆的项目，2009年更名为中国工农红军西路军纪念馆，成为全国十五家西路军纪念馆中讲述西路军故事最具权威的综合性纪念馆、全国百个红色旅游景点景区之一、国家AAAA级旅游景区、全国百家爱国主义教育基地、全国青少年教育基地、甘肃省党员干部党性教育实践教学基地。③

"西路军不畏艰险、浴血奋战的英雄主义气概，为党为人民英勇献身的精神，同长征精神一脉相承，是中国共产党人红色基因和中华民族宝贵精神财富的重要组成部分。我们要讲好党的故事，讲好红军的故事，讲好西路军的故事，把红色基因传承好"。这是2019年8月20日习近平总书记在甘肃省张掖市高台县中国工农红军西路军纪念馆视察时的重要讲话。习近平总书记的讲话内容客观评价了西路军对中国革命的意义，也引导我们正确认识西路军征战河西，血洒西北这段历史。习近平总书记的到来不仅直接为中国工农红军西路军纪念馆吸引来了大量游客，而且大大提高了纪念馆在甘省内甚至全国的知名度。借此契机，中国工农红军西路军纪念馆大力发展红色教育与红色旅游，来访游客数量

---

① 王伟年：《井冈山红色研学旅行发展思考》，《井冈山大学学报》（社会科学版）2019年第4期。
② 保继刚、楚义芳：《旅游地理学》，高等教育出版社2012年版。
③ 《高台烈士陵园》，《党史文苑》2017年第19期。

高速增长，并受到社会各界越来越多的关注，这一长时间停滞于不温不火状态的旅游地终于迎来了转机，成功进入复兴阶段。中国工农红军西路军纪念馆联合甘肃西部红色文化旅游有限责任公司以其多重红色教学基地的"身份"向省内外各党政企事业单位发出邀请，依托高台县现有的红色教育基地和正在挖掘的红色文化资源，以"十个一"（聆听一段习近平总书记高台考察时的讲话，重走一段习近平总书记走过的红军路，穿戴一次红军服饰，品尝一顿红军饭，祭拜一次红西路军先烈，歌唱一首红军歌谣，观看一场红色影片，参观一次红军遗迹，体验一回红军生活，接受一次中共党史教育）为主要内容，对以党员干部为主的红色教育受众群体进行爱国主义教育、革命传统教育以及活动内容更加具体，教育目的更加明确的党性教育。

2. 研究方法与过程

2020年7月21日至8月23日，两次前往中国工农红军西路军纪念馆进行实地考察和调研，亲身体验"十个一"活动。半结构访谈曾有幸为习近平总书记讲解过的中国工农红军西路军纪念馆宣传研究教育科科长红军营负责人王丽霞，主要为了了解习近平总书记的视察对中国工农红军西路军纪念馆产生的影响及红色体验活动参与情况。对中国工农红军西路军纪念馆中的游客进行问卷调查，共发放了300份问卷，有效问卷278份。感知是一个心理学概念，主要是指人对一个客观事物的感觉和知觉。感知具有感受性、适应性和对比性等特点。游客感知是对于旅游客观事物在个别属性和整体属性的直观感觉和知觉，游客感知作为反映游客需求和认知的重要标准，对于改善旅游产品服务质量和提高满意度具有重要作用。[①] 问卷题目设置基于游客感知理论及红色旅游定义，后期经SPSS探索性因子分析又从感官视角切入，站在游客感知视角上了解中国工农红军西路军纪念馆红色旅游对游客的教育效果及游客视角下优秀红色旅游产品的类型与特点。问题量表用李克特量表，每一陈述有"非常同意""同意""不一定""不同意""非常不同意"五种

---

① 石媚山、朱丽男：《基于游客感知视角的青岛市乡村旅游发展现状调研》，《济南职业学院学报》2020年第3期。

回答，分别记为5、4、3、2、1。①

表5—3　　　　　　　　　半结构访谈核心问题

访谈对象	序号	核心问题	主要目的	回答要点
王丽霞科长	1	请问目前贵馆接待游客的组织形式与主要活动内容是什么？	了解红色教育与红色旅游形式与内容	我们接待的主要是党性教育、公司团建等团体游客
	2	请问习近平总书记的视察为中国工农红军西路军纪念馆带来了怎样的影响？	了解习近平总书记视察后的游客数量变化情况	习近平总书记参观完纪念馆后，来纪念馆参观的游客数量激增。2019年8月20日至2020年7月21日，我们馆共接待游客71万多人次，同比增长17.2%。仅2020年6月以来，就接待游客达23.6万人次
	3	请问游客的来源地有何变化？	判断游客人口特征结构是否有趋向平衡的趋势	相比之前，宁夏、内蒙古、新疆、青海及鄂豫皖地区的游客数量明显增多
红军营负责人	4	按照红军营目前这个规模一年可以接待多少游客？	了解纪念馆下设的体验活动的游客参与规模	红军营从2019年9月开始运营，到10月底结束，已经接待了三千多名游客。而2020年仅仅6月就已经接待了七千多名游客

---

① 白凯：《无应答式李克特量表在旅游研究中的应用检验》，《旅游学刊》2011年第4期。

续表

访谈对象	序号	核心问题	主要目的	回答要点
红军营负责人	5	在唱红军歌的团队是来自哪个单位？	了解体验活动的游客来源	从2019年开始运营开始，酒钢等各种省市级单位都会过来进行搞团建，主题党日等活动。像今天的这种红歌比赛就是属于张掖市委党校组织的兰州新区国税局的同志进行的一种红色体验的党性教育
	6	哪段时间是红军营的旅游旺季？	掌握红军营的旅游活动季节性特点	从七一（建党节）开始，团建次数比较多，所以这一段时间是属于热门阶段，尤其每逢建军节、国庆节、清明节、国家公祭日、烈士纪念日等节日人数比较多。从每年的6月十几日开始。然后到8月左右，这段时间是属于旅游的热门阶段

三 数据分析结果

1. 样本人口学特征

采用SPSS 22.0统计分析软件对游客人口特征结构统计分析，结果如表5—4所示，甘肃省省内游客占比较大，达83.93%，说明甘肃省是西路军纪念馆红色旅游的主体客源市场。从性别来看，男女比例分布比较均衡。游客职业中"公务员"所占最多，达25.89%。46.43%的游客月收入在3001—5000元，比重最大。从年龄分布来看，45.54%的游客年龄在25—44岁，比重最大。从政治面貌和文化程度看，半数以上的游客是中共党员、本科学历。旅游形式以团体游客居多，占61.61%。

表 5—4　　　　　　　　　　　样本基本信息表

项目		百分比（%）	项目		百分比（%）
客源地	甘肃省	83.93	政治面貌	中共党员	55.36
	甘肃省外	16.07		共青团员	12.5
性别	男	44.64		群众	32.14
	女	55.36		民主党派	0
年龄段	14 岁以下	1.79	月收入	1000 元以下	9.82
	14—24 岁	15.18		1001—3000 元	19.64
	25—44 岁	45.54		3001—5000 元	46.43
	45—64 岁	35.71		5001—10000 元	23.21
	65 岁以上	1.79		10000 元以上	0.89
文化程度	初中及以下	9.82	职业	事业单位	25
	高中	14.29		军人	0
	大专	13.39		教师	5.36
	本科	50.89		公务员	25.89
	研究生及以上	11.61		学生	14.29
旅游形式	团体游客	61.61		工人	18.75
	散客	38.39		农民	7.14
				其他	3.57

2. 配对样本 t 检验

运用 SPSS 软件，对游客在红色旅游前后对此景区红色文化的了解程度进行配对样本 t 检验。配对 1 是对游客在红色旅游前后对此景区历史背景了解程度的差异性检验；配对 2 是对游客在红色旅游前后对此景区所展示的革命事迹了解程度的差异性检验；配对 3 是对游客在红色旅游前后对此景区所传达的革命精神了解程度的差异性检验。如表 5—5 所示，三对中的 P 值都为 0.000，小于 0.05，代表每对内部之间的差异性显著，表明红色旅游在游客对景区红色文化的认知方面造成了显著影响。

表 5—5　　　　　　　　　配对验本检验

	配对差值					t	自由度	显著性（双尾）
	平均值（E）	标准偏差	标准误差平均值	差值的95%置信区间				
				上限	下限			
配对 1	-0.991	-0.094	0.009	-1.009	-0.973	-111.000	111	0.000
配对 2	-0.982	0.133	0.013	-1.007	-0.957	-78.134	111	0.000
配对 3	-0.964	0.186	0.018	-0.999	-0.929	-54.745	111	0.000

3. 红色教育贡献因子与红色旅游产品进阶分析

运用 SPSS 软件，对 6 个红色教育贡献因子进行了探索性因子分析，测量结果显示，KMO 值为 0.812，大于 0.6，满足因子分析的前提要求，数据可用于因子分析。同时数据通过 Bartlett 球形度检验（p < 0.05），说明研究数据适合进行因子分析。运用主成分分析法和最大方差旋转方法（varimax）进行因子轴旋转，如表 5—6 所示，得出 3 个红色教育贡献因子主成分；旋转后累积方差解释率为 84.039%，所有题项对应的共同度值均高于 0.4，意味着研究项和因子之间有着较强的关联性，因子可以有效地提取出信息。

表 5—6　　　　　红色教育贡献因子及其信度分析结果

题项	均值	共同度	红色教育贡献因子及其载荷		
			低度感官参与	中度感官参与	高度感官参与
Q1. 学校教育	3.25	0.831	0.900	—	—
Q2. 他人推荐	3.29	0.815	0.882	—	—
Q3. 现代网络	3.75	0.903	—	0.929	—
Q4. 影视歌艺	3.88	0.907	—	0.929	—
Q5. 文字书籍	3.46	0.801	—	—	-0.867
Q6. 红色旅游	4.25	0.785	—	—	0.868
特征值（Eigenvalue）	—	—	1.571	2.739	1.092
方差贡献率（% of variance）	—	—	26.182	39.656	18.200
克伦巴赫指数（Cronbach's α）	—	—	0.786	0.881	0.670

对 13 项红色旅游产品进行探索性因子分析，测量结果显示，KMO 值为 0.755，大于 0.6，满足因子分析的前提要求，数据可用于因子分析研究。同时数据通过 Bartlett 球形度检验（$p<0.05$），说明研究数据适合进行因子分析。运用主成分分析法和最大方差旋转方法（varimax）进行因子轴旋转，如表 5—7 所示，得出 4 个红色旅游产品主成分；旋转后累积方差解释率为 83.401%，所有题项对应的共同度值均高于 0.4，意味着因子之间有着较强的关联性，因子可以有效地提取出信息。[1]

4. 信度分析

通过红色教育贡献因子的信度分析发现，如表 5—6 所示，克伦巴赫（Cronbach's α）值在 0.670—0.881，均大于或接近于 0.7，说明数据内部可靠性较高。（注："文字书籍"与"红色旅游"是负相关关系，因此，在进行信度分析之前需将反向问题正向化，即将"红色旅游"项目中得分为 5 分的转化为 1 分，得分为 4 分的转化为 2 分，得分为 3 分的不变，全部转化完成后可与"文字书籍"进行信度分析。）

采用 Cronbach's α 系数来检验量表的信度，通过红色旅游产品主成分内部的信度分析发现，如表 5—7 所示，"一阶"信度指数为 0.925，"二阶"信度指数为 0.893，"三阶"信度指数为 0.923，"四阶"信度指数为 0.946，信度指数均超过了 0.7，说明数据的内部可靠性较高，问卷量表的信度与效度得到了验证。

表 5—7　红色旅游产品进阶分析及其信度分析结果

题项	均值	共同度	红色研学旅行产品及其载荷			
			一阶	二阶	三阶	四阶
Q1. 红色纪念馆、景区参观	3.85	0.925	0.957			
Q2. 聆听讲解员、导游讲解	3.79	0.923	0.957			
Q3. 红色讲堂、专题讲座学习	4.26	0.904		0.936		

---

[1] 陈梦馨：《郑州方特主题公园大学生重游意愿影响因素研究——以郑州大学为例》，《旅游纵览（下半月）》，2020 年 4 月。

续表

题项	均值	共同度	红色研学旅行产品及其载荷			
			一阶	二阶	三阶	四阶
Q4. 现场（体验式）教学	4.25	0.619		0.783		
Q5. 情景教学（如观看红色影视剧、4D 电影等）	4.28	0.825		0.894		
Q6. 访谈式教学（如拜访当地红军老人、家属或相关部门负责人）	4.32	0.805		0.892		
Q7. 红色文化墙	4.46	0.508		0.633		
Q8. VR、AR 科技在红色纪念馆的应用	4.40	0.893			0.960	
Q9. 声光电（多维）红色影院体验	4.46	0.860			0.959	
Q10. 穿红军衣、吃红军饭、唱红军歌	4.64	0.929				0.933
Q11. 重走红军路	4.68	0.925				0.919
Q12. 枪械体验、打靶体验、军事训练、模拟格斗	4.71	0.829				0.898
Q13. 制作弹壳、生活物资等红色纪念品	4.68	0.896				0.936
特征值（Eigenvalue）	—	—	1.895	4.430	1.768	2.749
方差贡献率（% of variance）	—	—	14.575	34.079	13.600	21.147
克伦巴赫指数（Cronbach's α）	—	—	0.925	0.893	0.923	0.946

5. 相关分析

利用 Pearson 相关系数判断变量之间是否存在相关性。结果显示"文字书籍"与"红色旅游"这两个贡献因子在 0.01 水平上具有显著的负相关性；"现代网络"与"影视歌艺"这两个贡献因子在 0.01 水平上具有显著的正相关性；"学校教育"与"他人推荐"这两个贡献因子在 0.01 水平上具有显著的正相关性。相关性分析结果与主成分分析结果相匹配，这也验证了主成分分析结果的合理性。

利用 Pearson 相关系数判断变量之间是否存在相关性。结果显示"红色纪念馆、景区参观"与"聆听讲解员、导游讲解"在 0.01 水平上具有显著的正相关性;"红色讲堂、专题讲座学习"与"现场(体验式)教学""情景教学(如观看红色影视剧)""访谈式教学(如拜访当地红军老人)""红色文化墙"在 0.01 水平上具有显著的正相关性;"穿红军衣、吃红军饭、唱红军歌"与"重走红军路""枪械体验、打靶体验、军事训练、模拟格斗""制作弹壳、生活物资等红色纪念品"在 0.01 水平上具有显著的正相关性;"VR、AR 科技在红色纪念馆的应用"与"声光电(多维)红色影院体验"在 0.01 水平上具有显著的正相关性。相关性分析结果与主成分分析结果相匹配,这也验证了主成分分析结果的合理性。

四 研究结论与建议

游客在红色旅游前后对景区历史背景的了解程度平均得分分别是 2.76 和 3.75;游客在红色旅游前后对景区所展示的革命事迹了解程度平均得分分别是 2.80、3.80;游客在红色旅游前后对景区所传达的革命精神了解程度平均得分分别是 2.75、3.99。由前后得分情况来看以及配对样本 t 检验验证,红色旅游的红色教育效果良好,红色旅游在游客对景区红色文化的认知方面形成了显著的影响,游客在红色旅游后对景区的红色文化了解程度得分都有了大幅度增长,尤其对景区所传达的革命精神感触颇深。革命精神在游客游览完红色景区之后萦绕在游客心头,久久不能忘却,时常令人回味的红色文化瑰宝,更能引起游客情感共鸣,触动游客心灵,是游客缅怀先烈、敬佩先人、激励自己、教育后人的主要动力来源,这样的效果正向促进了游客对革命精神认识程度的打分。革命事迹的得分次之,革命事迹是革命精神的重要载体,没有令人动容的革命事迹铺垫,西路军所彰显的令人震撼的革命精神就无从体现,这也说明了中国工农红军西路军纪念馆在展示革命事迹所做的工作可圈可点。至于革命历史得分最低,原因之一也许是当时的社会大背景复杂,各方势力交织在河西,西路军转战次数地点繁多,游客普遍对时间节点不敏感等一系列因素导致游客对西路军的历史背景没有比较清晰、有条理的掌握。这也正是纪念馆面临的所需要克服的难点。

SPSS 主成分分析将 13 项红色旅游产品划分成为四个主成分,"红色纪念馆、景区参观"与"聆听讲解员、导游讲解"的得分处于同一水平;"红色讲堂、专题讲座学习"与"现场(体验式)教学""情景教学(如观看红色影视剧)""访谈式教学(如拜访当地红军老人)""红色文化墙"的得分处于同一水平;"VR、AR 科技在红色纪念馆的应用"与"声光电(多维)红色影院体验"的得分处于同一水平;"穿红军衣、吃红军饭、唱红军歌"与"重走红军路体验""枪械体验、打靶体验、军事训练、模拟格斗""制作弹壳、生活物资等红色纪念"的得分处于同一水平,共计四个不同的得分水平,因此笔者把这四个主成分按照得分水平的不同划分为"一阶""二阶""三阶""四阶"。笔者在计算过四个主成分的平均得分之后可以发现:一阶主成分的平均得分为3.82;二阶主成分的平均得分为4.31;三阶主成分的平均得分为4.43;四阶主成分的平均得分为4.68,它们的平均得分成递进趋势,更加验证了把13项红色旅游产品划分为4个进阶主成分的合理性。一阶中的"红色纪念馆、景区参观"与"聆听讲解员、导游讲解"红色旅游产品是目前最常见和最基本的红色旅游形式内容,金钱技术成本与实施成本较低,但是目前且以至未来的很长一段时间纪念馆内讲述革命历史、展示革命事迹、传达革命精神的"主力军"。二阶中的"红色讲堂、专题讲座学习""现场(体验式)教学""情景教学(如观看红色影视剧)""访谈式教学(如拜访当地红军老人)""红色文化墙展示"已被国内部分红色纪念馆和红色研学基地纳入红色研学旅行产品进行运营。如革命圣地延安红色教育基地已有专题教学、现场教学、岁月回音壁、互动访谈式教学、激情教学等先进研学模式,丰富了红色研学的教育形式与活动内容,在游前便引起了游客兴趣,增强了游客游中体验,对提升游客游后满意度也有一定的积极作用。三阶中的"VR、AR 科技在红色纪念馆的应用"与"声光电(多维)红色影院体验"是在现代科技崛起之后用于创造旅游场景、增强旅游体验的"利器",能大大提高游客在旅游过程中的新鲜感,给游客留下深刻印象。四阶中的"穿红军衣、吃红军饭、唱红军歌"与"重走红军路体验""枪械体验、打靶体验、军事训练、模拟格斗""制作弹壳、生活物资等红色纪念品"因其较强的参与性、体验性受到了游客的热烈欢迎,得到了游客的一致好评,是游客置身当年场景,感受革命精神的有效途径。如张掖市高台县中国工农红军西路军纪念馆穿红军服、吃红军饭、唱红军歌、重走红军路等一系列体验活动自推出以来便是许多党政企事业单位进行党性教育的"必修课"。

将两次主成分分析结果融合，笔者把四个主成分分别划分为"低度感官参与""中度感官参与""高度感官参与"。划分依据为游客在接受红色教育时感官参与数量的多少以及参与程度的高低。"一阶"属于"低度感官参与"包括"红色纪念馆、景区参观"与"聆听讲解员、导游讲解"，主要为视觉与听觉参与程度较低。"二阶"与"三阶"属于"中度感官参与"包括"红色讲堂、专题讲座学习"与"现场（体验式）教学""情景教学（如观看红色影视剧）""访谈式教学（如拜访当地红军老人）""红色文化墙""VR、AR科技在红色纪念馆的应用"与"声光电（多维）红色影院体验"，动人的音频、丰富的色彩明显使听觉与视觉参与上升了层次且一般情况下游客尝试欲望强烈。"四阶"属于"高度感官参与"包括"穿红军衣、吃红军饭、唱红军歌"与"重走红军路""枪械体验、打靶体验、军事训练、模拟格斗""制作弹壳、生活物资等红色纪念品"，红色旅游过程中这些项目使得听觉、视觉、触觉、嗅觉、味觉几乎全部能够涉及，拉近了距离感且给游客带来的大部分都是游客未曾经历过的感受，给游客的感官全新的冲击。[1]

主成分内部的相关分析显示出主成分内部有显著的正相关关系，结合因子分析可以得出每个主成分内部的项目得分在一个水平，说明游客对此类项目的喜好程度大致相当，又因成分内部有显著的正相关关系，景区管理者便可依据此规律根据自身情况设计出同类红色旅游产品并可预测游客数量、游客满意度等数据，达到降低运营成本、推陈出新延长旅游地生命周期、提高游客管理效率、优化投入产出比等效果。如某场馆占地面积小，没有足够的场地设置照片、战斗遗物等进行全面的橱窗展示，便可以通过增加讲解员数量，提升讲解员服务质量等方式来弥补。

综上所述，笔者就中国工农红军西路军纪念馆中的红色旅游产品开发给出以下五条建议。

---

[1] 邱晔、刘保中、黄群慧：《功能、感官、情感：不同产品体验对顾客满意度和忠诚度的影响》，《消费经济》2017年第4期。

将游客在红色旅游过程中更容易感受到的红色书籍、红色影视,继续发挥下去,深刻传达革命精神,强调西路军精神。笔者在中国工农红军西路军纪念馆中虽多次听讲解员讲到西路军精神,但在展厅中并没有对应革命事迹的革命精神的文字表述。可将西路军精神的总结"顾全大局、服从命令;团结一致、同仇敌忾;生命不息、战斗不止;艰苦奋斗、顽强不屈"雕刻在纪念馆内醒目的位置,再设立四个分区分别用不同的英雄事迹彰显不同的西路军精神。[①]

中国工农红军西路军纪念馆在展示革命事迹所做的工作可圈可点,这在很大一部分要归功于纪念馆推出的具有一定参与性的体验活动,穿红军服、重走红军路、红军槐前默哀、董振堂军长牺牲地致敬、吃红军饭、唱红军歌以及讲解员细致详尽、富有感情地讲解西路军的革命历史。尽管如此,在发扬西路军英雄事迹上仍有很长的路要走,展示形式也需随机应变。虽然"文字书籍"是低度感官参与的红色旅游产品,但它的得分并不非常低,说明有相当一部分人有阅读听讲的习惯,因此我们不能忽略阅读爱好者这个群体,要保证纪念馆中文字表述有一定的占有量,用于叙述西路军征战河西、血洒西北复杂的历史背景,引导游客正确认识西路军的悲壮历史。在传统红色教育方式里面"影视歌艺""现代网络"的得分较高,说明人们对以现代播放设备、网络为载体的红色文化展示较为认可与依赖,可按需引进VR、AR设备,制造场景、增强体验。

纪念馆可以结合红色教育贡献因子主成分分析结果,按照它们各自的得分情况,阶梯式地科学分配它们在纪念馆展示中各自所占的权重。例如,低度感官参与的一阶得分较低,在同一个档次;中度感官参与中的二阶与三阶得分较高,在同一个档次;高度感官参与的四阶得分最高,在这可以看作是参与性强的体验活动,而一阶虽得分不是很高,但也要保证纪念馆中文字表述与导游讲解有一定的占有量。这样可安排游客花费在这些红色研学旅行产品主成分上面的时间占比分别是低度感官参与20%、中度感官参与30%、高度感官参与50%。

在纪念馆调研过程中,我们遇到来此旅游的散客,得知他们还没有

---

① 卢朕:《西路军革命精神及其时代价值研究》,硕士学位论文,新疆大学,2019年。

参加过付费体验活动的情况后对他们进行了游前感知访问，游客表示如有机会愿意花费相应的费用体验系列活动，表明中国工农红军西路军纪念馆红色旅游缺乏参与性强的体验活动的问题正在得以解决，游客也期待这一天的早日到来！除纪念馆已推出的体验活动外，还可设置以下场地及活动：红军训练场（枪械触摸、打靶体验、刺刀训练、模拟格斗、掷手榴弹、埋雷扫雷）、警卫室（设置岗位，留影纪念）、司令部（战地地图、电报机体验）、红军学校（来访游客做个短暂的学生听取战略战术透析）、军民鱼水池（红军与当地居民的鱼水情体现，可以文化墙的形式呈现）、宗祠大戏台（以话剧形式展示红军故事）、炮兵营（填弹装弹体验）、兵工厂（弹壳纪念品）、阵地（战斗情景再现）、医院（可作为景区的医务室，以革命时战地医院为装修风格）、苏区红军生活体验基地（党政机关干部吃苦教育培训基地）、若干居民、水车（淘沙淘金）、中央工农戏剧社和工农红军学校俱乐部等。[①]

针对宣传力度不足问题，纪念馆可利用短视频、自媒体加强宣传，主动申请加入红色旅游线路，将自身打造成为知名红色旅游线路中的重要节点，吸引更多的散客来访，散客数量的比重变高是红色旅游变成熟的重要标志。

[①] 于晓淦：《红色旅游景区规划设计研究——以安徽省金寨县国防与革命传统教育基地为例》，《安徽农业科学》2013年第13期。

第六章

甘肃红色旅游可持续发展研究

发展红色旅游，就必须在邓小平理论和"三个代表"重要思想、科学发展观和习近平总书记新时代中国特色社会主义思想指导下，既要坚持以人为本和可持续发展原则，又要遵循思想政治教育的科学要求，既要考虑当前发展①，又要统筹保护和开发，甘肃省要做大做强红色旅游的市场规模，就必须坚持可持续发展的原则，针对眼下存在的突出问题，采取有力的措施，促进经济增长方式的转变，实现经济、文化、社会、生态环境的持续协调发展，使红色旅游成为甘肃旅游的重要品牌。②

第一节 红色旅游可持续发展的内涵

一 可持续发展理论

1. 可持续发展

"可持续"理论是由联合国世界环境与发展委员会于1987年在《我们共同的未来》报告中指出的。可持续发展是指"既满足当代人的需要，又不损害后代人满足需要的能力的发展"③。此概念是为保护人类赖以生存的生态和环境而提出的，包含的主要内容就是保护环境、促

---

① 秦真真：《以人为本视域下大学生思想政治教育研究》，硕士学位论文，江西理工大学，2012年。
② 杨颖萱：《旅游经济学视角下的延安红色旅游产业研究》，硕士学位论文，西安工业大学，2018年。
③ 何清：《生态与环境》，河北科学技术出版社2012年版。

进发展，并考虑代际与代内的共同发展和公平发展，得到了世界各国的广泛认同和使用。并且根据世界的不断变化，此概念所包含的内涵也在不断丰富和完善。

2. 旅游可持续发展

目前关于旅游可持续发展的定义，比较权威的有两个：第一，世界旅游组织 WTO 的定义。世界旅游组织于 1993 年出版了旅游与环境系列，其中旅游的可持续发展作为旅游指南给出了旅游可持续发展的定义："它是指在保持文化完整性和生态环境的同时满足人们的经济、社会和审美要求。它为今天的主人和客人提供生计，同时保护和促进利益，并为后代提供同样的机会。"这一定义是对可持续旅游概念的进一步总结，不仅指出了旅游本身的特点，而且提出了"东道国"和"客人"区域间公平发展的思想，对国际上承认可持续旅游发展具有重要的指导意义。第二，在 1995 年可持续旅游发展章程中指出："可持续旅游发展的本质，是旅游、文化和人类生存环境的整体要求和性质"，即旅游、资源统一、人类生存环境，以形成一种旅游、资源、环境和社会经济协调发展的格局。[①]

旅游业的可持续发展是可持续发展理论在旅游业中的具体体现，与一般的可持续发展理论基本一致。它主要有以下三个含义：

一是满足需要。首先，旅游业的发展是通过适当利用环境资源实现经济收入，满足东道国社区的基本需求，提高东道国居民的生活水平；在此基础上，满足游客更高的生活质量，满足其发展和享受等高层次需求。

二是环境限制。资源满足人类当前和未来需求的能力是有限的，这反映在旅游环境承载能力上，即某一地区环境在一定时期和一定条件下承受人类活动的门槛。它是衡量旅游环境系统自身我调节功能的尺度，可持续旅游的主要标志是旅游发展与环境的协调。因此，环境承载力作为旅游环境体系与旅游发展的中间环节，应成为判断旅游能否可持续发展的重要指标。[②]

[①] 郑冬子、蒋梅鑫、廖伟迅、梁锦梅：《旅游地理学》，华南理工大学出版社 2005 年版。
[②] 郑耀星：《区域旅游规划、开发与管理》，高等教育出版社 2004 年版。

三是公平性。它强调，有限的旅游资源应在几代人之间平等分配，不应以旅游区环境恶化为代价来满足旅游需求，当代人不能为了满足自己的旅游需求和旅游中获得的利益，去损害后代公平利用旅游资源的权利。我们应该记住旅游发展的概念，即环境不仅是从我们的祖先那里继承的，而且是从我们的后代那里借用的。旅游业应被视为当代人为了保护前几代人留下的环境而采取的一种活动，或利用前几代人留下的环境为后代创造一个更美好的环境。①

3. 红色旅游的可持续发展

红色旅游可持续发展是旅游可持续发展的一种实现形式。作为一种崭新的发展思想和发展战略，可持续发展是资源、环境、经济、人、社会五大系统相互协调、共同进步的发展。坚持红色旅游的可持续发展，就是要求必须把经济、社会发展与人口、资源、环境结合起来考虑；要求把当前发展与长远发展统筹规划，促进经济增长方式的转变，实现经济和社会的长期可持续发展；要求防止环境污染和生态破坏，保持良好的生态环境；要统筹人与自然和谐发展，实质是处理好景区开发建设与生态环境保护的关系；坚持经济社会发展与环境保护、生态建设相统一，既要讲究经济效益，也要重视社会效益、生态效益；在保护中开发，在开发中保护；深化改革，创新机制，政府监管与市场机制相结合，在体制机制上鼓励生态改善和环境保护，促进可持续发展。为了保证红色旅游目的地的可持续发展，有必要在红色旅游发展的不同阶段及时处理利益相关者之间的关系，协调各利益相关者之间的关系。为了红色旅游的可持续发展，游客应该能够获得更高的旅游满意度；旅游企业应能获得更理想的经济效益②；当地政府能够在拉动地方经济、保护生态环境、全面构建和谐社会方面收到实效；当地居民应能够从中得到实惠，改善自己的生活境况，提高自己的生活水平。

---

① 陈文：《旅游学概论》，郑州大学出版社 2012 年版。

② 张林：《博弈视角下旅游业社区根植性发展的动力机制研究——以红色旅游地井冈山为例》，硕士学位论文，广西大学，2009 年。

二 红色旅游可持续发展的基本原则

红色旅游的发展是政府主导的旅游发展的典型模式。根据这种模式的要求，发展红色旅游必须遵循以下基本原则：

1. 全面启动政治、文化和经济项目的原则

充分发挥红色旅游的政治教育、文化传播和经济发展等功能，把发展红色旅游作为一项重要的系统工程。进一步探索红色旅游的文化内涵，充分发挥其经济效应，走社会、经济、环境效益可持续发展的道路。

2. 政府主导、社会参与和市场运作的原则

从最初的发展到红色旅游的蓬勃发展，都是在国家和各级政府的直接领导和指挥下，各级政府应该为红色旅游的进一步健康发展做出更大的努力。而作为红色旅游重要载体的各个红色旅游景区也要努力发挥本身的优势，吸引来自社会各方的投资，鼓励民间资本和外资的进入，实现投资主体多元化，实现全民参与、全社会共同参与投资红色旅游的局面。此外，红色旅游应该在遵循市场经济规律的基础下，实现良性发展，真正地把红色旅游推向市场。

3. 统一规划、总体布局、分层开发的协调发展原则

每个红色旅游地要对自身的发展空间、结构和开发时序有一个部署和规划。要高瞻远瞩，把眼光放长远，立足总规划，先重点建设一部分景区，然后以点带面，带动其他景区的发展，最终形成红色旅游区协调发展的局面。①

4. 求同存异，深挖主题，创新形式的特色发展原则

全省各地红色旅游的发展应结合当地实际，以"红色"品牌为特色，推出复合优质商品，逐步形成红色主题、丰富多彩的红色旅游新理念。通过多种形式的创新，将旧遗址旅游和博物馆展览的单一形式转变为以参观、教育、观光、休闲、体验、会议等形式多样的旅游产品，进一步丰富红色旅游的内涵，拓展红色旅游市场。充分发挥自身优

---

① 黄细嘉、曾群洲、陈志军：《红色旅游可持续发展的战略思考——以江西为例》，《经济研究导刊》2008 年第 19 期。

势，构建主题鲜明、形式多样、差异化、个性化发展的新型红色旅游氛围。①

5. 明确目标，基于国内和国际的战略促进原则

目前，国内市场是甘肃省红色旅游的主要客源市场，国际市场份额很小。鉴于国内外市场的不平衡，应采取措施促进红色旅游进入国际市场。在保持游客数量稳步增长的同时，国内红色旅游努力提高其质量和效率。加快发展国际红色旅游既是发展红色旅游的客观需要，也是改善红色旅游人力资源结构，提高红色旅游软硬件设施建设水平，全面提升红色旅游产业整体素质的要求。在发展过程中，红色旅游区应拓宽思路，创造条件，将红色旅游推向国际市场，使之成为展示新中国形象、加强国际文化交流的窗口。②

三 影响甘肃省红色旅游可持续发展的因素与问题

1. 影响甘肃省红色旅游可持续性发展的几个因素

影响红色旅游可持续发展的因素很多。主要有红色旅游的基础设施建设、旅游产品的吸引力、旅游产品的整合营销、红色旅游资源保护等。其中基础设施建设是基础，吸引力是关键，整合营销是手段，资源保护是保障。③

（1）红色旅游的基础设施建设，是指通往旅游景区、景点的交通道路设施，景区、景点的合理规划、建设，景区、景点的服务配套设施。

（2）旅游产品的吸引力，是指其产品所引发的客人内心向往一游的程度。

（3）旅游产品的整合营销，是指以"红色"为核心包括生态旅游、探险旅游、体育运动旅游、休闲度假旅游的整合旅游营销策略。

（4）红色旅游资源保护，即处理好红色旅游资源开发与保护的均

---

① 张莉杰：《红色旅游发展的问题与对策》，《内蒙古财经学院学报》2011年第5期。
② 张莉杰：《红色旅游发展的问题与对策》，《内蒙古财经学院学报》2011年第5期。
③ 周新寰：《关于韶山红色旅游可持续和谐发展的建议》，中红网：http://www.crt.com.cn/news2007/News/tgjx/2008/9/。

衡关系。

2. 影响甘肃省红色旅游可持续性发展的几个问题

（1）红色旅游产品竞争力较弱。与发展较成熟的其他旅游产品相比，甘肃省红色旅游产品的开发仍然处于低级化开发阶段，产品创新能力较弱。具体来说存在着旅游产品内容单一、主题重复、深度不够、参与性不强等问题，缺乏引起游客注意的亮点，不能引起游客重游的欲望。在旅游业发展上尚未形成行、游、住、吃、购、娱一体化的产业体系。同时，甘肃省本身地形多样，再加上有些红色旅游资源地处革命老区，经济发展水平落后，基础设施建设严重滞后，景区配套设施建设不足，水、电、卫生和垃圾污水处理设施不配套，旅游服务质量不高，直接影响旅游景区景点的可进入性和游客的滞留时间；旅游地的经营管理人员文化素质普遍不高，接待人员专业性欠佳，直接影响着旅游发展的市场营销水平。这些因素都制约着红色旅游产品竞争力的提高，有碍甘肃省红色旅游的可持续发展。

（2）红色旅游地和旅游产品生命周期波动性大。旅游地生命周期是由 Butler 引用工业产品生命周期的概念而提出的，并认为旅游地发展经历了发现期、当地人的启动和体制化的过程。对于一般性的旅游产品来说，娱乐性、参与性、知识性、文化性具有吸引游客重游的功能，因此，具有这些属性的旅游产品生命周期较长，反之则短。旅游地服务质量和基础设施建设水平、旅游产品创新能力和区域旅游资源整合发展也是吸引游客重游的重要因素，因此成为影响旅游产品与旅游地生命周期长短不可缺少的部分。红色旅游的发展是以单一类型旅游产品为基础的，客源群体主要依靠国内市场，并以青少年学生、机关企业、事业单位员工、基层党组织团组织成员为主。甘肃省目前的红色旅游地多数因为基础设施建设不足，其他类型旅游产品的发展不够，旅游产品创新以及与其他旅游产品的整合较差，对游客的吸引力不大，使得红色旅游地反映出以红色旅游产品主导发展呈现出的游客变化周期性波动特征。

（3）红色旅游地空间竞争激烈。目前，红色旅游发展中的每一个地方，无论是在红色旅游发展规划的编制上，还是与革命事业发展有关的各个地区，甚至烈士陵园、革命纪念碑等作为红色旅游景区的发展，在一些地区甚至编造了乌什居传奇作为红色旅游，并以此形式在全国各地建立了多个旅游地,导致红色旅游成为主要的旅游资源,无效的投资不仅带来了大量的建设,也造成了空间竞争的激烈。[1] 这种恶性竞争的结果将会使地方性旅游景区景点的客源分散,导致地方旅游地的客源不足,直接影响红色旅游的收益,从而难以实现发展红色旅游带动地方经济发展的作用。同时,各红色旅游地为了自身的发展,必然要在其他方面寻求扩大客源的突破口,甚至为招揽游客会做出捏造英雄事迹、歪曲历史的说辞和有伤大雅的节目表演等,从而使红色旅游发展变色,使其教育功能和文化功能难以实现。

四 红色旅游可持续发展的内容

1. 红色旅游环境可持续发展

旅游环境是指旅游活动得以存在和进行的一切外部条件的总和。[2] 具体地说,是以游客(或旅游者)为中心,涉及旅游目的地、旅游依托地(其中又以旅游目的地为主),并由自然环境和人文环境构成的复合环境系统。[3] 旅游环境是在旅游活动特定的区域或范围内各种因素的存在状况和综合作用的结果。[4] 它包括自然生态环境(含自然旅游资源在内),还包括社会环境、经济环境、感应气氛环境以及人文旅游资源等人文社会经济环境。旅游资源和旅游环境质量是旅游业赖以生存和发展的基础,旅游对环境尤其是自然环境造成的严重破坏不仅会阻碍旅游业本身的可持续发展[5],而且也会带来相关的负效益。

(1) 红色旅游生态环境可持续发展。红色旅游生态环境是指红色旅游区(地)的地貌、空气、水、动植物所组成的自然生态环境。旅游生态环境是旅游业生存和发展的物质基础,红色旅游也必须以红色资源为物质基础,通过对红色资源的开发和利用形成主题特色鲜明的活

---

[1] 中国红色旅游可持续发展研究,http://www.doc88.com/p-0012453717742.html。
[2] 刘正芳、刘思正:《旅游概论》,重庆大学出版社2006年版。
[3] 试论环境保护与旅游持续发展的关系,https://max.book118.com/html/2017/1130/142231。
[4] 应梦漪:《都市旅游和谐环境的系统构建初探——以上海为例》,硕士学位论文,华东师范大学,2006年。
[5] 马宏宇:《关于旅游软环境建设的思考》,《辽宁行政学院学报》2013年第6期。

动。在通过红色旅游资源及环境的合理开发利用来实现红色旅游持续发展的同时，也为红色旅游目的地脆弱的生态环境保护和改善提供物质基础和条件。但是，红色旅游发展也会给自然生态环境带来不利的影响。红色资源大多地处经济落后地区，生态环境十分脆弱，如果管理、开发不当，甚至急功近利，必然导致资源的损害和浪费，从而破坏旅游环境质量。具体表现为：旅游交通造成大气、噪声污染等问题；游客数量猛增给红色旅游地带来污染压力；资源开发不当造成生态环境破坏。如一些地方为了接待更多游客，不注意生态环境的保护和建设，逢山开路、遇水搭桥、炸山取石、砍伐森林、大兴土木，使旅游生态环境伤痕累累。

（2）红色旅游社会环境可持续发展。红色旅游社会环境是指旅游区的政治局势、社会治安、居民对旅游业的认识。红色旅游使人们重温历史，感受中国共产党的奋斗历程，有助于人们理解在中国革命征途中形成的革命精神，坚定广大青少年实现民族复兴的崇高理想和信念，从而为我国政治局势稳定起到积极作用。反过来，政治局势稳定可以给游客安全感，促进红色旅游乃至整个旅游业的发展。社会治安主要是指社会制度和社会治安管理水平。我国是社会主义国家，坚决取缔和杜绝不健康的旅游服务项目，促进红色旅游的健康发展。当然一些红色旅游区的社会治安管理水平仍存在不少问题，直接影响游客的个人财产安全乃至生命安全，从而影响该地区和国家旅游业的兴衰。另外，红色景区应以真诚友好的态度、优质的服务对待游客，创造一个良好的人际环境，促进红色旅游发展。[①]

（3）旅游经济环境可持续发展。旅游经济环境是指满足游客开展旅游活动的一切外部经济条件，即旅游交通、旅行社、旅游饭店或宾馆等旅游接待条件的"硬"环境和旅游服务质量的"软"环境，是旅游活动最为基础的物质条件，其质量的好坏对旅游业的发展起着至关重要的作用。景区（点）建设和配套旅游设施建设都需要投入大量资金，但是大多数革命老区经济、文化落后，资金短缺，交通不便，经济外向依存度低，缺乏自我发展机制、自我更新能力，极大地制约了红色旅游

---

① 李雪琴：《红色旅游可持续发展研究》，硕士学位论文，华中师范大学，2006年。

经济的发展。① 经济基础薄弱，导致旅游基础设施建设相当落后，综合配套服务设施建设不完善，加之缺乏行业服务规范与标准，服务项目设计不合理，管理水准不到位等，阻碍了旅游区的可持续发展。

（4）旅游气氛环境可持续发展。旅游气氛环境是指在洁净、优美、较少污染的自然环境基础上，由历史或现代开发所形成的反映历史、地方或民族气息的环境。红色旅游区的气氛环境与其他旅游区不同，走进红色旅游区感受的是一种精神力量，营造的是革命传统教育基地和红色旅游厚重历史和教育氛围。在开发和管理中，关键是要保持和突出革命气氛。如一些红色旅游区制作游客需要的"红"字产品，满足海内外游客着红军服、穿红军鞋、吃红军饭、扛红军枪、行红军路、跳红军舞、购红军物等多方面需求，从而营造出特有的气氛和环境，达到环境熏陶、环境育人的效果。

2. 红色旅游社会文化可持续发展

所谓旅游文化，是指与人类旅游活动紧密相关的精神文明和物质文明。按时间区分，旅游文化可以分成传统旅游文化与现代旅游文化；按内容区分，旅游文化可分成旅游主体文化、旅游客体文化等。②

（1）红色旅游文化属性

第一，旅游资源的文化辐射就是一个区域在某一种强势文化影响下，其他自然、人文旅游资源原有内涵和特性向此种强势文化的内涵和特性转变的现象。红色文化占主导地位的红色旅游地区，其自然资源也拥有了"红色"内涵。因而，在实际的旅游开发过程中，应努力挖掘本地区红色旅游资源以外的其他自然和人文等优势旅游资源，为红色旅游综合开发服务，同时为本地区的旅游业发展增添新的旅游亮点。③

第二，红色旅游是新形势下思想政治教育工作的新方法、新途径，是建设社会主义先进文化的重要内容。红色文化是中华民族优秀传统文化的有机组成部分，是激励中华民族前进的精神之源和不

---

① 杨敏：《陕甘宁红色旅游区域联合开发研究》，《江西农业学报》2009年第8期。
② 邝金丽、陆新文：《中国旅游文化》，郑州大学出版社2014年版。
③ 伍艳玮：《江西红色旅游深度开发研究》，硕士学位论文，江西财经大学，2005年。

竭动力。建设社会主义先进文化，必须继承和发扬这些革命优良传统。红色旅游的兴起是人民群众对革命优良传统文化崇敬的表现，是人民群众精神文化生活中的重要组成部分。因此，发展红色旅游是建设社会主义先进文化的客观需要。在红色旅游活动中，人们通过对革命历史遗址、遗物的参观及游览，可以起到缅怀前人、教育今人、激励后人的积极作用，从而有利于革命优良传统文化的传播，有利于社会主义先进文化建设事业的发展。[①]

第三，红色旅游是一种专业性较强的文化旅游。作为选择性旅游方式的一种，它具有较强的专业性。这就要求红色旅游活动的经营者和旅游者具有一定的专业水平和历史文化素养，这也是影响红色旅游开发效果的一个重要因素。对于旅游经营者来说，要根据旅游的市场特征尽可能为红色旅游的爱好者提供完善的比较专业的旅游服务，如活动项目的设计、操作和管理等，以向游客传授真实的历史知识，满足游客求知的欲望。从旅游者的角度，由于红色旅游的专业性，旅游者必须具备一定的历史文化素养才能真正参与到红色旅游审美过程中，从而获得审美体验。这就要求旅游相关部门以尊重历史、反映历史、解剖历史的态度，在线路的顺序、导游的讲解等环节中以游客最容易接受和理解的方法来进行。[②]

（2）充分发挥红色旅游对社会文化的积极效应

第一，红色旅游具有政治教育功能。发展红色旅游首先是一项政治工程，它在加强党的领导、巩固党的执政地位上具有不容忽视的作用。它是新时期、新形势下进行思想政治教育工作的新方法、新途径，是教育人们特别是青少年的特殊课堂和鲜活教材，是新时期爱国主义教育的独特载体。在旅游业蓬勃发展的今天，红色旅游已经成为现代研学旅游的重要组成部分。革命前辈在战争年代留下了大量珍贵的革命活动遗迹和精神财富，这些红色资源代表着中华民族宝贵的精神遗产和光荣的革命传统，具有革命历史教育的功能。在新形势下，红色旅游地已经成为

[①] 管仕廷：《红色旅游与社会主义核心价值体系建设》，《当代旅游：学术版》2011年第8期。

[②] 侯玉婵：《山西省红色旅游资源开发研究》，硕士学位论文，山西师范大学，2009年。

宣传科学理论、传播先进文化、塑造美好心灵、弘扬社会正气的圣地。①

第二，红色旅游具有文化传播的功能。红色旅游的兴起，在很大程度上是人们在生活水平提高、休闲时间增加、交通便利的条件下追求丰富多彩的精神文化生活的结果。红色旅游是一种基于红色资源的"精神文化产品"，其丰富的独特精神价值形成了具有世界意义的"红色精神"。因此，发展红色旅游是弘扬民族精神、加强青年思想政治教育、建设社会主义先进文化的文化工程。在革命纪念馆开发利用独特的文化历史资源，可以为中国人民、海外同胞和国际友人表达对历史事件和历史伟人的怀念和钦佩提供一条良好的途径。②

可见，发展红色旅游不是一项单一化的产业，而是一项综合化的社会工程，它所具有的政治教育功能、文化传播功能将随着其本身的发展而日益突出。

（3）努力抑制红色旅游对社会文化的负面效应

第一，红色旅游被染色，野史冲击正史。红色旅游开发不同于其他普通产品的经营行为，应在大力引进旅游经营理念的同时，充分尊重革命历史的严肃性，以确保红色资源开发真正达到寓教于游、协调发展的目的。但是，红色旅游在蓬勃发展的同时，由于经营管理不规范等原因，在一些地方歪曲历史、戏谑英雄人物等行为时有发生，使这项严肃的工程染上了另类的颜色。

第二，变"花"，不尊重历史事实。当前不少导游由于素养不高，对红色文化乱讲一气，哗众取宠，博取游客一乐。纪念馆讲解员说一套、导游说另一套，让游客觉得模棱两可，也感到很不严肃。还有个别地方为了争取上级的红色旅游启动资金，不顾历史事实，夸大自己的历史地位，甚至把别的地方发生的历史硬说成是本地发生的，结果造成游客思想混乱。

第三，变"黑"，戏谑历史，拿英雄开涮。个别地方拿英雄人物开涮，严重损害了英雄人物的光辉形象，既是对战斗英雄的亵渎，更是对

---

① 张彬彬：《中国红色旅游发展与布局研究》，硕士学位论文，华东师范大学，2005年。
② 张彬彬：《中国红色旅游发展与布局研究》，硕士学位论文，华东师范大学，2005年。

历史的亵渎。类似戏谑历史、拿英雄开涮的言行时常为一些导游津津乐道，乐此不疲，损害了红色旅游的严肃性。

第四，借"红色"大肆挥霍。一些单位纷纷组织员工借"红色之旅"大搞豪华之旅，在群众中造成不良影响。红色旅游的组织者作为人民的公仆，公费去接受红色教育，不能大肆挥霍，否则就失去了意义。因此，要进一步加强文化和旅游部门的沟通和协调，建立起规范的导游队伍，制定一整套红色景点建设、管理和旅游服务的标准，使得红色旅游这项利国利民的工程真正发挥应有的作用。①

五 促进甘肃省红色旅游可持续发展的策略

红色旅游的可持续健康发展必须建立在科学发展观的基础上，依托整个旅游产业乃至整个国民经济的可持续发展，利用自身"红色"的特殊性，通过整合相应的旅游资源，尤其是红色旅游资源，打造红色旅游产品的品牌，为整个旅游经济的发展输入新鲜血液。同时，在旅游业改革开放不断向纵深发展的大环境中，不断完善各种体制和机制，建立健全各项行业法令、条例和规范，保证红色旅游的健康发展，使红色旅游真正成为甘肃省旅游业中一个有特色的品牌。

2008年9月12日，国家发改委等部门发布了《关于进一步促进红色旅游健康持续发展的意见》，提出了红色旅游持续健康发展的六点意见。

1. 充分认识新形势下发展红色旅游的重要意义

几年来的发展实践充分证明，党中央、国务院做出的发展红色旅游的重要战略决策，已经取得了突出的社会效益和经济效益。红色旅游日益成为新形势下广大人民群众了解我们党领导人民的创业史、革命史、奋斗史，坚持党的领导、巩固党的执政地位的政治工程；日益成为弘扬伟大民族精神、加强全民爱国主义教育特别是青少年思想道德教育、建设社会主义核心价值体系、促进文化大发展大繁荣的文化工程；日益成为推动革命老区经济社会发展，提高老区人民生活水平的经济工程。在深入贯彻落实科学发展观、建设社会主义核心价值体系的新形势下，要

---

① 李雪琴：《红色旅游可持续发展研究》，硕士学位论文，华中师范大学，2006年。

从确保党和国家事业长治久安的战略高度，充分认识发展红色旅游的重大意义。实践表明，强化党的执政意识，巩固党的执政基础是红色旅游健康持续发展的根本动力；把社会效益放在首位，坚持爱国主义、革命传统教育的正确方向，综合发挥"三大工程"功能，是红色旅游健康持续发展的基本要求；党委领导、政府负责、社会协同、公众参与是红色旅游健康持续发展的重要保证；坚持遵循旅游发展规律，统筹规划、量力而行、因地制宜、融合发展、不断创新是红色旅游健康持续发展的根本方法。当前和今后一个时期，促进红色旅游健康持续发展的总体要求是：认真学习贯彻党的"十七大"精神，高举中国特色社会主义伟大旗帜，以邓小平理论和"三个代表"重要思想为指导，深入贯彻落实科学发展观，紧紧围绕社会主义核心价值体系建设和社会主义文化大发展大繁荣，进一步落实《纲要》提出的目标和任务，加强领导，统筹规划，整合资源，突出特色，提升质量，拓展市场，努力实现红色旅游又好又快地发展。①

2. 加快提升红色旅游发展质量

促进红色旅游健康持续发展的关键是全面提升红色旅游发展质量，推进产业型升级，重点做好红色旅游资源保护、精品景区和线路建设、运行机制和发展理念创新、人才队伍建设等工作。着力加快完善红色旅游资源保护体系。依据《纲要》的精神和原则，加快提升红色旅游资源保护能力，进一步加强对重点革命历史文化遗产的保护、挖掘和整理工作，进一步科学规范保护设施建设和环境整治工作。切实推进革命历史文物征集工作，结合第三次全国文物普查，积极部署和开展红色旅游资源普查，编制保护名录和保护规划。逐步把反映社会主义时期党的重要活动及建设创业史、体现时代精神的红色资源保护起来，不断丰富完善红色旅游内容和保护体系。着力加快红色旅游精品体系与配套服务建设。按照爱国主义教育基地、全国重点文物保护单位、国家级风景名胜区、A级旅游景区质量标准化要求，深挖内涵、创新展陈技术、规范导游解说服务、完善标识系统建设、强化景区管理，正确反映中国共产党领导人民进行革命斗争的历史，打造一批富有感染力、震撼力的红色旅

---

① 《关于进一步促进红色旅游健康持续发展的意见》（发改社会［2008］2464号）。

游经典景区。按照《纲要》精品线路建设的总体要求，结合地方实际，适应市场需求，打造一批受广大游客普遍欢迎的红色旅游精品线路。按照建设重点红色旅游片区的总体部署，以核心景区为龙头，加快配套服务体系建设，形成一批主题鲜明、交通顺达的红色旅游目的地。加快完善红色旅游综合交通运输体系，结合交通建设规划，重点推进经典景区之间、经典景区与主要交通干线的连接公路建设以及民航机场建设，积极推动红色旅游列车、红色旅游大巴以及民航支线航班的发展。着力加强人才队伍与创新能力建设。按照政治合格、业务精湛、作风优良、服务规范的要求，整合党史、革命史、旅游教育培训资源，加快培训教材与资料的编写，分级分类做好红色旅游教育培训工作。规范导游员、讲解员的讲解内容，杜绝迷信色彩，保持红色旅游讲解的真实性、客观性、权威性。有条件的旅游院校，要开设红色旅游课程或在相关课程中增加红色旅游内容，扩大在革命老区的招生规模及其对口支援革命老区旅游院校的力度。针对发展红色旅游的具体特点，研究实施人才奖励措施，鼓励发达地区与革命老区干部交流，完善人才管理体制机制，营造合理流动、人尽其才的良好发展环境。推动党史、革命史研究机构、旅游规划设计机构、旅游高校及研究院所、博物馆、纪念馆以及旅游企业成为红色旅游创新主体，鼓励在理论、技术、产品、服务、保护、宣传营销、发展模式、体制机制等方面积极创新探索①，增强红色旅游发展活力与后劲。

3. 统筹推进红色旅游融合发展

统筹推进红色旅游与自然生态、历史文化、民族风情、乡村休闲、都市生活等各类旅游资源的融合发展，培育形成红色主题鲜明、内涵丰富、形式多样的复合型旅游产品和线路，满足多样性的旅游市场需求。充分利用和整合提升现有旅游产业服务体系和社会公共服务体系，进一步打破地区壁垒和行政分割，不断创新红色旅游区域合作模式，统筹推进红色旅游与其他旅游融合发展。要以规划促进红色旅游融合发展。立足经济社会全面、协调、可持续发展的全局，按照形象共塑、产品共用、市场共促、基础共建、信息共享的要求，继续完善和落实重点红色旅游

---

① 《关于进一步促进红色旅游健康持续发展的意见》（发改社会 [2008] 2464号）。

片区规划。要与国民经济社会发展"十三五"规划相衔接,着手启动《纲要》后续规划和建设方案的研究与编制。红色旅游规划的编制与实施,必须做好与常规旅游、土地利用、城乡建设、交通运输、文物与环境保护、经济与社会发展等相关规划的统筹衔接。坚持以规划定项目,强化规划对项目建设的约束力,把融合发展思路切实落实到项目中去。①

4. 加大红色旅游投入支持力度

进一步增加资金投入。各地、各部门应按照《纲要》要求,落实红色旅游发展的专项资金和引导资金,鼓励有条件的地方加大资金投入。在年度中央预算内基本建设投资计划中,要提高红色旅游景区基础设施建设投资安排的比例。各地要按照《全国红色旅游重点景区总体建设方案》,认真落实好项目配套资金。继续落实好交通建设资金投入,按规定安排好用于红色旅游经典景区中革命文物保护项目的资金投入,加大对展陈与技术更新的投资力度,把红色旅游宣传推广的投入纳入整体旅游促进与推广年度预算经费中。拓宽红色旅游融资渠道,有条件的地方政府,可通过专款贴息引导信贷资金投入红色旅游。鼓励有条件的企业和经营性项目通过上市、发行企业债券等现代融资渠道筹措资金,积极引导社会资金投资红色旅游。稳步推进博物馆、纪念馆免费开放工作,按照中共中央宣传部、财政部、文化部、国家文物局《关于全国博物馆、纪念馆免费开放的通知》的要求,加快研究制定免费开放后展陈服务、宣传推广和奖励激励等有效运行的保障措施,各地要按规定配套专项资金,确保免费开放博物馆、纪念馆工作的顺利运行。加大政策支持力度,凡纳入全国红色旅游经典景区名录的爱国主义教育基地、博物馆和纪念馆,对其符合条件的收入,可根据现行税制有关规定给予适当减免税优惠。对企事业单位、个人等社会力量通过公益性社会团体或国家机关,向公益性的爱国主义教育基地、博物馆和纪念馆等的捐赠款,可按企业所得税法规定的公益性捐赠的税收优惠政策执行。

5. 加强红色旅游宣传推广

各地和各有关部门要加大红色旅游宣传力度,新闻媒体要深入宣传发展红色旅游的重要意义和政策措施,积极介绍红色旅游经典景区、精

---

① 《关于进一步促进红色旅游健康持续发展的意见》(发改社会〔2008〕2464号)。

品线路和重点红色旅游地区，及时推广各地开展红色旅游的好经验好做法。鼓励和支持各类网站开设专版专栏宣传推广红色旅游，开展网上交流互动，建设网上红色旅游宣传推广平台。文化和广播影视、新闻出版等部门要结合重大纪念活动，及时组织创作群众喜爱的红色经典文艺作品，有条件的红色旅游景区，要积极编排红色剧目，创建红色舞台。各地要充分利用多种宣传手段，做好红色旅游的社会宣传，有条件的地方可结合重大纪念日组织红色旅游主题活动。

6. 完善发展红色旅游的体制

进一步加强发展红色旅游工作的领导和组织协调。各成员单位要分工协作，主动开展工作，切实履行职能，形成工作合力。各地要在党委政府的领导下，因地制宜地建立健全红色旅游工作协调领导机构，要有专人负责具体工作，切实发挥作用。进一步加强红色旅游配套政策协调。各地区、各部门要进一步完善促进红色旅游健康持续发展的政策，把支持红色旅游的政策统筹纳入本地政治、经济、社会、文化、环境保护的总体政策体系，形成政策合力。进一步加强各级红色旅游工作协调小组办公室建设，要完善红色旅游信息交流制度，加强红色旅游调研和统计工作，全面掌握红色旅游发展情况，更好地发挥办公室的职能和作用。①

这些意见对于红色旅游的可持续发展具有重大指导意义，在发展红色旅游过程中必须认真贯彻执行。在当前以及今后的具体工作中，特别应该抓好如下四点：

第一，做好红色旅游的规划工作。红色旅游规划是指导红色旅游空间有序化开发的关键，是避免红色旅游发展空间竞争的关键。我省要根据一期规划纲要、二期规划纲要和三期规划纲要的要求和原则，认真贯彻落实党中央、国务院发展红色旅游的战略部署，相关部门要积极配合旅游部门做好规划工作，使这些旅游区、旅游线路、旅游景区景点成为全省红色旅游发展的框架。其他旅游景区、景点和旅游线路，也要积极做好旅游规划，并做好与上述规划的衔接，纳入全国红色旅游发展体系中。对具体区域的红色旅游规划，要做到"有所为、有所不为"，即革命意义重大、红色旅游资源地位突出的地区，必须开展红色旅游发展规

---

① 《关于进一步促进红色旅游健康持续发展的意见》（发改社会 [2008] 2464 号）。

划，而对于红色旅游资源地位不突出的地区，只需要对区域红色旅游资源加以普查、保护和小规模建设，供临时区域性的纪念活动使用，而无须进行规划。在做红色旅游发展规划时，要体现系统开发思想，有选择地挑选几个重点景区景点加以规划建设，使之成为革命圣地，起到瞻仰纪念、教育学习和旅游观光作用，对于一般的革命纪念地、烈士纪念馆、纪念碑只需加以建设维护，供临时的纪念活动使用。

第二，注重红色旅游资源的综合开发。做好红色旅游的综合开发，就是指红色旅游景点、景区、旅游线以及大旅游体系的整合开发，以形成红色旅游区、红色旅游线、大旅游发展面有机结合的红色旅游"点""线""面"综合发展格局。"点"的开发就是指选择重点景区景点进行深度开发与特色开发，开发出高精品质的旅游产品，提升红色旅游品牌形象，从而提高红色旅游产品竞争力与延长产品生命周期。红色旅游所展示的是历史，要利用有效艺术形式把革命文化内在精神价值外化出来，例如要避免枯燥的文字解说，让旅游产品具有学习性、故事性，并能让游客参与进来，使游客在游乐中感受革命历史，从革命历史中产生共鸣。同时要注意把红色旅游与当地历史文化相整合，展现历史文化的传承性和地域文化的独特性，从而探究红色文化的内涵及兴起的根源，发掘红色旅游产品的文化性，增强对游客的吸引力。"线"的开发就是指红色旅游产品的联合开发。一是要根据革命历史发展历程，形成展现革命斗争过程的红色旅游线路。目前国家旅游局围绕这个发展思路已经提出了打造 30 条红色旅游精品线路的发展目标。这种开发模式是一种历史过程的重构，对游客具有游览价值和教育意义。二是对相关和互补的红色旅游品牌进行联合协调开发。这就要求联合发展的红色旅游区要建立组织协调机制，加强基础设施建设和其他开发项目的统筹协调、分工、维护和共享红色旅游主题品牌。"面"的开发主要强调的是红色旅游和其他旅游的整合发展，主要是通过形成大旅游产业格局来延长红色旅游地生命周期。由于许多红色旅游区（点）都普遍拥有其他方面的旅游资源，一些重点红色旅游线路也往往与其他旅游线路交叉或重合。把"红色资源"与其他资源相结合，科学合理地规划旅游景点，满足不同层次旅游者的需要，提高旅游业的整体规模效益。①

第三，加快红色旅游产品创新与旅游地建设。红色旅游产品创新有着提高红色旅游产品竞争力的功能。红色旅游产品创新重点要体现产品的表现形式、产品的品牌、产品的内涵创新。在产品表现形式上，要一改已有的红色旅游地，以图片展览、解说等枯燥的单一产品表现形式，要有展现历史过程的参与性活动、戏剧化演出来展示红色旅游产品；在产品的品牌上，要突出历史事件和历史人物，以此塑造红色旅游产品品牌，靠旅游品牌来吸引顾客、打动顾客；在产品的内涵上，要做到展示真实历史面貌，反映历史发展过程，突出历史文化，从而使游客达到思想上的震撼，促使游客有重游红色旅游地的欲望。红色旅游地建设包括旅游服务配套设施建设、生态环境建设和文化建设。红色旅游地要加快以基础设施尤其是交通配套设施建设为重点的旅游服务配套设施建设，改善红色旅游区道路、供电、给排水等基础设施，提升宾馆、饭店、旅行社、消防、环卫等服务设施的支撑能力。红色旅游资源一般多处于生态环境较脆弱的革命老区，大规模的旅游开发活动极容易造成旅游地生态环境的破坏，因此，在红色旅游资源开发中，要做到"红色"与"绿色"的有机结合，加强生态环境的保护与修复。红色旅游是文化旅游，应体现文化特色，因此要加强革命文化宣传，加强革命文化与地方文化的融合。②

第四，加大市场营销力度与提高管理服务水平。管理服务与市场营销是旅游区治理、服务游客与招揽游客的关键。省内各级旅游管理部门要多多举办宣传促销活动，借助各个主题，举办运动会，红色旅游论坛等工作，通过参加国内旅游交易会和国际旅游交易会、广告、宣传册、网络等媒体渠道宣传红色旅游品牌景区、品牌路线，扩大红色旅游的影响，开拓红色旅游市场。同时要抓好对红色旅游区（点）的服务管理和人员培训工作，要使经营管理和服务方面不断提高水平，上档次，从而提高旅游地的管理服务水平，促进红色旅游发展。③

---

① 张万华：《浙南（平阳）抗日根据地红色旅游发展现状及对策研究》，硕士学位论文，同济大学，2008年。

② 范琼：《红色旅游中的文化传播研究》，硕士学位论文，中国科学技术大学，2005年。

③ 张伟伟、王建军：《基于SWOT分析的五台县红色旅游开发对策研究》，《国土与自然资源研究》2013年第6期。

六 红色旅游可持续发展应处理好的关系与应避免的问题

1. 红色旅游可持续发展应处理好的几个关系

（1）正确处理好政府主导和市场运作的关系。任何一个地方的旅游业能否持续协调快速发展，政府主导和市场运作这两种机制都不可或缺，而且要协调运行。红色旅游目的地大多地处经济欠发达地区，市场经济发育程度不高、基础设施相对薄弱，因此不能忽视政府在旅游基础设施建设、旅游市场导向等方面的作用，必须进一步强化政府主导发展旅游业的机制。同时，要积极研究建立红色旅游发展的市场运作机制，重点是加快建立红色旅游项目的招商引资机制，促进红色旅游开发的投资多元化；加快红色旅游的体制改革，整合、改革、发展旅游市场主体；加快探索红色旅游景区所有权、管理权、经营权分离的政策和办法，盘活红色旅游资源存量和资产存量，激活旅游市场的潜力和市场机制的活力，推进红色旅游的市场化、产业化进程。[①]

（2）正确处理独特性和复合性的关系。一方面，红色旅游与其他旅游同属旅游，具有共性特征；另一方面，红色旅游作为一种特殊旅游类型，也具有个性特征。客观要求在开发红色旅游产品时，既要研究透彻红色旅游的个性内涵，发挥其独特性，彰显特色，打造精品名牌，还要研究分析红色旅游较之其他旅游的缺陷，避免单纯的说教性，增加参与性、互动性、娱乐性，以提高竞争力和招徕力。同时，要注意红色旅游与其他旅游的结合，提高红色旅游的复合性。正确处理红色旅游与绿色生态旅游、民俗风情旅游、风景观光旅游及其他旅游的关系，使红色旅游与其他旅游相互促进、相得益彰、共同发展，形成一个地区独具特色的旅游产品体系。[②]

（3）正确处理国内市场和国外市场的关系。要打破以往将红色旅游的客源市场仅仅局限于国内的定式思维，坚持按照市场规律运作红色

[①] 喻卫中：《基于公共管理理念的湘潭红色旅游开发研究》，硕士学位论文，湖南大学，2008年。

[②] 白怀君在井冈山红色旅游高峰论坛的发言：《浅谈红色旅游的可持续发展》，中红网：http：//www.crt.com.cn/news2007/News/wzzb/2006－8/9/08098680_ 2.html。

旅游，研究红色旅游产品针对不同市场客源对象的产品组织形式和宣传促销定位，大力开辟国内国外两个客源市场。对国内人群可以重点采用以寓教于乐为主要形式，区分不同年龄层次，确定与其相适应的产品组合、展示手段和线路安排；对国外人群可以重点以文化差异为主要背景，迎合其异域文化需求和好奇心理，确定相应的产品、解说和线路，从而使红色旅游的客源市场有新的拓展，推动红色旅游快速、健康、可持续发展。①

（4）正确处理利益相关者的关系。随着各地红色旅游业的日益发展，利益相关者问题也逐渐引起各方关注，要确保红色旅游的可持续发展，就必须重视利益相关的各种力量，并关注其利益要求，不仅要使旅游者获得精神的满足，政府的目标得以实现，旅游企业获得盈利，还要给当地社区居民带来多方面的利益并允许其参与利益分配，同时，各利益相关主体也需要在一个科学的管理机制和模式的基础上，共同形成利益共享、责任共担的伙伴关系，为红色旅游可持续发展做出贡献。②

（5）正确处理经济建设、社会发展、环境保护与红色旅游资源保护的关系。要加强城市和新农村建设规划的编制和调整，充分考虑不可移动革命文物保护的特殊要求，将其作为强制性内容纳入到城市和新农村总体规划和详细规划。在城市和新农村建设中，要坚持先规划、后开发，以规划指导开发的原则，坚决杜绝盲目开发、无序开发、低水平开发和重复建设。坚持科学发展观，走可持续发展的道路，就要做到人和自然的和谐发展，切实保护好生态环境，切实做到"既要金山银山，更要绿水青山"。红色旅游属于"无烟产业"，十分有利于生态环境的保护，有利于我们坚持科学的发展观，走可持续发展的道路，实现人与自然的和谐共赢。③

2. 红色旅游可持续发展中应避免的问题

发展红色旅游具有重要意义，而旅游产品是旅游业的灵魂，红色旅

---

① 唐闪光：《浅谈红三角红色旅游的可持续发展》，《成功》（教育版）2008年第11期。
② 喻卫中：《基于公共管理理念的湘潭红色旅游开发研究》，硕士学位论文，湖南大学，2008年。
③ 卢丽刚：《新农村建设视阈下红色旅游资源的保护与开发》，《华东交通大学学报》2011年第3期。

游开发的过程就是产品化的过程。与其他专项旅游不同的是，红色旅游的客源市场相对于依托自然旅游资源的产品而言，不会因为季节、气候等原因出现大的波动，相反会因为纪念日以及节假日而瞬间增长，从这个角度讲，该产品拥有巨大的市场潜力和发展前景。在积极发展红色旅游的同时，应该警戒在开发经营过程中有可能出现的问题。

（1）避免庸俗化、泛滥化。发展红色旅游要特别注意市场化运作，避免政府包办的强制行为，避免庸俗化。红色旅游的提出虽然在某种程度上有很强的政府导向性，但是作为一种专项旅游产品，遵循市场的规则才能拥有持续的生命力。要吸取人造主题公园最初在我国兴起时的教训，不根据市场规律若干相似的人造景观在同一地区一哄而上，最终带来的只有经济利益的下降、资源的浪费、景区的破坏等一系列不良后果。避免打着开展红色旅游的旗帜，不考虑资源、市场等情况而任意开发、规划、建设，导致红色旅游缺乏品位、泛滥化、庸俗化。[1]

（2）杜绝变相的公费旅游。开展红色旅游要警戒一些党政机关的党员、干部借到红色教育基地进行参观访问之名搞公费旅游，不但吃、住、行、游、购、娱的花销用公款，而且旅游的目的地也不仅仅是革命纪念地及周边，更多的是借机去自然风光优美的名胜古迹。这样利用公款公费集体到红色旅游景点去，虽然是接受革命传统教育，但结果却背道而驰，只能滋长党员干部的腐败作风，违背了发展红色旅游的初衷。[2]

（3）避免产品的单调化。由于红色旅游是以红色文化内涵为主要吸引力，所以，红色旅游产品很容易变成单调的革命历史遗迹观光活动，游客只是走马观花似地在革命博物馆或者纪念地走一圈，很难感受到该旅游产品所反映的革命精神，也难以提起游客的兴趣。这不但不会吸引游客故地重游，就是对没有来过此地的游客也难以形成较强的吸引力。另外，大部分红色旅游资源分布在偏远山区，交通状况较差，配套设施不完善，有的地方已是有点无景，旧迹难寻，风光不再，加之周边自然景观单一，若不采取相应措施改善这种状况，红色旅游的开发就会

---

[1] 刘红芳：《红色旅游热的"冷"思考》，《温州职业技术学院学报》2006年第1期。

[2] 王亚娟、黄远水：《红色旅游可持续发展研究》，《北京第二外国语学院学报》2005年第3期。

导致景单线长、鲜有特色和吸引力、缺乏外延产品。红色旅游兼有传统观光旅游和传统文化旅游的一些特点，它的开发重点在于超越传统观念的创新，在产品的内容、形式、品牌、宣传销售等方面的创新是其避免单调化、实现可持续发展的途径之一。[①]

（4）避免破坏资源和环境。保护生态环境是发展红色旅游的前提，不能因为开发红色旅游而忽视了环境。大部分革命老区的生态环境较好，随着红色旅游的快速发展，游客大量涌入，不可避免地会对当地的资源和环境带来负面影响，而不可再生的资源和环境一旦遭到破坏就不可能恢复，这对落后的革命老区来说无疑是一个很大的损失。在红色旅游开发前，做好科学的规划，避免为了盈利而大肆兴建与景区不协调的景观或者废除原有建筑，保护革命历史遗迹和周边的自然景观是开发中应注重的问题。[②]

（5）避免多头管理。多头管理是红色旅游发展的一个制约因素。由于历史原因，许多红色旅游景点的管理部门并不统一，文体部门、旅游部门、文物保护部门多头管理，致使红色旅游产品的开发受到多重制约，缺乏统一性和整体性。多部门的同时管理只能对红色旅游的发展产生负面影响，延缓其发展进程，多方牵制也不利于个性化和创新化产品的推出。[③]

第二节　红色旅游品牌建设

红色旅游的可持续健康发展必须建立在科学发展观的基础上，依托整个旅游产业乃至整个国民经济的可持续发展，利用自身"红色"的特殊性，通过整合相应的旅游资源，尤其是红色旅游资源，打造红色旅游产品的品牌，为整个旅游经济的发展输入新鲜血液。同时，在旅游业改革开放不断向纵深发展方向的大环境中，不断完善各种体制和机制，

---

① 红色旅游可持续发展研究，https://www.wendangwang.com/doc/548b8576a41。
② 刘红芳：《红色旅游热的"冷"思考》，《温州职业技术学院学报》2006年第1期。
③ 王亚娟、黄远水：《红色旅游可持续发展研究》，《北京第二外国语学院学报》2005年第3期。

建立健全各项行业法令、条例和规范，保证红色旅游的健康发展，真正使红色旅游的可持续发展成为中国旅游业中一个有特色的品牌。如瑞金通过其革命历史的"红色书籍"、熏陶代代新人的"红色歌舞"、激活一方经济的"红色工艺"等活动来树立瑞金红色旅游品牌。①

一 红色旅游品牌建设优势

中国红色旅游的异军突起不是偶然的因素，其快速地发展除了自身既有的优势外，还有国家政策倾斜和旅游市场发展的需要。

1. 政策优势

随着红色旅游的"红"起来，中共中央、国务院对红色旅游十分重视，尤其是国家出台一些相关政策和法律为红色旅游品牌的创建提供了一个很好的政治环境。2003年4月，中央领导人在江西视察时指出要把红色旅游打造成具有震撼力的旅游产品。2004年2月，中共中央做出了"要积极发展红色旅游"的重要指示。2004年8月，《人民日报》宣布我国将正式启动"红色旅游"工程。随后，中办、国办印发了《2004—2010年全国红色旅游发展规划纲要》，红色旅游开始形成蓬勃发展的局面，品牌创建被提上日程。国家的政策倾斜是打造红色旅游品牌的保障。

2. 资源优势

中国的红色资源是一种独特的旅游资源，是中华民族宝贵的物质和精神财富，是在中国革命战争年代特定的历史环境下形成的。中国红色旅游资源丰富，覆盖面宽广，类型多样，仅红色旅游经典区就有100多个，遍及全国29个省市地区。红色资源丰富是创建红色旅游品牌的基础和前提。②

3. 市场优势

随着旅游活动和旅游业的日益发展，文化旅游成为一种新潮流，人们开始更加注重精神家园的构建，而红色旅游的兴起正满足了人们追求丰富多彩的精神文化需求。红色旅游是建立在红色资源基础之上的一种

---

① 《试析红色旅游的功能》，《商场现代化》2005年第11期。
② 方世敏、阎友兵：《红色旅游研究》，湖南人民出版社2007年版。

精神文化产品，有着极为丰富独特的精神价值和革命文化内涵，深受旅游者的喜爱。市场优势是创建红色旅游品牌的必要条件。①

二　红色旅游目的地品牌建设

1. 发挥政府的主导作用，加强宣传

旅游目的地品牌的形成有赖于持续地、系统地对旅游目的地形象进行宣传和推广。旅游目的地品牌形象代表一个旅游目的地的整体旅游形象，在相当大程度上具有外溢效应（外部性）和公共产品特征。由于缺乏直接的产出效益，单一企业不可能进行宣传，因此需要公共部门和政府的参与。政府是旅游产品的战略规划者，是旅游服务人员的引导者，是旅游环境的规范者，也是营销交流的主导力量②，因此应当巩固政府在旅游目的地品牌建设中的主导地位，发挥其最大的作用。

2. 整合资源，打造精品

鉴于红色旅游资源相对分散、难以扩大吸引力等特点，整合资源显得十分重要。一方面，把红色旅游资源密集、丰富、成片的地区，作为红色旅游文化的主打形象，将这些基础较好的资源连成线、形成片、构成网，以点带面，发挥其最大效益，使其成为产品项目成熟、广为游客欢迎的热点线路。另一方面，对那些相对零散、单一，只有区域性影响的地区，就要考虑红色旅游资源和自然旅游资源、历史文化旅游资源、民族地域特色等的有机整合，提升区域竞争力。

3. 完善基础设施，改善旅游环境

旅游目的地品牌建设需要较为完善的基础设施作为支撑，而地处边远老区的红色旅游目的地在交通和通信上的不完善正是其品牌建设的薄弱环节。因此，应加大政府导向性投入，加强旅游基础设施建设，除优先安排红色旅游景区景点的交通道路改造与建设外，还应在用电、给排水等公共设施建设项目上给予政策倾斜，改善红色旅游的发展环境③，

---

① 方世敏、阎友兵：《红色旅游研究》，湖南人民出版社2007年版。
② 梁明珠等：《旅游地品牌研究》，经济科学出版社2006年版。
③ 赵慧、徐颂军、蔡炫：《湖南省红色旅游品牌建设探析》，《华南师范大学学报》（自然科学版）2009年第3期。

提高红色景区的可进入性。

4. 培养红色旅游人才

旅游竞争不是旅游景点的竞争，不是旅游企业的竞争，而是旅游人才的竞争，建设红色旅游品牌必须具备强有力的人才支撑。作为旅游人才培养基地的高校，教育工作应适应红色旅游产业和经济社会发展的历史性跨越，加强和改革人才培养，满足市场的需要，为红色旅游可持续健康发展提供智力支持。

三 红色旅游产品品牌建设

1. 提升产品内涵，体现文化特性

红色旅游是旅游和红色文化结合的产物，它不仅是一种文化旅游，而且是一种特色旅游，因此在开展红色旅游过程中，要防止以庸俗、迷信等低级趣味的内容和方式吸引招揽游客、误导群众。必须广泛收集革命文物，深刻挖掘革命史实，丰富展示内容、创新宣传教育方式，紧扣爱国主义教育、革命传统教育主题[1]，全面、准确、客观地反映革命史实，这样开发出来的产品才具有文化内涵，才能体现丰富的革命历史文化和地域文化的特性。

2. 加强产品设计，提高产品多样性

为了增加红色旅游产品的卖点，设计应努力实现以下三点：第一，红色旅游应从静态展示向动态展示进行转变，综合运用现代科技手段再现革命历史，使游客具有身临其境的体验感；第二，设计互动、体验式旅游项目，避免枯燥单调的博物馆旅游，如在军事指挥场所和战场景点视点设置游戏厅，将史实通过战役等内容设置有趣的测试和模拟，激活许多年轻人和游客的大脑，配合射击、攀岩和野外体验项目的发展[2]，建立红色旅游体验体系参与项目，使其军队在轻松互动的娱乐体验中，接受革命传统教育；第三，继续大力发展节庆旅游产品。近年来，湖南开

---

[1] 全国红色旅游工作协调小组办公室主编：《中国红色旅游发展报告2005》，中国旅游出版社2005年版。

[2] 杨洪、陈亚召、阎友兵：《湖南红色旅游开发创新研究》，《湖南科技大学学报》（社会科学版）2006年第4期。

展了"中国红色旅游：百万共产党员邵山旅游""百万青年邵山旅游"等一系列红色旅游活动，取得了良好的效果。

3. 优化产品营销，提高经济效益

红色产品营销可结合党、军队、中华人民共和国成立等重大革命纪念活动和著名革命历史人物纪念日、节假日进行重点宣传和推广；共同开发和推广红色旅游产品和生态旅游产品。加强省内红色景区与省外红色景区的联动宣传，实施跨区域互动推广，形成区域旅游网络，实现区域内资源共享，信息共享，市场共建，客户互动，利益共享，人员流动，共同打造红色旅游品牌带动当地经济发展。[①]

四 旅游企业品牌建设

企业品牌是企业宝贵的无形资产。旅游企业服务性的特点，决定了其更应创建自己的品牌，使消费者在认同旅游品牌的同时，认同旅游企业本身。红色旅游区的旅游企业品牌建设主要表现在旅行社、旅游饭店、旅游商品、生产企业等方面的品牌建设。

1. 旅行社品牌建设，提高从业人员素质

各红色旅游景区旅行社的发展不能走数量增长型的发展老路，而应通过改革和重组，深挖潜力，增强和壮大实力，形成规模化的知名旅行社，同时，要提高旅行社的管理水平，一方面要加强旅游人才引进，与旅游教育单位挂钩，定向培养各层次的服务与管理人才，提高旅游从业人员的素质；另一方面加强现有从业人员的培训，如开展岗位培训，加强行业精神文明建设，树立行业诚信风尚，打造诚信品牌，开展红色旅游导游员、讲解员大赛等系列活动，树立自身品牌。[②]

2. 旅游饭店品牌建设，提升旅游档次

首先，要引进国内外知名连锁饭店，提高红色旅游景区的饭店档次，完善当地的住宿、餐饮等配套设施，带动红色旅游景区饭店服务水平和管理水平的提高；其次，要适当增加特色饭店，如度假

---

① 吕张凯：《邢台市红色旅游可持续发展战略初探》，《卷宗》2017年第20期。
② 袁敏芳：《"中国屯垦旅游"品牌的现状、存在问题及对策》，《兵团党校学报》2013年第1期。

饭店、家庭饭店、青年旅馆等；最后，要提高旅游饭店的餐饮质量，加强其卫生达标管理，特别是挖掘、整理和推出一批具有地方特色的菜品，增加菜色品种，同时大力开发新型绿色食品、农家土特食品、红色旅游餐饮产品等，以满足游客的特殊需要。

3. 旅游商品品牌建设，拓宽产销渠道

旅游商品生产企业在开发红色旅游产品时应根据各景区的具体情况，结合游客的需求，并充分吸收和借鉴国内外发达地区的经验，在旅游产品的色、形、味，内涵与外延上不断地提高其品位，从而提高红色旅游业的经济效益。如：编织精美的红军小斗笠；盛茶水的竹筒、小茶具；红军纪念章、红军帽、红军衣、红军草帽、草鞋等。同时要建立合理的产销渠道，加强信息传递，使旅游商品实现产销挂钩、适销对路。在红色旅游服务区可以兴建大型的旅游商品展销中心或是旅游商品购物街，在旅游宾馆饭店设立旅游商品专店，在商场设立旅游商品专柜，在各景区景点设立经营旅游商品的小摊，但数量和规模要适当加以控制和引导。①

红色旅游要想在激烈竞争的市场中赢得地位，实现健康、持续、快速地发展，进行品牌建设是必经之路和必然趋势。只有营造出一批在国际、国内市场上有吸引力的高水平旅游品牌，才能吸引游客，带动客流，才能最大限度地凸显资源优势，发挥竞争优势，才能打开局面，树立良好的旅游形象。②

第三节 红色旅游资源法律保护

红色旅游资源指的是中国共产党成立以后、中华人民共和国成立以前，包括红军长征时期、抗日战争时期、解放战争时期形成的重要的革

---

① 赵慧、徐颂军、蔡炫：《湖南省红色旅游品牌建设探析》，《华南师范大学学报》（自然科学版）2009 年第 3 期。

② 赵慧、徐颂军、蔡炫：《湖南省红色旅游品牌建设探析》，《华南师范大学学报》（自然科学版）2009 年第 3 期。

命纪念地、纪念物及其所承载的革命精神。红色旅游资源是人文旅游资源的一部分，对红色旅游资源的保护不仅是对其实物形态即红色革命文物的保护，而且还要对红色革命精神进行保护。这些红色旅游资源是历史文化遗产和精神财富。保护和利用好这些红色革命资源是新时期中国共产党执政兴国的必然要求，是全面建设小康社会、构建社会主义和谐社会的必然要求，也是红色旅游实现可持续发展的必然要求。建设红色旅游资源保护是《2004—2010年全国红色旅游发展规划纲要》明确提出的任务，在这个保护体系中，法律将发挥着举足轻重的作用。

一　红色旅游资源保护所面临的问题

1. 对红色旅游资源保护认识不足

在发展红色旅游的过程中，或由于经营者主管部门考虑的只是依靠旅游资源吸引游客，增加经济收入，而很少从可持续发展的角度考虑如何进行资源保护，从发展先进文化的高度，创新"红色旅游"资源，形成旅游品牌的市场价值，让游客体验和感受产品的丰富性。例如，在安徽省金寨县，红军医院、红军邮局、红军安全局等文物或由于风雨倒塌，或由于没有人参观红军而破旧不堪，有的甚至成为附近农民堆放杂物或牲畜饲养场所。[①]

2. 红色旅游资源商标保护意识不强，缺乏专门的管理人员和组织

许多红色旅游资源管理单位不知道这些资源可以受到注册商标的保护，缺乏意识导致注册的数量很少。与重庆"数百个红色景点中只有一个有标志"非常相似。红色旅游资源的行政机关大多是皇家食品，近年来面对市场，缺乏经验，许多领导没有知识产权意识，更不用说进行商标注册来保护红色旅游资源了。许多红色旅游资源都是当地地名，区域内的其他单位或个人也有合理的注册，其他单位或个人提前申请注册，商标局也很难拒绝。红色旅游资源，如果不及时注册商标，将面临被抢注册风险。例如，"井冈山"旅游商标于2003年在江西省吉安市一家酒厂成功注册；2001年，湖北省罗田县一家旅行社注册了大别山旅游商标，甚至西柏坡也注册了。商标不是申请注册成功就万事大吉，而是需

---

① 方世敏、阎友兵：《红色旅游研究》，湖南人民出版社2007年版。

要一个专人来管理商标和其他标志。现在大多数红色旅游管理单位几乎没有设立商标管理机构，也没有指定专门的人员管理品牌，如果有其他单位或个人申请红色旅游和红色旅游资源的类似商标标识，不在商标发布公告中，红色旅游资源管理单位就很难找到，等待他人注册成功后，向法院申请审查，不仅耗时长，成本高，也不能获胜，其他类似商标被批准使用红色旅游资源，会影响品牌的市场发展，影响品牌的声誉。①

3. 现代化建设对红色旅游资源的保护产生了影响

由于缺乏统筹规划，现代城市建设、农业生产、工程建设等对革命纪念遗址和纪念碑造成严重破坏。主要表现在旧城重建和拆迁中革命纪念地被破坏或周围环境被破坏所造成的不和谐。例如，当时长沙市附近有许多抗日士兵和士兵的坟墓。在新的城镇扩张运动之后，他们中的大多数被摧毁或遭到破坏，只有一小部分仍然存在。②

4. 红色革命文物的调查和收集是困难的

红色革命文物所在的革命老区大多偏远，交通、经济、文化等发展水平较低。因此，革命文物的普查和收藏消耗了更多的人力、物力和财力。这些困难使得难以以有计划、有目的的方式收集和保护革命文物。因此，在没有管理的情况下，散落在地球上的红色革命文物已成为一种相对突出的现象。

二 红色旅游资源保护不力的法律因素

造成红色旅游资源保护不力的原因是多方面的，保护意识淡薄、管理体制存在问题、现代化建设造成的冲击等都不同程度产生影响。然而，法律作为一种最根本的保护手段，对红色旅游资源保护不力现象的出现应该承担着更为重要的责任。目前关于旅游资源保护的法律有《中华人民共和国土地法》《中华人民共和国森林法》《中华人民共和国文物保护法》（以下简称《文物保护法》）《中华人民共和国环境保护法》《中华人民共和国矿产资源保护法》《风景名胜区暂行管理条例》及各省市的地方性旅游管理条例等。这些法律法规对红色旅游资源的界定模

---

① 肖海、卢丽刚：《红色旅游资源的商标保护策略》，《知识产权》2009年第1期。
② 宗美娟：《红色旅游的可持续发展研究》，硕士学位论文，东南大学，2006年。

糊，缺乏相应的措施和条款，主要体现在以下几个方面：

1. 对红色革命文物的概念界定模糊

虽然2002年修订的"文物保护法"明确指出："与重大历史事件、革命运动或名人和纪念意义有关，教育意义和现代代表性建筑的历史价值，现代重要的历史、实物"受国家法律保护，但没有单独提到"革命文物"、"红色"文物或"红色革命文物"等概念。①

2. 旅游资源产权不利于保护

文物保护法明确规定了文物所有权，并将其分为国有、集体所有权和私有制三类。然而，本法对经营权和经营权的规制是不恰当的。第八条规定："国务院文物行政部门主管全国文物保护工作。"这意味着管理权属于政府，但管理权没有规定文物的使用等方面。更重要的是，法律没有对文物开发利用后的经营权所有权作出硬性和快速的规定。这种不完全的产权规制给文物的保护和管理带来了很大的危害，严重影响了革命文物作为旅游资源的作用，从而影响了红色旅游资源保护体系的建立和完善。②

3. 关于文物保护资金来源的规定不利于保护

《文物保护法》第10条指出，文物保护的资金来源主要是"预算""创业收入"和"社会资金"，而实际运作过程往往只有"预算"资金才能到达指定位置，后两者是由于效率低和经营条件差而难以实施的。在市场经济条件下，应按照"谁投资谁受益"的原则，修改文物保护法律规定。③

4. 法律责任条款缺乏关于未经批准的文物损坏的规定

未及时批准的珍贵文物错过了保护机会，责任主体不明确，文物保护法没有对此做出规定。政府负责保护全国各地的文物，并应对这些珍贵文物的损坏承担法律责任。然而，由于个人或客观的实际困难等因素，政府往往未能履行其责任。这种法律漏洞使整个社会没有时间关注

---

① 《红色旅游资源的法律保护问题》，中红网：http://www.crt.com.cn/news2007/News/liujianping。
② 方世敏、阎友兵：《红色旅游研究》，湖南人民出版社2007年版。
③ 刘建平、伍先福：《红色旅游资源的法律保护问题》，《湖南社会科学》2005年第5期。

那些未经批准的文物,自然不利于保护工作的开展。

5. 地方旅游管理条例对红色旅游资源保护的限制①

目前,各省市基本上都出台了自己的旅游管理条例,但这些地方法规还没有结合当地实际对红色旅游资源的保护作出更具体的规定。首先,红色革命文物没有明确列入旅游资源。红色革命文物作为一种新的旅游资源,在人们的观念中还没有形成一个概念,自然,它的保护、开发和利用规定被排除在当地旅游管理法规之外。其次,这些地方法律法规往往以国家法律法规为基础,如文物保护法,甚至为模型。因此,文物保护法中法律因素的漏洞往往可以在这些地方法律法规中找到。最后,地方法律法规没有因地制宜地在其地理范围内对红色旅游资源的开发和保护作出规定,甚至一些红色旅游资源非常丰富的省份也没有相关的单独规定。总之,在红色旅游资源保护方面,地方旅游管理规定还没有在国家法律法规的基础上得到补充和完善,不可能给革命文物保护带来更具体的指导。②

三 加强红色旅游资源保护的法律对策

由于法律对红色旅游资源的保护不足,法律因素已成为制约红色旅游资源保护的关键因素。为了建立红色旅游资源保护体系,必须首先建立红色旅游资源的法律保护体系。不论是完善现行的《文物保护法》等法律法规,还是尽快出台红色旅游资源保护的单独条例,都应该从以下几方面入手:

1. 努力提高公民对文物保护的法律意识

与传统文物相比,红色旅游资源具有时间短、数量大、分布广、保护难度大等特点。因此,建立文物保护制度需要全体公民的共同努力,单靠文物保护管理部门不能取得很好的效果。为了提高文物保护的法律意识,开展文物保护法的宣传普及活动已成为当务之急。在宣传过程

---

① 黄坚:《基于生态保护视角的百色市红色旅游资源开发研究》,《现代经济信息》2017年第22期。

② 谢沫华、起国庆:《论新时期中国民族文物的保护》,《云南民族学院学报》(哲学社会科学版) 2003年第4期。

中，应充分利用现代媒体（广播、电视、书籍、报纸和互联网等）优势开展各类主题活动，促进有效单位、突出个人、有效公民群体或个人给予必要的物质或精神奖励，从而在社会上迅速形成良好的法律保护意识氛围。①

2. 积极完善红色旅游资源产权改革

产权作为一种权力，可以分为所有权、经营权和处置权。近年来，湖南省凤凰县实施的"三权分立"（所有权属于政府，对有关部门的管理权，对公司的管理权）模式在文物保护和利用方面取得了一些有效的实践。红色旅游资源保护条例应当借鉴这些优秀成果，以法律规定的形式将其制度化，使资源保护在市场经济的轨道上有效运行。明确产权是实现红色旅游资源有效保护的关键。解决旅游资源保护的动力机制和旅游机制问题也是必然的要求。②

3. 应当对保护红色旅游资源的资金来源作出明确规定

除了"财政预算""机构收入"和"社会基金"外，还应努力拓宽各种融资渠道，以市场经济体制的力量发展红色旅游资源保护事业。首先，鼓励单位和个人以及外商、华侨、香港同胞、澳门同胞和台湾同胞投资开发、建设和保护红色旅游资源。其次，应争取国家、省旅游发展基金、旅游国债、旅游生产指导基金、旅游规划补贴基金等部门（如交通、公路部门）的资金支持。最后，根据红色旅游资源的特点（时间短，数量大，分布广，保护难）开展保护活动，依靠全社会的集体力量，积极引导全民关注参与，鼓励社会捐赠，以建立专项保护基金。只有对红色旅游资源保护资金来源的法律规定，才能对制度的保护和明确的指导。

4. 对未经批准的红色旅游资源，应当作出有关规定

红色革命的文物承载着中国共产党人光荣的革命传统和革命的英雄事迹。文物最重要的特点是不可再生和不可替代。因此，未经批准的红色旅游资源的损失和破坏意味着它所携带的过去在人们的脑海中消失。

---

① 罗丽芬：《论法律意识的培养》，《中共四川省委省级机关党校学报》2003 年第 4 期。
② 《红色旅游资源的法律保护问题》，中红网：http://www.crt.com.cn/news2007/News/liujianping。

红色旅游资源条例有关规定中关于保护未经批准的资源的规定有利于预防和保护，使其在评估文物价值之前能够得到相对良好的保护，至少不受破坏性损害。其中，在"法律责任"的内容下，应突出责任单位和个人，并在此基础上对责任作出具体规定。

5. 地方旅游法规应及时补充保护红色旅游资源的规定①

首先，应将红色革命的文物纳入旅游资源概念的范畴，并界定该资源的时空范围。其次，应符合"保护第一、抢救第一、合理使用、加强管理"的文物工作政策，具体实施条款进一步解释和说明。最后，根据我省红色旅游资源的实际情况，规定具体的规划内容和程序。②

6. 应注意红色旅游资源的商标保护，及时注册，由专人管理

为了保护红色旅游资源，必须高度重视，尽快注册商标。红色旅游资源行政主管部门应当主动注册商标，或者由红色旅游资源上级行政主管部门或者有关政府组织申报，并进行知识产权保护评估。当然，根据自愿申请商标的原则，最终申请也应由景区管理单位或旅游公司提交。针对红色旅游资源行政管理部门的不同，省市旅游局下属公司可以在本行政区域内申请红色旅游资源注册，以防止其他企业或个人在红色旅游资源注册成功后向红色旅游资源行政单位转移注册商标。③ 红色旅游管理单位应当设立商标管理办公室，可以称为商标办公室、商标管理办公室或者知识产权办公室，专门负责商标管理。商标管理部门应当指定专人，对国家商标局每月发布的商标公告进行审核。如有任何与红色旅游实体拥有的商标类似的通知，应在规定的三个月内及时提出异议。对商标的异议被驳回的，应当立即复审。对复审不服的，应当立即向法院起诉。对他人擅自使用红色旅游商标的，应当收集信息，主动调查处理，保护红色旅游商标不受侵害，确保红色旅游健康可持续发展。④

---

① 《红色旅游资源的法律保护问题》，中红网：http://www.crt.com.cn/news2007/News/liujianping。
② 刘建平、伍先福：《红色旅游资源的法律保护问题》，《湖南社会科学》2005 年第 5 期。
③ 吴行华、王忠兴、张莎、刘婷婷、朱静、姚乐、付琪舒：《红色旅游资源知识产权保护存在的问题及对策》，《老区建设》2009 年第 4 期。
④ 肖海、卢丽刚：《红色旅游资源的商标保护策略》，《知识产权》2009 年第 1 期。

7. 加大对红色旅游资源保护的执法力度

上述对策主要是从红色旅游资源保护的立法角度来进行阐述的，目的在于红色旅游资源的保护有法可依，而在实际工作中，除了完善的法律法规条文外，更加需要落实这些条文的具体措施和行动，其中，加强执法力度是一项非常关键的工作。要真正做到"执法必严"，同样需要提高对于红色旅游资源保护重要性的认识，严格按照相关法律从事保护管理，"违法必究"，防止徇私枉法，只有这样，才能真正将红色旅游资源置于法律保护之下。①

---

① 徐仁立：《红色旅游资源保护体系建设新探》，《武夷学院学报》2016年第4期。

附 录

甘肃红色纪念馆概况[①]

第一节 甘南藏族自治州

1. 俄界会议旧址

位于迭部县达拉乡政府驻地西3公里的高吉村。开会的地点选在一座坐北朝南的木楼建筑内，有200多平方米的面积。[②] 1935年9月12日，红军领导人在此召集大家开会讨论决定了红军继续北上是正确方针。[③] 会议结束后，还在此召开干部会议，并向全军发出了《为执行北上抗日告同志书》，这次会议的召开，使得军队避免了错误的路线，坚持北上。[④] 俄界会议旧址是甘肃省省级文物保护单位，国家文物保护单位；2016年12月，被列入全国红色旅游经典景区名录。

2. 洮州卫城——新城苏维埃旧址

该旧址建在了明代洮州卫城内，隶属于临潭县，卫城在县城东35公里的新城乡新城村。1936年8月，红二方面军的总部设在卫城内，他们从此地出发前去攻打临潭县，带领着临潭人民开展工农革命斗争，甘南历史上的第一苏维埃政权由此建立，临潭人民的革命

[①] 甘肃省红色纪念馆：http://www.hsjng.com/m11-l3.jsp?urltype=tree.TreeTempUrl&wbtreeid=1040。
[②] 王继刚：《甘肃旅游（二）》，学苑音像出版社2004年版。
[③] 宛志亮：《历史选择了哈达铺》，《档案》2006年第3期。
[④] 王文浩、王淑婷、王淑榕：《论腊子口红色旅游的伟大意义》，《卫生职业教育》2013年第20期。

开启了新的一页。① 更为重要的是这里还是中共中央西北局会议的召开之地,同年9月,该会议在此成功召开,最后决定了红军继续北上的方针,抵制了张国焘支持二、四方面军西入青海,进兵新疆的错误计划,此决定为会宁成功会师做出了巨大的贡献。1943年3月,肋巴佛领导甘南农牧民起义也把指挥中心选址在这里。目前是甘肃省重点文物保护单位。

3. 中共中央西北局洮州会议纪念馆

纪念馆建在苏维埃旧址上,地点在临潭县新城镇。展厅设六个单元,分别为:第一单元主题为党中央率红一、红三军和军委纵队长征过甘南;第二单元主题为红二、四方面军长征过甘南;第三单元主题为红四方面军长征过临潭;第四单元主题为红军模范执行民族政策,各族群众拥护和支援红军;第五单元主题为革命火种;第六单元主题为弘扬长征精神,建设红色洮州。是甘肃省爱国主义教育基地,省级文物保护单位。

4. 卓尼杨土司革命纪念馆

位于卓尼县柳林镇。此纪念馆建筑面积有5000平方米,总展览面积400多平方米。于2013年正式成立,纪念馆共分五个展厅,展出人物分别是杨氏第19代土司杨积庆和第20代土司杨复兴。2011年12月,被命名为甘肃省爱国主义教育基地。

5. 腊子口战役纪念馆

位于迭部县腊子口乡。纪念馆总占地面积有12000平方米,建筑面积有3675平方米。先后被评为全国爱国主义教育示范基地,全国重点建设的100个"红色旅游景点景区"之一,属于全国12个"重点红色旅游区"之一的"雪山草地红色旅游区"范围,名列全国红色旅游"30条精品线"中。

6. 舟曲特大山洪泥石流抢险救援纪念馆

纪念馆位于舟曲县"8·8"特大山洪泥石流灾害灾情最为严重的三眼峪冲击口与白龙江堰塞湖的交汇处,纪念馆总用地面积2000平方米,展览面积1800平方米,绿化面积1398平方米。2011年经评定被评

---

① 李红宝:《"乡土历史"校本课程的开发与实施研究——以"临潭乡土历史"课程为例》,《教师》2017年第9期。

为全国爱国主义教育示范基地。

7. 中共中央西北局洮州会议纪念馆

位于临潭县新城镇，即原苏维埃旧址。该纪念馆修建用地总面积6600多平方米，建筑面积600多平方米，展览面积100多平方米，展厅设6个单元，纪念馆内珍藏的红军遗物共有38件，常年在馆内展览，另外还有一个走廊是红军革命纪念碑走廊。甘肃省爱国主义教育基地、省级文物保护单位。

8. 宣侠父烈士纪念馆

位于甘南藏族自治州玛曲县姜艾路，占地面积4000平方米，展厅面积2000平方米。展厅从八个方面全面展示了宣侠父为中共共产党的成长和壮大奋斗的一生。纪念馆自成立以来，共接待参观者八万多人（次）。

9. 黄正清将军革命纪念馆

纪念馆修建在夏河县的拉卜楞镇，纪念馆有内容精彩丰富的18个展板，记录性的图文80张，以图画与文字相结合的方式再加上若干件收集的黄正清将军的生前物品，全方位地展现出黄正清将军经历清代、民国、新中国三个政权的戎马生涯。①

第二节　陇南市

1. 哈达铺红军长征纪念馆

位于宕昌县西北方向的哈达铺镇，修建该纪念馆共占地面积48000平方米。陈展内容为红军长征在哈达铺的一系列革命活动，以及党在宕昌县的组织发展。② 经过多年的发展先后于2001年、2005年被评为全国爱国主义教育示范基地、全国重点文物保护单位。2005年3月又被评为全国100家红色旅游经典景区之一。2009年哈达铺红军长征一条街进入"中国历史文化名街"评选16强。

---

① 《陇原红色纪念馆扫描》，《党的建设》2013年第4期。
② 赵娅：《宕昌县特色乡村旅游发展现状与对策》，《甘肃农业》2018年第16期。

2. 徽成两康战役纪念馆

位于徽县城关镇和平路 2 号，该建筑工程于 2011 年 12 月完工，2012 年为了发挥自己的公共文化服务作用而向人们免费开放，展出面积 600 平方米。陈展用图文并茂的形式展现了红二方面军长征进入甘肃后，发起的成徽两康战役和扩红建政等，全面系统地反映了中国共产党率领红二方面军与徽县儿女并肩进行革命斗争的光辉历程。[①] 如今是甘肃省和陇南市爱国主义教育基地。

3. 成县红二方面军长征纪念馆

位于成县西大街莲湖边。占地面积有 2000 多平方米，建筑面积有 1200 多平方米，形式为明清仿古建筑。该纪念馆被评为甘肃省第五批爱国主义教育基地并列入成县的重点红色旅游景点。

4. 两当兵变纪念馆

位于两当县广香东路，总占地面积为 42 亩，主体展馆既有汉唐建筑风格，又有陇南地方建筑特点，主体建筑为层高是一层，局部有 2 层，层高是 20.68 米，展览面积 4670.5 平方米，纪念馆展出大厅有 3 个。被评为第四批全国爱国主义示范基地，第二炮兵理想信念教育基地，甘肃省党员干部党性教育实践基地。

5. 陇南根据地纪念馆

位于康县白云山公园内，康县是甘肃省的省级森林公园，风景优美。纪念馆占地 106 亩，总建筑面积 4339 平方米。主楼大厅为四层全框架建筑，总高度 17.7 米，内设综合展厅、专题陈列厅和多功能厅等功能用房、四合院式附属设施用房 1200 平方米。现为省级爱国主义教育基地。

6. 程海寰烈士纪念馆

坐落在文县县城江南公园内，该公园位于白水江南岸，环境优美。占地面积 7300 多平方米，建筑面积 800 平方米，展馆面积 400 平方米。纪念馆的建筑风格为徽派建筑，共有两个展厅，主题为：追逐光明的脚步——程海寰烈士生平展，馆内收藏有程海寰烈士在狱中写的绝命诗三

[①] 蒋吉平、李彩云、郑丽天：《革命老区达州对中国革命的贡献》，《四川文理学院学报》2011 年第 1 期。

首、遗作、家书、墨盒和脸盆，这些物品是程海寰烈士追求光明、追求进步、追求救民救国道路的集中展示，整个展览包含了在中国共产党的带领下，矢志不渝地为中华民族的独立与解放奋斗不息、壮烈牺牲的英雄事迹。现为陇南市爱国主义教育基地。

7. 龙池湾战役纪念馆

位于陇南市礼县县城体育场西侧，是在 2013 年 11 月正式成立的，总占地面积有 1200 余平方米，逐渐成为集教育、展览、旅游为一体的特色红色文化纪念馆。陈展的主要内容包括龙池湾战役、中共组织在礼县的发展以及礼县儿女迎解放等，是一个开展红色旅游的好去处。

8. 武都革命历史纪念馆

纪念馆修建在了陇南市武都区长江大道以北的钟楼公园内，也就是武都深圳中学西面。占地面积两万多平方米，建筑区域非常广，主体建筑结构也是采用经典的上下两层建筑，馆舍面积 1560 平方米。展馆整体建筑极具秦汉风格，是一座精美的建筑，与钟楼公园遥相辉映。现为甘肃省爱国主义教育基地。

9. 西和会议纪念馆

位于西和县城南新区的文化广场内，占地面积两万多平方米，主题建筑大气磅礴，展现出红军的英雄气概，布展面积 1100 平方米，馆内展览有红军用过的土炮、红缨枪、弯镰等物品，极具纪念价值。纪念馆分为五个主题，全面翔实地展示了党领导西和人民进行革命的光辉历史。目前已经成为社会各界接受爱国主义教育的重要阵地。

第三节　天水市

1. 邓宝珊将军纪念馆

位于秦州区南郭寺景区，为一进二院式仿古建筑，建有游廊、纪念亭、山门及厢房、四合院、游客中心、文化交流中心，功能齐全，占地面积 20 亩，合一万多平方米，总建筑面积 1926.13 平方米。最近改造修建了停车场，硬化了路面、广场等四千多平方米的面积，绿化

7175.99平方米,展厅1220平方米。纪念馆分为"立志报国、百折不挠""民族大义、举世敬仰""勤政为民、造富桑梓""文韬武略、儒将风范"四个篇章,运用大量图表、翔实的文献、丰富的实物等形式,向当代人讲述着邓宝珊将军的光辉事迹。目前是国家级的红色旅游基地、甘肃省爱国主义教育基地。

2. 红军长征强渡渭河纪念馆

纪念馆的修建地在天水市的武山县,纪念馆共分为三个单元,四个章节,由中央红军三大主力先后过境武山、武山早期党组织建设、武山县工委领导下的武山起义和武山东梁渠四个部分组成,馆内陈展内容非常丰富,以图、文、实物相结合的方式,向游客诉说着革命先烈的丰功伟绩,其中有图片100多幅,革命历史文物100多件,陈展面积200多平方米,除了图文并茂,纪念馆还结合了沙盘,电子视频等方法,真实展现了从1935年红军过境武山到建国初期武山的革命历程、经济建设和沧桑巨变。[①] 现为甘肃省爱国主义教育基地。

3. 沈遐熙革命纪念馆

该纪念馆建在天水市的博物馆4楼,该博物馆位于张家川镇人民东路8号,该建筑的面积748.3平方米,使用面积675平方米,是一座以收藏、宣传、教育、陈列红色革命历史文物为主的综合性纪念馆。纪念馆从六个主题进行展示,六个主题分别为"陇原曙光""出生入死""星火燎原""迎接解放""情满故乡""阿阳遗韵",主题明确,全方位展示了以沈遐熙为代表的共产党人在张家川领导回汉人民进行抗日救亡和争取人民解放的英勇奋斗历程和突出历史贡献。现为甘肃省爱国主义教育基地。

4. 抗日救亡运动纪念馆

位于清水县城内文昌路,于2012年8月正式完工,总建筑面积600平方米,馆内展览分"抗日烽火遍中国""抗日星火耀清水""迎接解放曙光"三个单元,是为了纪念清水人民的抗日救亡运动而建造的。现为甘肃省爱国主义教育基地。

---

① 王兵琴:《"传承红色基因弘扬民族精神"实施策略探究》,《新课程·中旬》2019年第4期。

5. 秦安解放纪念馆

位于秦安县城南街。纪念馆展厅分为四个单元，分别为红二十五军长征过秦安，秦安党的秘密组织，大军西指——解放秦安和继承光荣传统，建设美好秦安，拥有200多张图片，收藏展示的革命历史文物有40多件。现为甘肃省爱国主义教育基地。

6. 天水大革命历史纪念馆

纪念馆建在麦积区马跑泉镇什字坪村，总建筑面积有3480平方米，整个展览结合图片展示、艺术雕塑展示以及革命历史文物展示等方式，详实地描绘了一幅天水革命先辈艰苦斗争、不屈不挠的画卷。馆内主题分为三个部分，分别是红色印记、卓绝斗争、走向辉煌。现为甘肃省爱国主义教育基地。

7. 甘谷红军长征纪念馆

位于甘谷县城东环路，建筑面积1000平方米。馆内有大量的人物介绍，讲述着当年每位红军的生平事迹，并且以实物、图片、资料等形式，引进声、光、电等手段，真实地展示了红军长征在甘谷革命斗争的光辉历史。主要的陈展内容是中国工农红军长征五次过甘谷的历史。

第四节　临夏回族自治州

1. 康乐县景古红色政权纪念馆

位于康乐县滨河广场南面附城镇新集村博物馆大楼二楼，馆内藏有革命文物53件，馆内仅展厅大面积有866平方米，其余面积为公共服务区以及办公区域，有260平方米。纪念馆内的展览分别在两个展厅里进行，用八个单元讲述着景古红色政权的成立、发展的艰难历程。现为甘肃省爱国主义教育基地。

2. 肋巴佛革命纪念馆

位于和政县松鸣岩镇上。纪念馆内的展厅分为三个部分，分别讲述了肋巴佛的光辉事迹、和政县人民的英雄革命历史以及和政县近些年来的建设成就。馆内珍藏与肋巴佛相关的遗物、遗像、生活用品、宗教用品及各种纪念照片200多件，加深人们对肋巴佛的了解，对当时的社会状况的了解。现为甘肃省爱国主义教育基地,甘肃省中共党史教育基地。

3. 胡延珍烈士纪念馆

位于临夏市临夏州东郊公园内,该纪念馆包括除了纪念馆这个主体建筑外,还包括了塑像园,共占地面积约30亩,建筑面积650平方米,陈展面积2600多平方米。纪念馆共分少年廷珍、法政学潮、今朝临夏等10个单元。[①] 现为甘肃省爱国主义教育基地,武警甘肃总队红色教育基地,甘肃省中共党史教育基地。

4. 马鸿宾纪念馆

位于临夏县。馆内有马鸿彬任西北军政委员会政治法律委员会委员任命书、马鸿彬全国国防委员会委员任命书、马鸿彬任甘肃省政治文化教育委员会主任任命书等历史资料,加之以图片、影像、文物等方式,借助雕塑、沙盘、图表、电子模拟的手段,全面展示马鸿宾的生平事迹。

第五节 定西市

1. 中共中央政治局榜罗会议纪念馆

位于通渭县城西南64公里的榜罗镇,在原会议旧址上修建了这个纪念馆。先后完成了文物陈列室的修建、毛泽东旧居的改造以及大门的建设和展陈馆的建设等工程,其中文物陈列室有162平方米,展陈馆有620平方米。于2001年开始免费对游人开放,先后被评为全国爱国主义教育示范基地、全国重点文物保护单位、全国100个红色旅游景点景区之一、省级国防教育基地。

2. 陇右革命纪念馆

位于临洮岳麓山旅游风景区,山水风光秀美,景区内建筑错落有致,纪念馆是于2005年年底正式成立的,展览共分六个单元,全面反映了近代临洮地区革命精神形成和发展的历史,诠释了陇右革命史的核心价值。2008年免费开放,先后被评为全省爱国主义教育基地,全省

---

① 《陇原红色纪念馆扫描》,《党的建设》2013年第4期。

党史教育基地。

3. 中共中央西北局盐井会议纪念馆

位于定西市漳县盐井镇西街，于2012年年底正式成立，是在原来的红军长征盐井会议纪念馆的基础上重新规划修建的，建筑面积仅有60个平方米，但是馆内陈展内容丰富，有照片、展板以及文物共50余件，全面介绍了红军领导人的资料，和红军在漳县这个地方的活动事迹等。现为甘肃省爱国主义教育基地。

4. 中共中央西北局岷州会议纪念馆

位于岷县县城三十里铺村，加上原来的中共甘肃省工委、甘肃省苏维埃政府旧址两个纪念景点共三个纪念景点占地总面积有5400平方米，建筑总面积4500平方米，其中展厅建筑面积1378.8平方米。现为甘肃省爱国主义教育基地，甘肃省国防教育基地，甘肃省党史教育基地，全国第四批爱国主义教育示范基地。

5. 定西精神纪念馆

位于定西安定区，纪念馆场馆分为两部分内容，第一部分为红色安定，主要有"巉口起义""红军长征在安定""党组织建设及其活动"三个板块；第二部分为定西精神，主要有"历史——苦甲天下""历程——苦干实干""成效——山川巨变""经验——科学求实"四个板块，用图片与文字结合的方式，全面展示了从大革命时期直至革命胜利的长远历程。现为甘肃省爱国主义教育基地。

6. 中共陇右工委纪念馆

位于县城仁寿山半山腰，纪念馆占地面积近1000平方米，仅仅展馆面积就有300多平方米。整个展馆以时间为轴，展示了陇右党组织的革命斗争历程，展馆内收集了300多幅图片，100多件实物。现为县级爱国主义教育基地。

7. 渭源苏维埃政府纪念馆

位于县城渭河公园西侧，建筑面积为1614平方米，展览内容丰富翔实，有关渭源境内的红军历史基本上都包含在内，带我们走进波澜壮阔的历史。① 现为省级爱国主义教育基地。

---

① 《陇原红色纪念馆扫描》，《党的建设》2013年第4期。

第六节 庆阳市

1. 环县山城堡战役纪念馆

位于环县西北部,距县城 50 公里。仅仅山城堡战役的史料就用了两层的陈列馆陈列,有 4000 多米的面积,带我们全方位多角度地走进山城堡战役的历史,走进庆阳这座革命的城市。陈展内容有红军西征开辟新苏区、红军长征最后一站的宏大场面等。纪念馆先后荣获多项荣誉,先后被评为全国爱国主义教育示范基地,全国红色旅游景点景区,省级文物保护单位,甘肃省党史教育基地。

2. 华池县南梁革命纪念馆

修建地址是南梁乡荔园堡,于 1986 年在甘肃省委、省政府的批准下修建的,历时两年完成修建,目的是为了纪念刘志丹、谢子长、习仲勋等无产阶级革命家开展游击活动、在此建立陕甘边区苏维埃政府的光荣事迹,馆内全面翔实地介绍了陕甘边革命根据地从创立到不断壮大的历程。[①] 现为全国爱国主义教育示范基地,全国百个红色旅游经典景区,国家 AAA 级旅游景区,国家级文物保护单位。

3. 陕甘宁边区陇东分区纪念馆

位于庆阳市庆城县南大街上。纪念馆占地面积 6900 平方米。展厅用六个单元带领游人领略着庆城县的光辉史记,以及全县人民进行革命斗争的故事。2011 年被甘肃省委宣传部命名为甘肃省爱国主义教育基地。

4. 王孝锡烈士纪念馆

位于庆阳市宁县县城庙咀坪南路,于 1956 年修建,纪念馆占地面积 26700 多平方米。馆区分烈士陵园区、纪念瞻仰区为大家提供纪念瞻仰的场所,参观休闲区、展馆陈展区供游人参观休闲,这四个部分缺一不可。现为甘肃省爱国主义教育基地。

---

① 樊颜丽:《文化导向下红色旅游文化产业的活化与再生——以甘肃省为例》,《文化创新比较研究》2019 年第 11 期。

5. 中国人民抗日红军援西军纪念馆

位于镇原县屯子镇，建筑面积 3500 多平方米，由东西两个展厅、烈士纪念碑三部分组成。现为省级爱国主义教育基地。

6. 陕甘红军纪念馆

位于合水县太白镇太白村。纪念馆占地面积 46289 平方米。纪念馆分四部分展出：陕甘红军的创建；陕甘红军的巩固和扩大；甘泉县下寺湾政治局会议；陕甘红军再造辉煌。现为甘肃省爱国主义教育基地。

7. 中华苏维埃共和国关中特区纪念馆

位于五倾塬乡南邑村，向北大约 1000 米远就是省道，纪念馆的建筑风格极具地方特色，为窑洞式的建筑，一共有六个，陈展面积有 1000 平方米。纪念馆展厅内容分为四个单元，展示着关中特区的坎坷发展史。① 现为甘肃省爱国主义教育基地。

第七节　平凉市

1. 吴焕先烈士纪念馆

位于泾川县汭丰乡郑家沟村，纪念馆选址在吴焕先烈士墓前，占地 14666.7 平方米，总建筑面积 1109 平方米，该纪念馆的建筑区域方方正正，一进门，正对着大门的是一座纪念碑，左边和右边分别是一座四合院式的建筑布局，各有用处。2011 年，纪念馆被中共甘肃省委宣传部评为甘肃省爱国主义教育基地。

2. 静宁县界石铺红军长征毛泽东旧居纪念馆

位于静宁县界石铺镇继红村，从静宁县城出发行驶 23 公里就能到达。纪念馆规模宏大，馆内各项建筑齐全，有红色记忆长廊，中国工农红军长征界石铺纪念碑，重修的毛泽东旧居、缅怀厅、追忆厅、俱进厅等和一匹栩栩如生的毛泽东坐骑白马雕像，总占地面积 35 亩，建筑面积 5200 平方米，馆内共有各类历史文物 175 件（套），如曾经用过的军械文物、军上衣、军号、电话和水壶等，重点展示了静宁界石铺作为长

---

① 《中华苏维埃共和国关中特区纪念馆（习仲勋旧居）》，《党的建设》2013 年第 3 期。

征会师时中央战略部署中确定的会师中心"基点"的重要历史地位，并以界石铺为重点，突出中央三大红军主力会师静宁情况以及毛泽东等中央领导人在静宁留下的革命遗迹。纪念馆现为全国爱国主义教育示范基地、甘肃省党史教育基地、平凉市廉政教育基地。

3. 全国水平梯田先进县纪念馆

位于庄浪县城紫荆广场北侧，建筑面积523平方米，收藏展出反映庄浪梯田建设历程的实物和资料675件，有修筑梯田所用的测量仪、架子车，庄浪人民使用的木锨、背篓等劳动工具。2011年，纪念馆被中共甘肃省委宣传部命名为省级爱国主义教育基地。

4. 华亭工委纪念馆

位于县城文化街"四馆两中心"，建筑面积260平方米。纪念馆内以图文的形式讲述着党组织的活动范围、党组织的发展壮大、党领导的武装斗争等资料，展现了华亭工委及陇东地区党艰苦卓绝的革命斗争历史。2013年，纪念馆被甘肃省委宣传部评为甘肃省爱国主义教育基地。

5. 平东工委纪念馆

位于崆峒区大寨乡关家垭壑和老北山。纪念馆内展示着平东工委的起步、发展、壮大的艰辛历程和平凉人民在革命的各个历史阶段的英勇斗争史。现为非省级爱国主义教育基地的红色纪念馆。

6. 保至善烈士纪念馆

位于崇信县西街村龙泉寺内，建筑面积2200平方米，真实地再现了保至善烈士、革命队伍在崇信及崇信党的秘密组织三部分历史场景。

7. 灵台工委纪念馆

位于灵台县城西城区文化中心。纪念馆布展分为三部分，分别展示的是中国工农红军在灵台的一系列事迹、人民解放军三进灵台的历史和中共灵台工委的发展史，陈列共制作窑洞场景1组，制作展柜5组，展出的照片类资料共有90幅，图表6幅，文版20余幅，展标浮雕1个，马刀、手枪套、草鞋等多件革命文物，全面展现了灵台的红色革命历史。

第八节 兰州市

1. 八路军兰州办事处旧址

现有两处旧址,一处位于兰州市城关区酒泉路314号是八路军兰州办事处纪念馆,里进三院;另一处位于城关区甘南路700号,东西两院。是在原来的八路军驻甘办事处旧址上建立起来的,新馆建筑面积为2893.7平方米,其中有1500平方米是在原基础上新建和改建的,旧址建筑复原586平方米。新馆有两个展览,即《八路军驻甘办事处与甘肃抗日救亡展览》和《八路军驻甘办事处原状陈列展览》。现为全国爱国主义教育示范基地,全国青少年爱国主义教育基地,全国百家"红色旅游"经典景区和三十条精品线路,为全国百家"红色旅游"经典景区建设单位。

2. 八路军兰州办事处纪念馆

位于兰州市酒泉路314号。总建筑面积为1776平方米,纪念馆内的展示内容分为三部分,包括办事处旧址、开展的相关革命活动、历史资料展示等,其中"原状陈列"占地面积有381平方米。是全国重点文物保护单位,全国青少年教育基地、全国爱国主义教育示范基地。

3. 兰州战役纪念馆

位于兰州市七里河区华林坪以南的华林山、沈家岭北麓,是为纪念1949年8月兰州战役烈士而修建的。园区占地面积41.95公顷,建筑面积13000平方米,展馆面积1000平方米,由七个部分组成,全面展示了中国人民解放军第一野战军在彭德怀司令员的率领下,在各地党组织的积极配合下,在解放区的全面支援下,带领兰州人民,发起兰州战役,揭开了西北历史上最具划时代意义的宏伟篇章。现在是全国重点烈士纪念设施保护单位,全国爱国主义教育示范基地,甘肃省文物保护单位和甘肃"中共党史"教育基地。

4. 张一悟烈士纪念馆

位于榆中县兴隆路。于2009年7月1日面向社会免费开放,现已征集到张一悟生前使用过的书籍、用品等100多件,图片240多幅。先后被相关部门评为甘肃省爱国主义教育基地，甘肃省中共党史教育基地。

5. 甘工委纪念馆

位于兰州市广武门后街邓家花园内。纪念馆展陈面积约500平方米，陈展相关的图文资料300多幅，以及革命文物80多件，详细地介绍了81名烈士事迹生平。展览共分四个单元，全面展示民主革命时期中国共产党在兰州范围内建立的国统区主要组织及其活动，以丰富的文献、档案、图片、实物史料为载体，并借助光、电、影等高科技和艺术手段，再现党在甘肃国统区的光辉战斗历程。现为全国爱国主义教育示范基地。

6. 中共中央国际交通线永登纪念馆

位于永登县博物馆二、三楼。计划布展总面积2000平方米。共分为4个展厅，内容分别为：龙潭虎穴，红色电波；巨大关怀，光辉足迹；国家脊梁，民族灵魂；浩瀚工程，辉煌成就。

7. 皋榆工委纪念馆

位于皋兰县石洞镇梨花中路849号。纪念馆布展面积140平方米，用两个展厅六部分的内容展示出皋兰工委在革命时期所做出的贡献，六部分内容包括：在风雷中光荣诞生；在风雨中茁壮成长；在风暴中奋起反抗；在风浪中同舟共济；在烽火中并肩作战；在风雪中永不凋谢。现为皋兰县爱国主义教育基地。

第九节　白银市

1. 红军长征胜利会师纪念馆

位于白银市会宁县，纪念馆是在原红军会宁会师旧址上于2006年10月修建完工并正式开馆的，是一座集文物陈列和现代化多媒体展示为一体的综合性纪念展馆。纪念馆的主题是"红军长征胜利"，真实再现了红军三大主力静宁会师的英雄史诗。现为全国首批百个爱国主义教育示范基地、全国重点文物保护单位和国防教育基地。

2. 红军西征胜利纪念馆

位于平川区会展中心二楼。陈展面积约800平方米，拥有展柜31

个、展板 70 块、展台 15 个，以丰富的文字史料和生动的影视资料相结合的方式，来展示靖远起义、西征胜利、陡水支部的发展历程以及平川人民当家做主的历史。现为甘肃省爱国主义教育基地。

3. 靖远县红军渡河战役纪念馆

位于靖远县城鹿鸣园内。主要由展馆、虎豹口渡河旧址、吴家川战斗旧址、中和堡红西路军纪念公园组成，其中纪念馆建筑面积 1000 平方米，其中固定展厅面积 500 平方米，活动展厅面积 300 平方米，文物库房 200 平方米；现有藏品 2400 余件。现为白银市爱国主义教育基地、国防教育基地。

4. 国家矿山精神纪念馆

位于白银区四龙路冶炼厂十字西南角。纪念馆主体高 18 米，建筑总面积 7053.1 平方米，展厅面积 3000 平方米，共四层，其中地上三层、地下一层，馆内的主碑形象象征着大爆破时的冲天巨浪蘑菇云。馆内收集布展各类历史实物 97 件（主要为白银大爆破前后的生产及生活用品），表现勘探勘察、领导关怀、艰苦奋斗、二次创业、劳动模范、白银精神等主题画面展板 259 张，铜矿石、黄铁矿石、金矿石、硫矿石等矿石标本 45 件，金、银、铜、铁、硫等矿产制品 106 件，反映循环经济发展成就的新产品标本 30 件，视频播放设备及广告机 29 台（屏），多媒体互动场地 1 处，大型沙盘 1 个，4D 影院 1 座，多角度、全方位展现了国家的矿山精神。现为省级爱国主义教育基地。

5. 景泰一条山战役纪念馆（红西路军组成纪念馆（副馆））

位于景泰县人民公园中心。纪念馆于 2009 年正式成立，占地面积 1548 平方米。纪念馆展览分强渡黄河、景泰激战、军民鱼水情、征战河西四个单元。馆内共有图片、图表 300 多幅，战士们使用过的脸盆架等实物 30 多件，真实地再现了红军在此地的革命历程。

第十节　武威市

1. 古浪战役纪念馆

位于古浪县公园路。纪念馆是在古浪战役遗址上修建的，占地面积

8万多平方米，被列入"全国红色旅游经典景区一期名录"，属华夏文明传承创新区"红色文化弘扬"板块红西路军"一综十二专"纪念馆之一。现在是甘肃省省级爱国主义教育基地，甘肃省中共党中央教育基地，武威市国防教育基地，爱国主义教育基地，国家 AA 级旅游景区。

2. 凉州战役纪念馆

位于凉州区永丰镇四十里堡村祖师宫院内，院内的祖师宫就是原来的红三十军指挥所所在地，是由原来的凉州四十里堡战役纪念馆更名而来的。占地面积 2680 平方米。由缅怀广场、纪念建筑物、烈士纪念碑、展馆、红西路军战斗遗址等组成，展柜 14 组，展板 52 块，文物 82 件，图书 106 册。是甘肃省爱国主义教育基地。

3. 民勤防沙治沙纪念馆

坐落于民勤县薛百乡宋和村，这也是全国劳动模范、治沙英雄石述柱的家乡，纪念馆占地面积 5343 平方米，建筑面积 934 平方米，馆外以群雕展示的正是宋和人民辛勤治沙的场景。纪念馆由三部分组成，主要展览室通过图文的方式向人们展示宋和人民抗击风沙的光辉历程和民勤的生态演变过程，接待室主要承担接待游人的职责，放映室是通过视频的方式，让游人更加直观地感受到民勤人民的辛勤和伟大。现为甘肃省爱国主义教育基地。

第十一节　金昌市

1. 永昌战役纪念馆

位于永昌县西大街 7 号。纪念馆采用仿古式的建筑风格，占地面积 6375 平方米，建筑面积 1184 平方米，由纪念碑、纪念堂、展厅、烈士墓、陈列室及管理用房等建筑构成，于 2013 年正式成立，现在的管辖范围包括革命烈士纪念馆、红西路军指挥部、博物馆近代展厅和其他战斗遗址等多处纪念景点。是甘肃省爱国主义教育示范基地。

2. 永昌博物馆近现代史展厅

位于金昌市永昌县东街阁老府院内。建筑面积 750 平方米，市级文物保护单位。始建于明万历年间，1993 年，县政府对其进行了落架维修，复名阁老府，现存大殿一间，东西配殿各五间。自2005年起正式对外开放。

3. 镍都开拓者纪念馆

位于金昌市金川公园内。展区共分为六个单元它们分别是：发现金川铜镍矿；金川镍矿早期建设；深部找矿；世界第二个特大硫化镍铜矿床；改革开放后的镍都建设；党和国家领导人视察镍都的情况。通过展示当年创业者们艰苦创业的历史图片和实物，绘制出一幅波澜壮阔的奋斗史画卷。现为甘肃省爱国主义教育基地。

第十二节　张掖市

1. 中国工农红军西路军纪念馆

位于高台县人民东路47号。纪念馆位于高台县县城的东南方向，占地面积132066平方米，建筑面积9243平方米，分为中国工农红军西路军纪念馆第一陈展室和第二陈展室两个展厅，展厅面积有7789平方米，馆藏革命文物众多，有1200件。由于其蕴含的悲壮历史内涵，先后被各个单位评为全国百家爱国主义育基地、全国百个红色旅游景点景区之一，国家国防教育示范基地、全国青少年教育基地，国家AAAA级旅游景区、全国文明优抚事业单位、全国绿化模范单位、当代革命军人核心价值观培育基地、甘肃省党员干部党性教育实践教学基地。

2. 张掖市甘州区西路军烈士纪念馆（高金成烈士纪念馆）

位于甘州区大衙门街解放巷14号。1998年完成修建，纪念馆总占地面积为9678平方米，历时一年于1999年完成2850平方米的布展。2000年正式对外开放，建筑面积6668平方米，先后被授予甘肃省爱国主义教育基地、中共甘肃省委党史教育基地、甘肃省国防教育基地。

3. 肃南县石窝会议纪念馆

位于肃南县红湾寺镇夹心滩公园内。占地面积64398平方米，建筑面积350平方米，藏品库房及办公场所面积230平方米，布展分为浴血河西铸功勋、慷慨悲歌梨园口、碧血遍洒马场滩、巾帼赴难康隆寺、情怀永系石窝山、千秋绝唱映祁连六个单元。是甘肃省爱国主义教育基地。

4. 临泽梨园口战役纪念馆

位于临泽县大沙河景区五湖广场以南。总占地面积有25万平方米，作为河西走廊占地面积最大的一座红西路军纪念馆，包含的纪念性建筑和景点也非常多，有梨园口战役纪念馆陈列室、在烈士公墓前有徐向前、李先念的铜像、模拟型战斗遗址汪家墩碉堡、军级烈士纪念亭等。馆内珍藏与红西路军有关的文物190多件，包括革命文物、书画作品、武器实物等，图片资料800多份，文字资料30多万字。先后于2009年、2012年、2013年被评为全国重点烈士纪念建筑物保护单位、全国爱国主义教育基地、国家3A级旅游景区。

5. 路易·艾黎纪念馆

位于山丹县城文化街上。主体建筑风格设计为民族风格，上下两层的建筑，平面呈四合院式的布局结构，总占地面积4600平方米，建筑面积1434平方米。纪念馆用八个单元的内容，全面展示了国际主义战士路易·艾黎光辉的一生。现为甘肃省爱国主义教育基地，全国红色旅游经典景区。

6. 福音堂医院旧址

位于张掖市甘州区北水桥街上。福音堂医院自成立以来，先后营救过200多名八路军将士，医院的创始人高金诚，自幼在教会医院勤工俭学，毕业后回到家乡行医布道，机缘巧合之下结识了冯玉祥将军，开始在张掖、酒泉等地区创设福音堂医院，1932年投身革命，1938年牺牲。该医院至今保存良好，院落南北长69米，东西宽28米，现为甘肃省省级文物保护单位。

7. 河西解放纪念馆

位于张掖市民乐县，纪念馆主体建筑高四层，建筑面积约1100平方米，用800多张照片组成约600多平方米的展板，展示着河西走廊的历史全貌。现为甘肃省爱国主义教育基地。

第十三节　酒泉市

1. 红西路军安西战役纪念馆

位于县城南渊泉公园，即红西路军最后一站纪念塔的南边。纪念总占地面积70000余平方米，建筑面积3700平方米，布展面积2260平方米，布展的主要内容是安西战斗的历程，主要由主体展馆、纪念塔和纪念广场、李卓然墓和蘑菇台军事会议纪念馆组成，主展馆的外形设计是祁连山的形象。是全国爱国主义教育基地。

2. 铁人王进喜纪念馆

位于玉门市连霍高速公路赤金服务区内。纪念馆占地面积2.2万平方米，总建筑面积7020平方米，主体建筑面积1230平方米，形式是二层仿古建筑，2008年正式开馆，镇馆之宝是铁人王进喜生前使用过的棕榈箱。展厅用五部分的内容，向游人展现了铁人王进喜47年的人生历程，包括在玉门生活的37年和在大庆生活的10年，这短暂却又不平凡的人生向人们传达着玉门人民勤劳勇敢、艰苦创业、无私奉献的精神。现为国家AAA级红色旅游景区，酒泉市国防教育基地、酒泉市爱国主义教育基地、甘肃省廉政教育基地，国家"十二五"规划红色旅游建设项目，甘肃省爱国主义教育基地、省委党史研究室甘肃省中共党史教育基地、中石油企业精神教育基地、甘肃省教育基地。

3. 酒泉起义纪念馆

位于肃州区鼓楼以西，建筑面积300平方米，馆内陈列着解放军用过的长枪、炮弹、子弹夹等实物131件、展板和图片多幅。纪念馆主展厅分为四部分：解放西北、进军河西；政治争取、促成起义；接管酒泉、会商大计；欢庆胜利、支援进疆。集中展示了中国人民解放军第一野战军在中国共产党的坚强领导下，贯彻统一战线政策，促动国民党驻酒泉守军起义，和平解放酒泉的历史。

第十四节 长征（包括红西路军）文化资源列表

甘肃省长征文化资源丰富，遗址遗存数量众多，覆盖面广。既有不可移动的长征文化遗址、旧址，也有可移动的长征文化馆藏文物、实物；既有长征物质文化遗存，也有长征非物质文化遗存；既有革命战争年代的长征文化、长征精神，也有与长征文化紧密关联的延伸、衍生红色文化等。全省现有涉及长征文化的不可移动革命文物122处，其中全国重点文物保护单位9处，省级文物保护单位6处，市县级文物保护单位107处。全省现有涉及长征文化的国家级爱国主义教育基地14处，省级爱国主义教育基地21处。全省现有涉及长征文化的纪念馆29个，其中7个被列为首批"甘肃省研学示范基地"。全省长征文物资源所展示的内容：从时间上涵盖了从1935年8月红二十五军率先进入甘肃至1937年5月红西路军经星星峡离开甘肃进入新疆的一年零九个月；从空间上覆盖了全省90%以上的县级行政区域；从资源类型上，涵盖了红军驻地、重要会议旧址、战斗遗址、革命机构旧址、领导人故居、烈士陵园、纪念建筑等各种类型；从历史事件上，包括影响历史走向的英明决断、关系革命命运的重要会议、扫除前进障碍的英勇战斗等多种事件类型。

毛泽东曾说过："长征是历史纪录上的第一次，长征是宣言书，它向全世界宣告，红军是英雄好汉。长征是宣传队，它向十一个省内大约两万万人民宣布，只有红军的道路，才是解放他们的道路。长征是播种机，它散布了许多种子在十一个省内，发芽、长叶、开花、结果，将来是会有收获的。"[①] 在纪念红军长征胜利80周年大会上的讲话中，习近平总书记指出："长征永远在路上。一个不记得来路的民族，是没有出路的民族。不论我们的事业发展到哪一步，不论我们取得了多大成就，我们都要大力弘扬伟大长征精神，在新的长征路上继续奋勇前进。弘扬伟大长征精神，走好今天的长征路，必须坚定共产主义远大理想和中国特色社会主义共同理想，为崇高理想信念而矢志奋斗；必须坚定中国特色社会主义道路自信、理论自信、制度自信、文化自信，为夺取中国特色社会主义伟大事业新胜利而矢志奋斗；必须把人民放在心中最高位置，坚持一切为了人民、一切依靠人民，为人民过上更加美好生活而矢志奋斗；必须把握方向、统揽大局、统筹全局，为实现我们的总任务、总布局、总目标而矢志奋斗；必须建设同我国国际地位相称、同国家安全和发展利益相适应的巩固国防和强大军队，为维护国家安全和世界和平而矢志奋斗。必须加强党的领导，坚持全面从严治党，为推进党的建

[①]《毛泽东选集》第一卷，人民出版社1991年版。

设新的伟大工程而矢志奋斗。"① "我们要继承和弘扬伟大的长征精神。有了这样的精神,没有克服不了的困难,我们完全有信心有决心有恒心实现中华民族伟大复兴的中国梦。"②

表1 甘肃省涉及红色文化的全国重点文物保护单位名录

序号	名称	位置
1	八路军兰州办事处旧址	甘肃省兰州市
2	会宁红军会师旧址	甘肃省白银市
3	榜罗镇会议旧址	甘肃省定西市
4	哈达铺会议旧址	甘肃省陇南市
5	俄界会议旧址	甘肃省甘南藏族自治州
6	洮州卫城——新城苏维埃旧址	甘肃省甘南藏族自治州
7	山城堡战役旧址	甘肃省庆阳市
8	南梁陕甘边区革命政府旧址	甘肃省庆阳市
9	河连湾陕甘宁省苏维埃政府旧址	甘肃省庆阳市

表2 甘肃省涉及红色文化的省级文物保护单位名录

序号	名称	位置
1	西路军永昌战役遗址	甘肃省金昌市
2	福音堂医院旧址	甘肃省张掖市
3	临泽红西路军战斗旧址及烈士陵园	甘肃省张掖市
4	高台红西路军烈士陵园	甘肃省张掖市
5	红堡子红军战斗旧址	甘肃省白银市
6	界石铺红军长征旧址	甘肃省平凉市

---

① 习近平:《在纪念红军长征胜利80周年大会上的讲话》,人民出版社2016年版。
② 习近平:《缅怀先烈、不忘初心,走好新的长征路——在宁夏回族自治区固原市参观三军会师纪念馆的讲话》,2016年,新华网:http://www.xinhuanet.com/politics/2016-07/19/c_1119239676.htm。

表3　甘肃省涉及红色文化的市县级文物保护单位名录

序号	名称	位置
1	荀家西庄战斗遗址	甘肃省金昌市
2	南沿沟红军烈士墓	甘肃省金昌市
3	前进剧团遭遇战战斗遗址	甘肃省金昌市
4	西路军渡河旧址	甘肃省白银市
5	红军会师彭总指挥部旧址	甘肃省白银市
6	大墩梁红军战斗旧址	甘肃省白银市
7	慢牛坡红军战斗旧址	甘肃省白银市
8	红军长征胜利景园	甘肃省白银市
9	老君坡红军会师旧址	甘肃省白银市
10	青江驿红军会师旧址	甘肃省白银市
11	西岩山红军战斗旧址	甘肃省白银市
12	张城堡红军战斗旧址	甘肃省白银市
13	虎豹口红军强渡黄河旧址	甘肃省白银市
14	高湾红军烈士陵园	甘肃省白银市
15	红四方面军强渡黄河纪念碑	甘肃省白银市
16	乌兰山革命烈士纪念亭	甘肃省白银市
17	吴家川红军作战遗址	甘肃省白银市
18	双龙寺	甘肃省白银市
19	城北墩梁战场址	甘肃省白银市
20	红岘岘碉堡	甘肃省白银市
21	三合石窟（红军休整址）	甘肃省白银市
22	五佛抗日促进会旧址	甘肃省白银市
23	红军一条山战役遗址	甘肃省白银市
24	雷家峡战场址	甘肃省白银市
25	陡坡沙河碉堡（1、2号）	甘肃省白银市
26	尾泉红军作战工事	甘肃省白银市
27	赵家水兵工厂遗址	甘肃省白银市
28	费家山毛泽东宿营地旧址	甘肃省天水市
29	红一方面军强渡渭河纪念碑	甘肃省天水市
30	武山县苏维埃政府旧址	甘肃省天水市

续表

序号	名称	位置
31	陈家烧房红军战斗遗址	甘肃省武威市
32	祖师宫	甘肃省武威市
33	东昇洼西路军作战工事旧址	甘肃省武威市
34	西路红军烈士纪念碑	甘肃省武威市
35	西升洼战壕	甘肃省武威市
36	峡峰万人坑	甘肃省武威市
37	白城红军墓	甘肃省张掖市
38	红军窑洞旧址	甘肃省张掖市
39	红西路军三十军指挥部遗址	甘肃省张掖市
40	卡子湾红军战壕	甘肃省张掖市
41	康家屯庄红西路军战斗遗址	甘肃省张掖市
42	康家庄西路军战斗遗址	甘肃省张掖市
43	梨园口战场遗址	甘肃省张掖市
44	李家庄西路军战斗遗址	甘肃省张掖市
45	李先念拴马桩纪念地	甘肃省张掖市
46	倪家庄西路军战斗遗址	甘肃省张掖市
47	伍家庄西路军作战工事遗址	甘肃省张掖市
48	下营村红军标语墙	甘肃省张掖市
49	杨家屯庄西路军战斗遗址	甘肃省张掖市
50	渣子河红军战壕遗址	甘肃省张掖市
51	大草滩红军战壕遗址	甘肃省张掖市
52	红西路军纪念塔	甘肃省张掖市
53	石窝会议会址	甘肃省张掖市
54	菇台西路军左支队会议旧址	甘肃省酒泉市
55	白墩子军防遗址	甘肃省酒泉市
56	李卓然夫妇合葬墓	甘肃省酒泉市
57	红柳园西路军西征战役旧址	甘肃省酒泉市
58	红西路军最后一战纪念塔	甘肃省酒泉市
59	荀金元墓	甘肃省酒泉市
60	羊圈沣红军临时指挥部旧址	甘肃省平凉市

续表

序号	名称	位置
61	吴焕先革命烈士墓址	甘肃省平凉市
62	中国工农红军第四方面军过境庄浪（南湖）	甘肃省平凉市
63	周岔戏楼	甘肃省平凉市
64	崔园子红军后方医院旧址	甘肃省庆阳市
65	宋仁绥墓	甘肃省庆阳市
66	铁角城红军长征宿营地	甘肃省庆阳市
67	毛泽东同志长征宿营地	甘肃省庆阳市
68	老爷山革命烈士墓地	甘肃省庆阳市
69	塔儿洼战役遗址	甘肃省庆阳市
70	红一方面军文娱联欢晚会暨大会餐遗址	甘肃省定西市
71	毛泽东朗诵《七律·长征》诗首发地	甘肃省定西市
72	红军四岩山战斗遗址（烈士陵园）	甘肃省定西市
73	喇嘛墩战斗遗址	甘肃省定西市
74	韩家岔梁战斗遗址	甘肃省定西市
75	石堡子战斗遗址	甘肃省定西市
76	盘龙山苏维埃政府遗址	甘肃省定西市
77	马营镇苏维埃政府遗址和红二方面军指挥部—贺龙住宿旧址	甘肃省定西市
78	榜罗镇7处红军将帅住宿旧居	甘肃省定西市
79	红军长征大墩梁战斗遗址	甘肃省定西市
80	红军长征曹家岘战斗遗址	甘肃省定西市
81	红军温泉池遗址	甘肃省定西市
82	董家门革命纪念址	甘肃省定西市
83	红军烈士陵园	甘肃省定西市
84	岷州会议旧址	甘肃省定西市
85	旋窝村红军长征驻地	甘肃省定西市
86	红军长征康县苏维埃临时政府云台古城遗址	甘肃省陇南市
87	红军长征窑坪关帝庙会议遗址	甘肃省陇南市
88	红军长征蔡家沟宿营地遗址	甘肃省陇南市

续表

序号	名称	位置
89	红军长征铁佛寺宿营地遗址	甘肃省陇南市
90	红军长征山岔战斗遗址	甘肃省陇南市
91	红军长征犀牛江渡口遗址	甘肃省陇南市
92	红军长征低垭梁战斗遗址	甘肃省陇南市
93	红军长征牛圈坪休整遗址	甘肃省陇南市
94	红军抗日标语	甘肃省陇南市
95	龙池湾红军墓	甘肃省陇南市
96	红二方面军指挥部旧址	甘肃省陇南市
97	东关反蒋抗日委员会旧址	甘肃省陇南市
98	石家楼遗址	甘肃省临夏回族自治州
99	西凤山红军堡旧址	甘肃省甘南藏族自治州
100	羊化桥旧址	甘肃省甘南藏族自治州
101	扁都红军墓	甘肃省甘南藏族自治州
102	中国工农红军烈士墓碑	甘肃省甘南藏族自治州
103	卓尼县历代土司故居	甘肃省甘南藏族自治州
104	崔古仓放粮旧址	甘肃省甘南藏族自治州
105	茨日那仙人桥	甘肃省甘南藏族自治州
106	苟吉寺	甘肃省甘南藏族自治州
107	旺藏寺红军长征驻地旧址	甘肃省甘南藏族自治州

表4　　甘肃省涉及红色文化的纪念馆名录

序号	名称	位置
1	八路军兰州办事处纪念馆	甘肃省兰州市
2	凉州战役纪念馆	甘肃省武威市
3	古浪战役纪念馆	甘肃省武威市
4	永昌保卫战纪念馆	甘肃省金昌市
5	红西路军安西战役纪念馆	甘肃省酒泉市
6	张掖市甘州区西路军烈士纪念馆	甘肃省张掖市
7	高台中国工农红军西路纪念馆	甘肃省张掖市

续表

序号	名称	位置
8	石窝会议纪念馆	甘肃省张掖市
9	临泽梨园口战役纪念馆	甘肃省张掖市
10	环县山城堡战役纪念馆	甘肃省庆阳市
11	环县河连湾陕甘宁省委省政府旧址纪念馆	甘肃省庆阳市
12	吴焕先烈士纪念馆	甘肃省平凉市
13	静宁县界石铺红军长征毛泽东旧居纪念馆	甘肃省平凉市
14	红军西征胜利纪念馆	甘肃省白银市
15	景泰县一条山战役纪念馆	甘肃省白银市
16	靖远县红军渡河战役纪念馆	甘肃省白银市
17	会宁县红军长征胜利纪念馆	甘肃省白银市
18	中共中央政治局榜罗镇会议纪念馆	甘肃省定西市
19	陇右革命纪念馆	甘肃省定西市
20	盐井会议纪念馆	甘肃省定西市
21	岷州会议纪念馆	甘肃省定西市
22	哈达铺红军长征纪念馆	甘肃省陇南市
23	徽成两康战役纪念馆	甘肃省陇南市
24	成县红二方面军长征纪念馆	甘肃省陇南市
25	礼县龙池湾战役纪念馆	甘肃省陇南市
26	康乐县景古红色政权纪念馆	甘肃省临夏回族自治州
27	洮州会议纪念馆	甘肃省甘南藏族自治州
28	卓尼杨积庆烈士纪念馆	甘肃省甘南藏族自治州
29	迭部腊子口战役纪念馆	甘肃省甘南藏族自治州

表5　　甘肃省涉及红色文化的研学示范基地名录

序号	名称	位置
1	八路军兰州办事处旧址	甘肃省兰州市
2	中国工农红军西路军纪念馆	甘肃省张掖市
3	会宁红军长征胜利会师纪念馆	甘肃省白银市
4	华池县南梁革命纪念馆	甘肃省庆阳市

续表

序号	名称	位置
5	中共中央政治局榜罗镇会议纪念馆	甘肃省定西市
6	哈达铺红军长征纪念馆	甘肃省陇南市
7	迭部县腊子口纪念馆	甘肃省甘南藏族自治州

表6　甘肃省涉及红色文化的可移动革命文物的收藏单位名录

序号	单位名称	革命文物藏品总量（件\套）
1	甘肃省博物馆	5135
2	甘肃省图书馆	693
3	甘肃省档案馆	64
4	庆阳市博物馆	135
5	甘肃省庆阳市党史工作办公室	56
6	庆城县博物馆	104
7	陇东中学	22
8	环县博物馆	93
9	环县四合塬旅游开发办公室	3
10	环县山城堡战役纪念馆	62
11	环县曲子镇镇政府	16
12	环县河连湾陕甘宁省委省政府旧址纪念馆	43
13	华池县博物馆	50
14	南梁革命纪念馆	1238
15	陇东古石刻艺术博物馆	113
16	正宁县文化广播影视局	68
17	正宁县博物馆	7
18	正宁县旅游局	35
19	宁县博物馆	91
20	宁县革命历史纪念馆	30
21	镇原县博物馆	85
22	镇原县屯字镇战役纪念馆	32
23	平凉市博物馆	13

续表

序号	单位名称	革命文物藏品总量（件\套）
24	平凉市崆峒区博物馆	1
25	灵台县博物馆	6
26	庄浪县博物馆	2
27	静宁县界石铺红军长征毛泽东旧居纪念馆	15
28	红军西征胜利纪念馆	268
29	景泰县博物馆	1
30	靖远县博物馆	5
31	靖远县红军渡河战役纪念馆	384
32	会宁县红军长征胜利纪念馆	846
33	白银国家矿山精神纪念馆	83
34	一条山战役纪念馆	35
35	中共中央政治局榜罗镇会议纪念馆	109
36	陇西县博物馆	2
37	渭源县博物馆	6
38	漳县博物馆	46
39	两当兵变纪念馆	222
40	两当县博物馆	4
41	徽县博物馆	10
42	礼县博物馆	11
43	临夏市胡廷珍烈士纪念馆	11
44	康乐县景古红色政权纪念馆	54
45	和政县肋巴佛革命纪念馆	32
46	甘南藏族自治州博物馆	50
47	合作市政府	1
48	合作市文化馆	1
49	临潭县政协	10
50	洮州会议纪念馆	22
51	卓尼杨积庆烈士纪念馆	118
52	迭部县博物馆	3
53	迭部腊子口战役纪念馆	25
54	迭部县文化馆	4

参考文献

专著

《毛泽东选集》第一卷,人民出版社1991年版。

毛泽东:《论反对日本帝国主义的策略》,人民出版社1975年版。

江泽民:《在纪念红军长征胜利60周年大会上的讲话》,人民出版社1996年版。

习近平:《在纪念红军长征胜利80周年大会上的讲话》,人民出版社2016年版。

保继刚、楚义芳:《旅游地理学》,高等教育出版社2012年版。

陈文:《旅游学概论》,郑州大学出版社2012年版。

方世敏、阎友兵:《红色旅游研究》,湖南人民出版社2007年版。

甘肃省军区党史资料征集办公室:《三军大会师》,甘肃人民出版社1987年版。

甘肃省政协港澳台侨和外事委员会:《甘肃外事旅游文化资源》,敦煌文艺出版社2005年版。

郝成铭、朱永光:《中国工农红军西路军援回忆录卷(上)》,甘肃人民出版社2007年版。

何清:《生态与环境》,河北科学技术出版社2012年版。

胡绳:《中国共产党的七十年》,中共党史出版社1991年版。

军事科学院:《英雄史诗 丰碑永存》,解放军出版社1997年版。

邝金丽、陆新文:《中国旅游文化》,郑州大学出版社2014年版。

刘醒初:《甘肃文史精萃·史料卷》,甘肃人民出版社2009年版。

全国红色旅游工作协调小组办公室:《红色旅游发展概论》,中国旅游出版社 2017 年版。

全国红色旅游工作协调小组办公室:《中国红色旅游发展报告 2005》,中国旅游出版 2005 年版。

任愚公、李占年:《庆阳地区大事记》,甘肃人民出版社 1999 年版。

孙兆霞:《西征中的红军女战士》,甘肃人民出版社 1993 年版。

王继刚:《甘肃旅游(二)》,学苑音像出版社 2004 年版。

吴晓君:《黄土地上的红色记忆:中国工农红军征战甘肃史》,甘肃民族出版社 2011 年版。

徐仁立:《中国红色旅游研究》,中国金融出版社 2010 年版。

周振国、高海生:《红色旅游基本理论研究》,社会科学文献出版社 2008 年版。

政协海原县文史资料委员会:《天都烟云》,宁夏人民出版社 2006 年版。

郑冬子、蒋梅鑫、廖伟迅、梁锦梅:《旅游地理学》,华南理工大学出版社 2005 年版。

郑耀星:《区域旅游规划、开发与管理》,高等教育出版社 2004 年版。

中共甘肃省委党史研究室:《甘肃省革命遗址通览》,中共党史出版社 2012 年版。

中共甘肃省委党史研究室:《中国共产党甘肃历史》(第一卷),中共党史出版社 2009 年版。

中共中央党史研究室第一研究部:《红军长征史》,中共党史出版社 2006 年版。

中共中央党史研究室:《中国共产党的九十年》,中共党史出版社 2016 年版。

中共中央党史研究室:《中国共产党历史》(第一卷),中共党史出版社 2011 年版。

期刊

安振杰、吴映梅、杨姣:《甘肃会宁红色旅游发展研究》,《曲阜师范大学学报》(自然科学版)2014 年第 1 期。

白竹岚、王伟、宋宇:《井冈山红色旅游产品深度开发研究》,《集团经济研究》2007 年第 19 期。

蔡玲玲：《推进甘肃红色旅游发展发挥其社会教育功能》，《魅力中国》2018 年第 31 期。

陈梦馨：《郑州方特主题公园大学生重游意愿影响因素研究——以郑州大学为例》，《旅游纵览（下半月）》，2020 年 4 月。

蔡梅良、董瑞甜：《韶山红色文化旅游节庆活动发展策略研究》，《乌鲁木齐职业大学学报》2018 年第 4 期。

陈荣武：《党性教育的时代诉求与实践路径》，《思想理论教育》2016 年第 1 期。

陈元九：《湘西地区中国共产党红色遗产问题初论》，《怀化学院学报》2018 年第 1 期。

陈永恭：《三大主力红军在甘肃有"七地八次"会师》，《甘肃理论学刊》2006 年第 5 期。

丁春华：《干群主观能动性发挥状况对干群关系的影响——新形势下干群关系的哲学思考》，《宁夏党校学报》2018 年第 3 期。

邓辉、邓川：《弘扬红色文化创新红色教育——关于推进红色文化进课堂的思考》，《新课程研究（中旬—双）》2014 年第 5 期。

邓文和：《以社会主义先进文化推动和谐社会建设》，《南京政治学院学报》2012 年第 2 期。

杜永胜：《革命纪念馆和红色旅游景区应当怎样发挥爱国主义教育正能量》，《中国纪念馆研究》2015 年第 1 期。

邓毅青：《经济发达地区城市民族工作问题调查分析》，《广东技术师范学院学报》2019 年第 1 期。

方堃：《发展红色旅游传承民族文化》，《市场论坛》2011 年第 9 期。

樊颜丽：《文化导向下红色旅游文化产业的活化与再生——以甘肃省为例》，《文化创新比较研究》2019 年第 11 期。

郭健康：《浅谈红色文物和历史在爱国主义教育中的渗透作用》，《文物鉴定与鉴赏》2019 年第 9 期。

高敬轩：《发展中的历史文化名城会宁》，《大陆桥视野》2013 年第 15 期。

郭立霞：《浅析基层群众文化建设对构建和谐社会的影响》，《文艺生活·下旬刊》2019年2月。

甘肃省文化和旅游厅：《全省红色旅游发展基本情况》。

管仕廷：《红色旅游与社会主义核心价值体系建设》，《当代旅游：学术版》2011年第8期。

《高台烈士陵园》，《党史文苑》2017年第19期。

郭晓东、李莺飞、杨施思：《旅游法实施背景下我国旅游规划法规体系建设的若干思考》，《北京第二外国语学院学报》2015年第3期。

《关于进一步促进红色旅游健康持续发展的意见》（发改社会〔2008〕2464号）。

贺德红、李晖：《论红色旅游线路的开发设计》，《内蒙古农业大学学报》（社会科学版）2005年第4期。

郝金连：《山西红色旅游的发展研究》，《全国商情·经济理论研究》2009年第9期。

黄家盛：《抗战时期陕甘宁边区文化建设的实践及历史启示》，《武汉交通职业学院学报》2007年第1期。

黄坚：《基于生态保护视角的百色市红色旅游资源开发研究》，《现代经济信息》2017年第22期。

胡明红：《论红色旅游的现状和可持续发展》，《中国市场》2016年第30期。

黄胜章：《打造红色教育基地，促进旅游产业发展》，《现代经济信息》2015年第19期。

黄天弘：《新时期党的文化现代化思想的历史演进》，第七期中国现代化研究论坛，2009年。

黄细嘉、曾群洲、陈志军：《红色旅游可持续发展的战略思考——以江西为例》，《经济研究导刊》2008年第19期。

黄元中：《新时代传承与弘扬三明苏区红色文化研究》，《世纪桥》2018年第9期。

郝忠彬、邓晨光：《思想政治教育功能研究综述》，《牡丹江师范学院学报》（哲学社会科学版）2011年第1期。

胡遵远、李雨迪：《红四方面军发展历程中的七大里程碑》，《党史纵览》2016年第11期。

贾芳、申建娜：《甘肃河西走廊地区红色旅游资源整合开发的思考》，《生产力研究》2013年第6期。

《井冈山风景区首届中国旅游行业十大领袖品牌》，《新经济》2007年第1期。

蒋洪南：《红色旅游市场的发展历程与标准化建设》，第十一届中国标准化论坛，2014年。

刘党英：《红色教育：大学生思想政治教育的创新途径》，《信阳师范学院学报》（哲学社会科学版）2006年第2期。

刘海洋、明镜：《红色旅游：概念、发展历程及开发模式》，《湖南商学院学报》2010年第1期。

刘宏博、秦星、钟浩瑞：《甘孜州红色旅游资源开发对策研究》，《当代旅游》2018年第11期。

刘红芳：《红色旅游热的"冷"思考》，《温州职业技术学院学报》2006年第1期。

刘建全：《长征中鲜为人知的重要会议》，《长征中鲜为人知的重要会议》2015年第1期。

刘建平、伍先福：《红色旅游资源的法律保护问题》，《湖南社会科学》2005年第5期。

卢丽刚：《井冈山红色旅游资源保护与开发的现状、问题及对策》，《井冈山大学学报》（社会科学版）2010年第6期。

卢丽刚、周琰培：《井冈山红色旅游资源的深度开发》，《求实》2008年第1期。

卢丽刚：《新农村建设视阈下红色旅游资源的保护与开发》，《华东交通大学学报》2011年第3期。

刘明涛：《红色文化融入校园文化的途径探析》，《黄冈师范学院学报》2013年第4期。

陆庆祥、程迟：《研学旅行的理论基础与实施策略研究》，《湖北理工学院学报》（人文社会科学版）2017年第2期。

刘婷婷、肖海、卢丽刚、胡卫萍：《井冈山红色旅游资源的知识产权保护对策》，《老区建设》2008年第2期。

刘源：《发掘红色文化课程资源促进青少年心理健康发展》，《新课程研究：教师教育》2012年第1期。

《陇原红色纪念馆扫描》,《党的建设》2013年第4期。

刘月兰、张永宁:《庆阳红色旅游发展历程探讨》,《科技经济导刊》2016年第3期。

李振东、王姣艳:《当前大学生红色教育中存在的主要问题及对策》,《甘肃农业》2007年第10期。

吕张凯:《邢台市红色旅游可持续发展战略初探》,《卷宗》2017年第20期。

马宏宇:《关于旅游软环境建设的思考》,《辽宁行政学院学报》2013年第6期。

马克禄、张凡:《试论旅游人类学视角下红色旅游景区开发研究》,《四川烹饪高等专科学校学报》2013年第1期。

马永义:《用红色文化净化精神家园》,《党史文苑》2019年第9期。

《民政部党组专题传达学习贯彻十九届中央纪委三次全会精神》,《中国民政》2019年第2期。

牧子:《祁连忠魂——关于红西路军的历史记忆》,《青海湖文学月刊》2016年第7期。

欧阳淞:《"两点一存"的独特历史地位及其历史条件》,《中共党史研究》2014年第11期。

盘锦市社会主义学院课题组:《中国传统文化的现代价值研究》,《辽宁省社会主义学院学报》2018年第1期。

邱晔、刘保中、黄群慧:《功能、感官、情感:不同产品体验对顾客满意度和忠诚度的影响》,《消费经济》2017年第4期。

《山丹艾黎纪念馆》,《党的建设》2013年第5期。

佘晶晶、张俐俐:《黑色旅游极其符号研究》,《旅游论坛》2011年第5期。

师守祥、李朝阳:《摊开甘肃红色旅游发展线路图》,《发展》2005年第10期。

省委党史研究室:《甘肃红色资源的丰富内涵和时代价值》,《甘肃日报》2019年9月20日。

苏希胜:《传承红色基因的科学指南——学习习近平总书记关于让红色

基因代代相传重要论述的体会》，《中华魂》2018 年第 10 期。

宋子千：《从国家政策看文化和旅游的关系》，《旅游学刊》2019 年第 4 期。

谭曙辉、陈宁英、张河清：《红色旅游研究现状与展望》，《城市发展研究》2008 年第 3 期。

谭晶文：《浅谈会宁红色旅游景区桃花山"依山置景"的价值观念》，《文物鉴定与鉴赏》2019 年第 21 期。

唐双宁：《从完整意义上认识中国工农红军的长征》，《红旗文稿》2015 年第 23 期。

王兵琴：《"传承红色基因弘扬民族精神"实施策略探究》，《新课程·中旬》2019 年第 4 期。

王彩妮：《国内外绿色旅游研究进展》，《河南商业高等专科学校学报》2015 年第 5 期。

王桂强：《论红军长征北上陕甘的原因》，《哈尔滨学院学报》2009 年第 11 期。

王姣艳：《红二十五军长征及其历史贡献》，《中共乐山市委党校学报》2016 年第 6 期。

闻君宝：《红军长征与马克思主义中国化领袖主体的重塑》，《佳木斯大学社会科学学报》2018 年第 6 期。

王晖：《红色旅游特色商品开发的原则与策略》，《商场现代化》2008 年第 2 期。

伍鹏：《红色旅游研究动态与展望》，《宁波大学学报》（人文科学版）2017 年第 5 期。

王伟年：《井冈山红色研学旅行发展思考》，《井冈山大学学报》（社会科学版）2019 年第 4 期。

王文浩、王淑婷、王淑榕：《论腊子口红色旅游的伟大意义》，《卫生职业教育》2013 年第 20 期。

万小龙：《甘肃省红色教育资源开发利用的调查与思考》，《兰州交通大学学报》2015 年第 5 期。

王亚娟、黄远水：《红色旅游可持续发展研究》，《北京第二外国语学院学报》2005 年第 3 期。

吴行华、王忠兴:《红色旅游资源知识产权保护存在的问题及对策》,《老区建设》2009年第4期。

宛志亮:《历史选择了哈达铺》,《档案》2006年第3期。

王正文、梅守福:《湖北黄冈红色旅游文化开发态势分析》,《长江论坛》2013年第5期。

王振武、王元姣:《张掖,弘扬西路军精神的红色殿堂》,《丝绸之路》2015年第3期。

肖海、卢丽刚:《红色旅游资源的商标保护策略》,《知识产权》2009年第1期。

谢江凌:《对井冈山红色旅游资源开发的思考》,《江西科技师范学院学报》2010年第4期。

薛庆超、薛静:《陕甘边区革命根据地时期的习仲勋》,《社会观察》2013年第7期。

徐仁立、刘建平:《关于红色旅游含义和特点的再认识》,《武夷学院学报》2011年第1期。

徐仁立:《论红色旅游文化建设对旅游业发展的促进作用》,《哈尔滨学院学报》2011年第11期。

徐世强:《艰难的抉择:长征时中央红军曾八次改变落脚点》,《世纪桥》2010年第18期。

徐占权、徐婧:《奠基西北——红一方面军主力长征到达陕北》,《党史博采(纪实版)》2016年第6期。

严帆、钱诗健、毛丽红、吴鹏:《井冈山红色文化户外拓展培训的现状调查》,《当代体育科技》2017年第7期。

杨惠娟、周乾隆:《试论红西路军资源的利用与开发》,《丝绸之路》2013年第2期。

刘红梅:《红色旅游发展的历史阶段研究》,《井冈山大学学报》(社会科学版)2016年第1期。

杨洪、陈亚召、阎友兵:《湖南红色旅游开发创新研究》,《湖南科技大学学报》(社会科学版)2006年第4期。

颜兼葭:《社会主义核心价值观与纪念馆对青少年爱国理念的培育——以全国爱国主义教育示范基地毛泽东与第一师范纪念馆为例》,湖南省博物馆学会2014年会暨纪念馆建设专题学术研讨会，2014年。

晏兰萍、洪文文、方百寿：《"红色旅游"与"黑色旅游"比较探讨》，《井冈山学院学报》2008年第3期。

杨敏：《陕甘宁红色旅游区域联合开发研究》，《江西农业学报》2009年第8期。

闫奇峰、张莉平：《红色文化遗产的保护、传承和利用研究——以甘肃省为例》，《建筑设计管理》2019年第9期。

杨琼：《红色在中西文化中的含义比较》，《理论与现代化》2005年第S1期。

叶婷婷、奚少敏：《论红色旅游与文化产业的融合发展——以广东省为例》，《佳木斯职业学院学报》2018年第10期。

于桐：《基于情感视角的黑色旅游及其开发策略分析》，《商业经济研究》2017年第6期。

杨文棋：《建国前中共会议召开地全国重点文物保护单位传承利用战略新探》，《黑河学刊》2019年第6期。

尹晓颖、朱竑、甘萌雨：《红色旅游产品特点和发展模式研究》，《人文地理》2005年第2期。

于晓淦：《红色旅游景区规划设计研究——以安徽省金寨县国防与革命传统教育基地为例》，《安徽农业科学》2013年第13期。

杨元忠、李荣珍：《陕甘边革命根据地"硕果仅存"的特质和历史原因》，《甘肃社会科学》2013年第4期。

臧爱绒、任学岭：《陕甘边、陕北革命根据地统一后名称变化梳理》，《延安大学学报》（社会科学版）2019年第3期。

中国中央办公厅、国务院办公厅：《2004—2010全国红色旅游发展规划纲要》。

朱虹：《积极探索江西红色旅游发展新模式新路子》，《井冈山大学学报》（社会科学版）2016年第1期。

《中华苏维埃共和国关中特区纪念馆（习仲勋旧居）》，《党的建设》2013年第3期。

朱海珍：《红色旅游的性质与开发研究》，2005年青岛旅游的明天学术研讨会。

赵慧、徐颂军、蔡炫:《湖南省红色旅游品牌建设探析》,《华南师范大学学报》(自然科学版)2009年第3期。

赵军:《红色文化与红色旅游良性互动研究》,《中共山西省直机关党校学报》2018年第2期。

邹丽华:《胡锦涛建党85周年重要讲话——党的先进性建设的纲领性文献》,《党史文苑(学术版)》2006年第12期。

张莉杰:《红色旅游发展的问题与对策》,《内蒙古财经学院学报》2011年第5期。

张莉平、闫奇峰、张宇:《甘肃红色文化遗产的保护与旅游开发研究》,《生产力研究》2018年第12期。

张建宏:《试析红色旅游的功能》,《商场现代化》2005年第11期。

邹品佳、王生鹏:《甘肃红色旅游资源的整合开发策略探讨》,《淮海工学院学报》(社会科学学报)2009年第4期。

周强、方亚丽:《简述西路军血战河西始末》,《安阳师范学院学报》2016年第6期。

张伟伟、王建军:《基于SWOT分析的五台县红色旅游开发对策研究》,《国土与自然资源研究》2013年第6期。

章晓华:《绿色旅游经济的经济学分析》,《现代商业》2014年第29期。

赵宪军:《红色文化是甘肃民族统战宝贵财富》,《陕西社会主义学院学报》2017年第3期。

紫筝:《红军长征在甘肃民族地区》,《档案》2006年第3期。

张兆刚:《略论中国特色社会主义道路的基本特征》,《黑龙江社会科学》2009年第1期。

学位论文

白芸:《延安红色旅游中的思想政治教育研究》,硕士学位论文,西安理工大学,2015年。

曹萍:《论井冈山红色旅游中思想政治教育功能的实现》,硕士学位论文,湖南大学,2012年。

陈健:《红色旅游思想政治教育功能的创新研究》,博士学位论文,华中师范大学,2016年。

褚丽:《德育视域下的学校纪律研究》,博士学位论文,安徽师范大学,2014年。

戴欣欣:《井冈山红色旅游产品深度开发研究》,硕士学位论文,华东师范大学,2012年。

范琼:《红色旅游中的文化传播研究》,硕士学位论文,中国科学技术大学,2005年。

江珊娜:《红色文化传播视域下的受众区隔与传播策略研究》,硕士学位论文,江西师范大学,2013年。

李谓文:《南昌市爱国主义教育基地建设与管理研究》,硕士学位论文,江西财经大学,2018年。

李琳:《论红色旅游在思想政治教育中的价值》,硕士学位论文,湖南师范大学,2010年。

刘红梅:《红色旅游与红色文化传承研究》,博士学位论文,湘潭大学,2012年。

刘楠:《新中国成立以来的青少年思想政治教育研究》,硕士学位论文,牡丹江师范学院,2016年。

罗亚男:《社会主义文化建设视阈中的红色旅游研究》,硕士学位论文,海南师范大学,2013年。

卢朕:《西路军革命精神及其时代价值研究》,硕士学位论文,新疆大学,2019年。

魏伟新:《红色旅游与老区社会经济环境发展的关联度研究——以江西瑞金为例》,硕士学位论文,南昌大学,2008年。

伍姚:《科学发展观视域下红色旅游文化建设研究》,硕士学位论文,湖南工业大学,2014年。

杨睿轩:《习近平文化自信思想研究》,硕士学位论文,四川师范大学,2018年。

杨颖萱:《旅游经济学视角下的延安红色旅游产业研究》,硕士学位论文,西安工业大学,2018年。

杨虹:《红色旅游在高校思想政治教育中的运用研究》,硕士学位论文,辽宁师范大学,2015年。

俞继鸣:《中国革命老区新闻报道研究》,硕士学位论文,湖南大学,

2012年。

张林:《博弈视角下旅游业社区根植性发展的动力机制研究——以红色旅游地井冈山为例》,硕士学位论文,广西大学,2009年。

张雷:《红二十五军长征若干问题研究》,硕士学位论文,郑州大学,2017年。

张武:《古田红色旅游与思想政治教育价值实现研究》,硕士学位论文,江西财经大学,2016年。

宗美娟:《红色旅游的可持续发展研究》,硕士学位论文,东南大学,2006年。

网络文献

甘肃省红色纪念馆:http://www.hsjng.com/m11-l3.jsp?urltype=tree.TreeTempUrl&wbtreeid=1040。

《红色旅游几个基本概念问题探讨》,中红网:http://www.crt.com.cn/news2007/news/XRL/1392。

《红色旅游可持续发展研究》,https://www.wendangwang.com/doc/548b8576a41。

《红色旅游资源的法律保护问题》,中红网:http://www.crt.com.cn/news2007/News/liujianping。

《中国红色旅游可持续发展研究》,http://www.doc88.com/p-0012453717742.html。

后　　记

　　红色旅游概念是在 2004 年 12 月提出的,是以中国共产党历史相关红色资源为载体,结合当地的绿色自然资源和其他资源,协调革命传统教育发展和旅游发展的一种新型主题旅游形式,具有鲜明的中国特色。甘肃是一片红色故土,承载着深厚的革命历史和光辉的革命传统,不仅是诞生了最早的红色政权的地方,红军长征的胜利会师也是在这片革命热土上,在中国革命的历史进程中发挥着无可替代的作用。甘肃境内红色文化资源数量之多、品质之高,无不在彰显着其所蕴含的深厚革命情感和厚重文化内涵。本书的编写,有助于强化和升级新时代爱国主义教育,有助于甘肃旅游与红色文化的进一步融合,最大化地发挥红色文化的时代价值,有助于政府工作人员、党员、学生等相关人员了解革命历史、学习革命知识、发扬革命精神。

　　全书由王力提出写作思路和框架结构,负责修改、总纂定稿以及前言、第三章、第四章、附录的编写,第一章、第二章、第六章由陈照敏负责编写,第五章由张颜辉、王秋生负责编写,郑飞、黄婉莹参与了资料收集和校对工作。

　　本书在编撰过程中,参考、引用了大量专著、论文、教材、网络文章的相关内容,在正文"脚注"和书后的"参考文献"栏中已一一列出,在此谨向诸位作者致以衷心的感谢!中国社会科学出版社编辑为本书的审核校对付出了辛勤劳动,在此表示诚挚的谢意!

　　由于水平有限,疏漏之处在所难免,敬请广大读者批评指正,编写组全体成员在此表示万分感谢!

编　　者

2020 年 12 月于西北师大